构建基于中国实践的外语教育理论

——束定芳外语教育"高峰计划"论坛文集

安琳　吕晶晶　编

上海外语教育出版社
外教社　SHANGHAI FOREIGN LANGUAGE EDUCATION PRESS

图书在版编目（CIP）数据

构建基于中国实践的外语教育理论：束定芳外语教育"高峰计划"论坛文集 / 安琳,吕晶晶编. -- 上海：上海外语教育出版社,2022
ISBN 978-7-5446-7390-7

Ⅰ.①构… Ⅱ.①安… ②吕… Ⅲ.①外语教学—教学研究—文集 Ⅳ.①H09-53

中国版本图书馆CIP数据核字(2022)第202146号

出版发行：**上海外语教育出版社**
　　　　　　（上海外国语大学内）　邮编：200083
电　　话：021-65425300 (总机)
电子邮箱：bookinfo@sflep.com.cn
网　　址：http://www.sflep.com
责任编辑：李昱斐

印　　刷：启东市人民印刷有限公司
开　　本：635×965　1/16　印张 15.75　字数 248 千字
版　　次：2023年3月第1版　2023年3月第1次印刷

书　　号：ISBN 978-7-5446-7390-7
定　　价：**50.00**元

束定芳教授长期从事外语教育和认知语言学研究,是我国外语学术界为数不多的在两个领域都有卓越成果的学者之一。2016 年,上海市英语教育教学研究基地(以下简称"英语基地")成立,他被上海市政府、上海市教育委员会聘为英语基地首席专家。2017 年 3 月至 2020 年 6 月,他担任上海外国语大学附属外国语学校校长;2018 年,入选上海市教育委员会第四期"上海市普教系统名校长名师培养工程"(双名工程)高峰计划。

根据上海市教委"双名工程"的部署和要求,华东师范大学教师教育学院,对高峰计划入选者的教育理念和教学实践与经验进行总结和提炼,形成相关的研究成果。

2020 年 12 月,由上海市教委人事处和华东师范大学教师教育学院联合主办、上海市英语教育教学研究基地承办了第四期"上海市普教系统名校长名师培养工程"高峰论坛:"构建基础外语教育新生态——束定芳外语'高峰计划'项目论坛"。华东师范大学教师教育学院英语学科高峰课题组的郭宝仙教授和程晓副教授对束定芳教授的外语教育理论研究进行了系统的梳理和总结,同时,对他在上海外国语大学附属外国语学校和英语基地就外语教育教学改革等方面的探索和实践进行了调研与访谈,将形成的有关研究报告在本次论坛上作了汇报交流。此外,全国外语教育界的部分专家、学者,上海市基础外语界的部分名师、特级教师和教研员等也参加了研讨。

外语教育界的专家、学者对束定芳教授的外语教学理论研究和实践探索进行了研讨和总结,同时,英语基地的部分专兼职研究人员、束定芳教授已毕业的部分博士生,对束教授近年来在英语基地建设、教材编写、语言学理论研究等方面所做的工作进行了梳理与回顾。

束定芳教授自 20 世纪 90 年代开始从事外语教学理论研究工作,至今已 30 多年。他的探索和研究过程,在很大程度上反映了这一时期中国外语学术研究的发展历程,反映了改革开放之后最早一批中国高校自己培养的博士学位获得者的职业发展和学术追求。束定芳教授经常开玩笑地引用"全心致力于中国的外语教育事业"（上海外语教育出版社的一句宣传口号）来形容他30多年的教学和学术生涯。其实，这一描述完全符合他30多年来孜孜以求的学术研究工作。尤其是在他担任英语基地首席专家以后，这实际上已经成为他非常明确的追求目标。束定芳教授的外语教学理论研究至少有这样几个特点：一是扎根现实，理论联系实际。他的许多研究成果都基于实际的调研和教学实验；二是既见树木，又见森林。既关注学生的学、教师的教，又关注国家层面的外语教育规划和政策；三是外语教育研究与语言学理论相结合。这些都得益于他的理论语言学的背景以及对语言学，特别是认知语言学、认知心理学最新成果和方法的关注和研究。

我们把束定芳教授"高峰计划"项目所形成的相关成果进行了整理和修订，编辑成这本论集，一是记录束定芳教授30多年来在外语教育教学理论研究和实践领域的探索与成果，二是向研究中国外语教学理论发展的学者或外语教师提供有关研究的真实资料。

本书分三个部分：第一部分为外语界部分专家和学者对束定芳教授外语教育教学研究的述评文章；第二部分是有关束定芳教授与英语基地建设、学科发展等方面工作的综述和报告；第三部分为束定芳教授的部分学术成果和学术活动资料汇编。

编　者
2021 年 8 月

目　　录

构建具有中国特色的外语教学理论体系

　　——束定芳教授的外语教学理念与主张 …………… 郭宝仙　　1

理论与实践并重,理想与现实结合

　　——上海外国语大学教授、原上外附中校长

　　　束定芳先生访谈 ………………… 郭宝仙　程　晓　27

把学术研究扎根在中国外语教育教学的大地上 …………… 庄智象　64

扎根于基础外语教育实践,构建中国特色外语教学理论

　　——束定芳教授外语教学实践探索与理论创新 ……… 张绍杰　71

我对束定芳教授外语教学思想和研究的认识

　　——在"构建基础外语教育新生态——

　　　束定芳外语'高峰计划'项目论坛"上的发言 …… 程晓堂　79

一个外语人的情怀与担当

　　——束定芳教授关于外语人才培养的

　　　理论探索与实践 ………………………… 刘正光　84

基础外语教育领域求真务实的践行者 ………………… 徐锦芬　94

引进与推动语言认知研究,立足汉语特色探索理论创新

　　——束定芳教授的语言理论研究及其影响 ………… 田　臻　101

海纳百川、追求卓越、互相成就

　　——束定芳教授与高中英语新教材编写 ………… 王蓓蕾　108

搭建大平台,构建新生态

　　——束定芳教授与上海市英语教育教学研究基地

　　　创建特色之路 ………………………… 朱　彦　120

做中学、学中做

　　——束定芳教授的博士生培养理念 ………… 安　琳　129

第四期"上海市普教系统名校长名师培养工程"高峰论坛：构建

　　基础外语教育新生态

　　　　——束定芳外语"高峰计划"项目论坛综述 ··············· 陈　西　139

数字化环境下英语教学方式与学习方式变革研究

　　（第四期"上海市普教系统名校长名师培养工程"

　　中期研究报告） ······························· 束定芳团队　145

努力构建外语学习和教学的新生态

　　——在"构建基础外语教育新生态——

　　　　束定芳外语'高峰计划'项目论坛"上的发言 ······ 束定芳　156

附录1：束定芳教授学术成果一览表（1988—2020）　　　　　161

附录2：束定芳教授在上外附中的部分演讲与发言　　　　　172

附录3：上海市英语教育教学研究基地大事记（2016—2020）　205

附录4：博士生眼中的导师　　　　　　　　　　　　　　236

构建具有中国特色的外语教学理论体系

——束定芳教授的外语教学理念与主张

华东师范大学 郭宝仙

束定芳教授是我国外语教学领域知名的学者,早在 20 世纪 90 年代,笔者就通过阅读他与庄智象先生合著的《现代外语教学:理论、实践与方法》一书,对外语教学理论产生了更为全面的认识,由此开始关注束定芳教授的学术研究。2019 年 9 月,笔者承担了上海市教委第四期"上海市普教系统名校长名师培养工程"(以下简称"双名工程")高峰计划,该项目重点聚焦"高峰名师教学思想"的提炼和传播,束定芳教授时任上海外国语大学附属中学校长,是本期"双名工程"高峰计划中的英语学科名师之一。通过该项目,笔者有幸与束定芳教授有了近距离的接触,对他的专业成长经历和外语教学理念有了更为全面、深入的了解。

从束定芳教授的外语教学论著中,笔者深刻地感受到他的外语教学理念中一个核心的观点和追求——构建具有中国特色的外语教学理论,而他的理论研究与实践探索本身不仅总结和深化了他的外语教学理念,也对我们研究和构建中国特色外语教学理论具有重要的参考和启迪价值。本文主要根据束定芳教授的论著和项目组对他本人以及与他工作中有接触的英语教研员、特级教师、一线教师等的访谈,简要梳理其外语教学理念,分析对我国外语教学理论研究和改革实践的启发意义,希望能对我们构建中国特色外语教学理论、对广大外语教师和外语教育研究者的专业成长有所启示。需要指出的是,束定芳教授的研究成果丰硕,教育理念与实践丰富,而我们的研究时间、精力和能力等有限,本文仍有许多不足之处,恳请各位专家、同仁批评指正。

一、中国特色外语教学理论的内涵、必要性及研究内容

中国是一个外语学习大国,新中国成立以来,尤其是改革开放40多年以来,我国的外语教学取得的巨大成就有目共睹。随着我国改革开放的逐步深入和英语的全球化,外语教育已被提升到我国民族振兴、提升国家国际竞争力的高度。然而,由于种种原因,我国外语教学中仍存在不少问题,如缺乏从战略层面对外语教育的整体思考和布局、理论研究薄弱、师资质量不高、教学资源匮乏、教学理念落后、应试倾向明显等(束定芳、庄智象,2008;束定芳,2012a),外语教学还不能顺应国家发展战略的需求。为此,束定芳教授大声疾呼,国外外语教学理论无法为我们提供解决这些问题的现成答案,要解决我国外语教学的问题,需要构建中国特色的外语教学理论(束定芳,2005),并指出:"中国的外语教学理论研究要关注中国外语教学的特点,敢于直面现实的问题,敢于创新,敢于打破唯上主义,敢于突破教条主义,敢于突破现有的教学体系所造成的诸多限制,勇于实践"(束定芳、庄智象,2008)。

(一)中国特色外语教学理论的内涵与必要性

束定芳教授认为,中国特色外语教学理论是"依据中国学生学习外语的规律建立起来,并在中国环境下经过实践检验的外语教学理论"(束定芳、张逸岗,2004;束定芳,2005;束定芳,2017a)。中国特色外语教学理论以语言学、二语习得理论、心理学和教育学等学科为基础,具有其普适性。同时,"考虑到中国文化中有关语言学习与教育、语言学习与文学、语言学习与考试的认识和实践经验,以及众多成功外语学习者采用的学习经验和方法,吸取其合理之处,择其善者而用之"(束定芳,2005;束定芳、张逸岗,2004;束定芳,2016)。束定芳教授强调,构建中国特色外语教学理论有以下几方面的理论与现实需要:

1. 中国人学习外语的生理、心理和社会基础有其特殊性

与其他国家的人相比,中国人的外语学习有诸多不同,具体表现在:母语和母语文化背景不同,母语语言结构特点和母语文化背景对中介语的形成具有重大的影响;语言教学环境不同,外语使用的环境、师资、教学方法等对外语输入的量与质产生巨大影响;外语学习目的不同,只有建立

在坚实的调查研究和实验基础上的外语教学理论才有真正的说服力和生命力(束定芳,2005;束定芳、庄智象,2008)。

2.我国的外语教学理论研究薄弱,外语教学实践缺乏理论指导

虽然我国的外语教育理论研究取得了长足的进步,从无到有,从少到多,但相关研究仍然有许多不尽如人意的地方。例如,中国外语教育缺乏战略层面的整体思考和布局,缺乏中长期的外语教育战略规划,尚缺乏权威的有重大影响的理论研究成果,外语教学各重要环节和方面还缺乏理论的指导(束定芳,2012a)。在相当长的一段时间内,我国外语教学研究侧重对国外外语教学理论的引进,研究成果中借鉴国外的多,关注本土的少(束定芳,2012b),许多研究还不够规范,不够系统,呈现出"碎片化"的特点,而且"许多研究脱离社会需求、脱离教学实践,未能解决教学中的实际问题,更未能发挥外语学科学术研究对社会和文化发展的特殊作用"(束定芳,2015a)。我国外语教学存在的诸多问题中,外语教学理论研究薄弱是其中最大的问题之一,它其实也是我国外语教学存在的诸多问题的根本原因之一(束定芳,2005)。

3.外语教学传统中合理有效的成分未得到提炼

我国外语教学实践中一些有效的做法和成功的经验,特别是传统外语教学积累的成功经验未能在理论上得到提炼,未能很好地融入现代外语教学理论和实践体系(束定芳,2017a)。

束定芳教授关于中国特色外语教学理论内涵的主张,符合外语学习的生理、心理规律和社会文化发展理论,他对我国外语教学研究不足的分析非常客观、一针见血。事实上,我们无论在外语教学理论研究,还是教学实践中,常常不自觉地直接照搬国外外语教学理论,而这些理论是国外学者基于对国外二语习得者的观察和研究的基础上得出的,不一定符合中国学生外语学习实际。要解决我国学生外语学习的困难,提高我国外语教学质量,我们不能简单地采取"拿来主义"的态度,必须扎根于中国外语教学的实践,开展脚踏实地的研究。

(二)构建中国特色外语教学理论研究的内容

束定芳教授指出,构建中国特色外语教学理论应从"本体论""实践论"和"方法论"三方面着手(束定芳,2005):本体论,就是要研究和了解不同年龄层次的中国人在不同的环境下学习外语的特点和规律;实践论,就是基于中国人外语学习的特点,开展外语学习的需求评估,形成中国外语教学的目标、内容、教学方法与评估体系等;方法论,则是吸取教育学、心

理学、语言学、第二语言习得等领域的研究成果,针对中国学生学习外语的特点、目标和环境,探讨外语课堂外语模式和学生自主学习能力最优培养方案等。其中,本体论是实践论、方法论的基础,实践论必须建立在我们对语言的本质、语言学习,特别是外语学习的本质的了解的基础上。本体论和实践论又为具体教学方法的研究提供坚实的理论基础。

关于本体论研究,即中国人学习外语特点的研究,束定芳(2012a:15)认为目前比较关键的重大研究课题包括以下四个方面:① 年龄,不同年龄的中国人习得外语有何差别;② 母语影响,母语知识在外语学习过程中究竟扮演什么角色;③ 学习策略,学习策略和交际策略在外语习得中究竟起到何种作用;④ 外语实践,什么样的实践能够促进习得;⑤ 文化因素,跨文化因素在多大程度上影响外语习得。

束定芳教授提出的中国特色外语教学理论研究"本体论""实践论"和"方法论"三个方面的划分,对我们的外语教学理论与实践研究具有很强的指导意义。长期以来,我国外语教学理论研究比较关注,甚至局限于对具体外语教学方法的研究,忽视对本体论、实践论层面的研究。这样的研究或许能解决局部的、个别的问题,但常常难以上升到规律层面,对于提高外语教学质量难以起到普遍、迁移作用。

二、关于构建中国特色外语教学理论的研究与主张

(一) 中国人外语学习的特点、规律与外语教学改革的十六字方针

只有在对成功的外语教学所必需的要素进行调查研究的基础上,我们才能探索具有中国特色的外语教学理论(束定芳、庄智象,2008)。因此,束定芳带领自己的研究团队在探索中国人外语学习特点与规律方面作了很多理论与实证研究,下面对相关实证研究及其发现作简要概述。

1. 中国人学习外语是否有关键期

(1) 针对不同成功外语学习者的调查

研究选取不同对象,就外语学习起始年龄、学习方式(如集中/分散)、对外语始学年龄的观点和外语成功秘诀等进行了调查。具体包括:第一,《外语教育往事谈》作者中有 30 位外语界极有影响的学者,统计其中部分学者外语学习的起始年龄,分析他们对外语学习起始年龄的观点及外语学习方式;第二,对来自不同行业的 11 位成功的外语学习者进行访谈,了解他们外语学习起始年龄和学习成功的要诀。

（2）对同济大学德语强化班的调查

研究针对同济大学德语强化班学生（在校的大一学生和全脱产的社会生源），采取问卷调查的形式，调查内容包括学习目的、学习效果（自评）、影响学习效果的原因及理想的外语学习时间，并对这类群体参加全国德语四级考试和华东区德语六级考试的成绩作了跟踪了解。

调查发现：外语学习的起始年龄并非越早越好，外语界知名专家学者们成功的经验和德语强化班学生的学习效果都表明了这点。20—30 岁开始学习语言的人，同样能取得不错的效果。此外，外语学习成功与否，更多地取决于师资、学习环境和个人的努力程度。集中时间强化训练，特别是学生具备了一定的认知能力以后，在师资和学习环境得到保证的前提下，应该是一种可行性较强的教学方式。同济大学德语强化班的学习省时高效，外语界的前辈们的学习经历和接受调查的各种外语人才对外语教学的看法也印证了这一点（束定芳，2004）。

2. 三项外语教学现状调查

（1）小学英语课开设情况的调查

2001 年 10 月—2002 年 6 月，束定芳教授带领课题组采用访谈、问卷、听课等方式，对上海市部分区县 20 多所小学的英语教学情况进行了调查。调查发现，当时上海市小学外语课开设现状可以概括为：（领导）决心很大，（学生）兴趣很浓，（学校）困难很多，总体效果不佳（束定芳，2004）。

（2）上海市双语教学情况的调查

课题组针对上海开展双语教学情况的调查采用了访谈、问卷调查、课堂观察等方法，上海市层面的调查内容包括：政府制定的双语教学政策、措施和计划、双语教学的成果、推进双语教学所遇到的问题和挑战、双语教师培训计划、双语教学实际操作的情况。学校层面的调查内容包括：各学校学科双语教学计划的制定和实施情况、双语教师和学生的数量与结构、鼓励双语教师和学生的办法和措施、已进行的双语教学的成与败以及普及双语教学的可行性。研究发现，上海市双语教学存在以下几方面的问题：① 缺乏科学的论证与相关的理论研究；② 双语教学的目标和教学大纲脱节；③ 缺少合格的双语教师；④ 双语教材和课外阅读材料严重不足；⑤ 学生的英语水平与参与双语教学的热情不高；⑥ 课时少，缺少合适的英语学习环境；⑦ 尚未建立双语教学的评估方法和手段（束定芳，2004）。

（3）对同济大学 ESP 教学现状的调查

大学 ESP 课程（专门用途英语）有很强的实用性，是很多大学生比较青睐的英语学习科目之一。为了了解 ESP 课程开设的必要性以及 ESP 课程的教学效果，研究者对同济大学参与 ESP 课程的教师与学生进行了问卷调查，对教师进行了访谈，并查阅了相关信息资料。调查发现，ESP 教学的实际实施情况与课程目标有差距，教学组织安排不够系统有序，ESP 师资问题突出，学生外语水平参差不齐，教学效果不佳，不能满足学生提高语言能力的需求（束定芳，2004）。

3. 关于中国人外语学习规律研究的建议

关于探索中国人外语学习的特点与规律，束定芳教授认为，应从大脑研究和相关学科的研究成果中获得理论和实践上的支持与启发，要充分利用我国成功外语学习者的例子，发掘其中蕴含的学习特点与规律。他多次分析讨论了《外语教育往事谈》中学者们成功的经验。此外，他还建议对我国一些大城市外语学校和外语院校附中的成功经验展开研究。这些学校的毕业生英语基本功非常扎实，进入大学以后，其整体外语能力远远胜过普通中学的毕业生。同时，虽然外国语学校外语教学课时比较多，对外语教学要求比较高，但学生其他各门功课的成绩不仅没有因为在外语上花的时间多而受影响，反而超过了其他重点中学的学生。如果我们能够认真总结并大力推广、普及这些学校的成功经验，则既能够满足社会民众的迫切需要，又对提高我国外语教育水平，乃至整个民族的文化水平具有重要意义（束定芳、庄智象，2008）。

4. 外语教学改革的十六字方针

基于上述关于中国人外语学习规律的研究，束定芳教授（2004）认为，除非有特殊需求和特殊条件，没有必要在小学过早开设外语课。即使要开设，应逐步创造相关的条件，并在实验总结的基础上逐步推开。针对儿童学习语言的特点，小学开设外语课主要在于培养学生学习兴趣，培养初步的听说能力，并尽量营造一种比较真实的和自然的语言交际环境。同时，我国目前尚不具备在中小学开设双语课的条件，可以尝试在中小学外语教学内容中增加语言之外的内容以提高学生的外语能力，因此，除非有特殊教学目的，中小学不应提倡双语教育，而大学阶段，与其提出过高的、不切实际的双语教学要求，还不如扎扎实实做好 ESP 教学的设计与实施工作，为学生真正打好外语应用能力的基础。

束定芳（2004）将他的上述观点归纳为外语教学改革的十六字方针，

他认为从提高外语教学效率的角度,我国外语教改整体上应该朝"适当推迟,缩短周期,强化训练,专业提高"的方向进行探索,以此全面提高我国外语教育的水平和公民使用外语的总体水平和能力。具体说来就是,适当推迟中国人外语学习的起始年龄,可以在适当的时候、用适当的方式在外语教学中结合专业知识开展专门教学,初中可稍微兼顾,高中适当提高,大学积极实施,但绝不提倡在小学就开始。

束定芳教授还通过教改实验对十六字方针进行不同方面的验证。例如,在江苏某中学进行"集中教学、自主学习"教改实验(束定芳,2012b)。这里的"集中教学"有两个含义,课时的相对集中和课程相关内容的相对集中,就是把分散在十几年的外语课程集中在 2—3 年内进行,可以放在高中、大学低年级,也可以尝试放在初中,可根据实验结果和具体条件决定。该实验取得了一些初步的成果。

在"双名工程"项目研究过程中,我们也问到了十六字方针,束定芳教授表示,他未对十六字方针进行正式修正。关于小学开设外语课的问题,他认为在无法改变行政手段的情况下,我国应尽量提升教师素质和教学质量。

束定芳教授提出的外语教学改革的十六字方针有着充分的理论与实践基础与依据,凝聚了我国外语教学实践长期的经验,为我国外语教改提出了整体化思路,丰富了我国外语教学理论,值得我们在实践中深入探讨。

(二) 外语教育战略研究与外语教育的科学定位

1. 外语战略研究

(1) 外语战略研究的必要性

外语教学是一个系统工程。从学生学习的角度看,从小学、中学到大学,只有进行系统一体化的整体设计,使各阶段相互衔接累积,才能事半功倍,提高学习效率与效果。从国家层面看,我国改革开放的深入、国际竞争力的提高等方方面面,都对外语人才提出了更高要求,外语教学要顺应国家发展战略的需求,尤其是未来中国国家战略的需求。这些都要求对我国的外语教学进行整体科学规划。早在 20 世纪 60 年代,周恩来总理就对我国的外语教育改革提出九字方针"多语种、高质量、一条龙"(见陈琳,2008)。然而,半个多世纪过去了,虽然我国学校外语教育质量有所提高,学生外语能力和外语教师的整体素质也有大幅提高,外语专业规模不断扩大,外语语种不断增多,为国家的经济、文化建设输送了大批外语人才,但是政府部门对于外语教育从未制定过长期的规划,基础外语教学和大学外语教学分属不同的机构管理,我国外语教育中还存在着许多突出的问题,如外语语种布局不平衡、外语学习费时低效、应试教学泛滥等,还不能顺应国家发展战略的需求(束定芳,2012a)。

为此,束定芳(2012a:前言)认为,要真正提高中国外语教学的水平,需要开展外语战略的研究与规划,使外语学科的改革与发展不但主动适应时代的需求,甚至还应该先行一步,高瞻远瞩,未雨绸缪,努力去预测、提升和引领社会的需求。

(2) 外语战略研究的目标与任务

束定芳(2012a)认为,中国的外语战略研究应该关注以下重大问题:① 确定中国外语和外语教育发展战略的目标,做好外语规划;② 对中国的外语教育进行科学的定位;③ 加强理论研究,建立具有中国特色、中国风格和中国气派的外语教育的一种体系;④ 改革教学评价机制,扭转严重的应试教育倾向;⑤ 加强教师培训,提高教师素质。

一个国家的外语教育规划是关乎外语教育全局性的工作。外语教育规划与国家的政治、经济、外交、贸易、科技等领域的发展息息相关。因此,在外语战略研究目标中,外语规划可谓举足轻重。束定芳(2012a)建议,把外语纳入国家人力资源开发规划中,纳入国家的宏观发展战略中,制定中长期的外语教育战略规划,对外语语种、外语人才的培养数量进行宏观的指导或安排,具体包括以下几方面工作:

其一、了解外语国情,了解中国外语和外语人才资源及其分布现状,建立外语资源和外语人才数据库。束定芳教授认为,我国外语教育中外语语种单一化倾向严重,紧缺符合国际型大国和国家安全战略的高精尖外语人才,外语专业缺乏科学、合理、均衡的规划,现有的外语人才,尤其是非通用语种外语人才已经不能适应和满足国家的需要。

其二、制定符合国情的重大外语政策。束定芳(2016)建议,建立一个全国性的咨询或协调机构,从国家政治、经济、外交、安全以及文化和社会发展的角度考虑和协调相关语言政策的制定,统筹外语教育的规划、指导、评估等工作。

其三、构建外语多元评价体系。束定芳(2012a)认为,我国目前的外语考试,从中考、高考,到大学英语四、六级考试都与学生真实的语言运用能力考核相差甚远。我国外语教育目标还缺乏明显的层次性和分类标准,不能适应我国社会发展需要。因此,他建议明确外语教育在我国的性质特征、长期性和阶段性的目标,进行广泛的语言需求现状调查与发展预测,弄清楚我国社会发展对国民的外语能力的真实需求,科学地制定不同阶段、不同地区、不同领域、不同层面的外语政策。然后依据我国目前社会经济发展现状,根据不同学校层次和教育阶段,确定不同的外语教育目标。

其四、加强语言服务中多层次外语人才培养的研究与规划,包括对在华外国人的外语服务,以及国人外语生活和外语学习的服务。

其五、确定中国的"关键外语",储备外语人才,启动相应的外语人才培训工作,回应国家的语言安全问题。束定芳(2012a)认为,中国不仅需要越来越多的通用语种的高水平外语人才,还需要越来越多的非通用语种的高质量外语人才,既包括英语、日语、法语、俄罗斯语等大语种人才,也包括越南语、泰语、老挝语、缅甸语等东盟国家语种人才,还包括朝鲜语、蒙古语、乌尔都语、尼泊尔语、旁遮普语、孟加拉语、阿拉伯语等语种人才。这需要教育部等有关部门尽快确定我国的关键外语语种,培养适应国家需求的高质量的、多语种的外语人才。

其六、根据区域特点,规划外语语种布局与教育。束定芳(2012a)建议,我们可以根据我国边疆地区的特点,发挥地域优势进行外语规划。在外语语种布局上,可以充分利用我国东北、西北和西南边疆地区与相邻国家跨境、跨国而居的民族文化环境和优越的国外外语资源来学习这些国家的语言,研究这些国家独特的历史和文化。

束定芳教授的课题组还对上海高校外语语种布局情况进行了调查。调查结果显示,上海市外语语种布局存在的主要问题有:英语人才在培养规模上已超过市场需求,但在人才质量上缺少尖端人才,如同声传译、法律、商务、谈判人才;办学层次上,本科已经饱和,硕士、博士的培养规模也趋于饱和,日语、德语、法语、韩语和西班牙语的人才,在培养规模上也能满足市场需要,但同样缺乏尖端人才;从市场人才需求看,用人单位比较紧缺的是商务类、管理类、翻译类和法律类外语人才(束定芳,2012a)。因此,他建议各高校应根据国家战略发展的需要,结合自身的办学条件,按照不同地区、不同行业、不同层次的教学单位实行自身的战略规划,培养满足国家经济和各项事业发展需要的不同规格、不同层次、富有鲜明特点的高素质的外语人才。

在全球化背景下,中国将"走出去"作为重要的国家战略,这就要求我们懂得不同民族的语言,了解世界。因此,我国外语人才的培养和外语教育的发展,必须考虑如何对接国家的政治经济和社会发展的需要。束定芳教授关于外语战略、外语规划的研究将外语教育放到国家整体发展战略的大局中思考,让我们认识到外语教学与国家发展各领域间密切的联系,有利于我们更全面深入地认识外语教学的国家和社会需求,从而科学地规划、设计外语课程与教学,提升外语教学的整体质量。

2. 外语教育的科学定位

束定芳(2012a)认为,充分认识教学对象、教学规律和教学方法,了解国家发展战略和社会经济发展对外语的真实需求,才能对中国外语教育进行科学定位。他建议国家语言政策制定部门和教育管理部门,根据国家宏观需求对外语教学明确定位,对各级各类学校的外语教学进行宏观的指导,对我国外语教学目标进行整体规划,明确不同阶段外语教学的任务和评估标准,而各高校还应根据自己的办学层次和人才培养类型对外语教学进行定位。对此,他提出了对各学段外语教学定位的看法(束定芳,2012a;2013):

(1)小学阶段

对小学开设外语课的利弊得失,组织专家进行充分论证。在目前的情况下,从小学三年级或者五年级开设一些外语课程也许是一个比较好的折中方案。即使是开设外语课,课时也不宜多,主要是培养学生的兴趣,学一些初步的外语交流技能。

(2)中学阶段

中学阶段是学生外语学习的最佳时间,应该强化这一阶段的外语课程,研究中学生外语学习的心理特点,做好需求分析、课程设计、教材编写、课堂教学和教学评估等工作。特别是加强对教师的培训。中学外语教学质量提高,大学外语教学改革就有了明确的方向。建议教育部设立一个专门的机构进行研究,协调和监督这方面的工作。

(3)大学阶段

大学英语课应该研究欧洲国家"用英语开设学位课程"的做法,把大学英语教学的目标定位为高等教育国际化服务。根据这一目标,对大学英语教学的课程要求、教师培训、教学评估等进行革命性的大调整。大学英语教学为高等教育国际化服务主要体现在三个方面:一是培养国际化课程的师资,二是提供部分英语讲授的国际化课程,三是帮助学生适应英语授课,满足英语学术交流的需求。

束定芳(2013)建议,各高校校长(学校决策者、管理者)从学校培养人才的规格、学校的办学层次和特色等方面来定位外语教学,把外语课程作为学校整个课程体系的有机组成部分;打通英语专业与大学英语之间的壁垒;对外语学科发展进行高屋建瓴的顶层设计;搞好学术骨干、学术团队建设,为外语学科发展提供保障;提升教师的语言能力、专业能力,使师资质量和水平体现学校特色、学生需求、个人特长;英语专业结合学校特色和优势培养专业英语人才和合格师资,而大学外语为学校的国际化、为学生的专业学习和个人发展服务。

由上可以看出,束定芳教授关于外语教育科学定位的观点进一步发展和细化了他提出的外语教改十六字方针,有利于我国外语教学"一条龙"设想的实现,特别是对大学阶段外语教学定位,有利于外语教学为各高校走出有自身特色的发展道路服务,同时也有利于学校师生的发展,为我国高校及其外语教学的个性化发展,乃至高等教育国际化提供了非常有价值的思路。

(三)教材编写与使用的建设性研究

我国学生的外语学习缺乏自然的语言环境,外语教材因而成为学生获得语言输入的重要、甚至是唯一的渠道,其重要性不言而喻。虽然我国有着庞大的外语学习者队伍,但我国外语教材的编写还是个薄弱环节。尽管编写了一些好的外语教材,但远不能满足不同层次学习者的教材需求。束定芳(2004;2008)认为,中国学生的外语学习有自己独特的规律和特殊的语言学习环境,大量引进的国外教材未考虑到中国外语学习者的特殊背景,注定不可能长期地、真正地满足我国外语学习者的需要。我们应该立足国内,开发适合中国学生实际的外语教材。

1. 大教材观与学材观

由于我国特殊的教育传统和外语教学环境和条件,在外语教学过程中,教师和学生一直高度依赖狭义的教材,而且在相当一段时间内,外语教材的特殊功能还不能完全被其他教学材料所取代。因此,在外语学习过程中,仅靠狭义的教材提供目的语的输入是远远不够的,应该倡导大教材观(束定芳,2004),把传统意义上的教材与其他教学材料结合起来,在充分发挥狭义教材的功能的同时,使学生多渠道、多方位地接触其他语言材料,设计更为灵活多样的教学活动,更为有效地完成教学目标,满足学习需求,提高学习效率。

此外,束定芳教授非常重视教材对培养学生自主学习能力的作用,我们一定程度上可以将其理解为是束定芳教授的教材学材观的体现。束定芳(2004)认为,教材适合与否影响自主学习能力的培养。目前在中国还没有合适的自主学习教材,这是一个急需解决的问题。自主学习教材应覆盖听说读写四个方面,提供各种学习策略、自我测试与评估项目,把计算机多媒体技术与语言学习有机结合起来,满足不同语言程度的学习者的需要。

2. 教材编写原则

束定芳(2008)认为,我国学者在自己编写外语教材的过程中存在以下几个方面的问题:① 缺少高层次的理论指导;② 盲目照搬国外有关教材内容;③ 缺乏系统性、针对性,缺少配套教材。大量质量低劣的外语应考和练习参考书充斥市场,很大程度上误导了学习者。结合中国学生外语学习的特点与规律,探讨外语教材编写,有助于我们应对上述问题。外语教材编写的原则大致可从以下三方面进行探讨(束定芳,2008:143—144)。

(1) 从教学特点角度看

从外语教学的特点看,束定芳教授认为外语教材编写应遵照五大基本原则,即系统原则、交际原则、认知原则、文化原则和情感原则。根据系统原则的要求,任何一套教材都应系统地介绍有关目的语的语音、词汇和语法等方面的知识;根据交际原则,语言材料的选择和有关练习的设计要体现实践性和具体可操作性;根据认知原则,语言材料的编排和练习的设计必须考虑到语言学习,尤其是外语学习的规律以及人脑的记忆特点;从文化原则角度看,外语语言材料要尽量选择典型的代表目的语主流文化的各种题材和风格的文章和段落。

另外,束定芳(2016)指出,英语教材要满足中国学生进一步加深对中国传统文化理解的需要,适应中国"走出去"进程中开展中西方文化比较和交流的需求,培养学生在国际交流中用英语介绍中国文化、进行跨文化交流的能力,应围绕中国文化最具代表性的主题选取相关素材,帮助学生深化对中国文化的理解,学会用英语来介绍和研究中国文化。

(2) 从教材编写的具体实践看

从这方面看,束定芳教授认为外语教材的编写应该遵守以下几个原则。① 真实性原则:所选的语言材料,语言要真实地道,能反映目的语社群的真实语言使用情况。② 循序渐进原则:语言材料的选择和练习的编排要遵循从易到难、从旧到新、从简单到复杂的原则。③ 趣味性原则:语言材料要有趣味,让学生在轻松愉快的气氛中获得知识。④ 多样性原则:

语言材料要选择各种不同题材、体裁和语域的文章。⑤ 现代性原则：语言材料要尽量贴近现实生活，让学生学习现代语言。⑥ 实用性原则：教材的编写要与培养目标密切配合，适应社会和使用者的需求。

（3）具体学习项目的编写原则

束定芳教授还根据中国学生外语学习特点，对具体学习项目的编写提出了编写原则。例如，他建议，外语教学语法的编写除了遵循以上原则外，还应遵循对比原则，增加学生对两种不同语言的结构和文化的敏感程度；文化内容的编写则应遵循实用性、阶段性和适合性原则（束定芳，1996；束定芳、庄智象，2008）。也就是说，文化内容要与语言内容、日常交际所涉及的方面密切相关，注重实用性；根据学生的语言水平、接受能力和领悟能力，由浅入深、由简单到复杂、由现象到本质循序渐进，注意阶段性，同时注意文化内容本身的内部层次性和一致性；要遵循适合性原则，在内容的选择上，注重文化内容的代表性、适合性，重点选择共时文化（主要是当代文化）的同时，适当学习一些历史内容，方便学生了解某些文化习俗和传统的来龙去脉等等。

3. 关于教材的选材

束定芳教授非常重视教材的选材，2017 年 6 月 30 日《高中英语》（上外版）编写组的一次选文会议上，他曾指出，"在修订编写教材中，选材是一个重要方面。首先，材料本身必须具有足够的吸引力；其次选材需要切实以学生为本，结合高中生的兴趣、知识背景和需求，考虑到教材在未来使用过程中的适用程度。"受外语学习实用主义动机的影响，现在的外语教材中各种"心灵鸡汤"或实用知识的内容在增加，学生学得索然无味，兴趣不浓。对此，束定芳教授认为，文学作品的阅读对外语交际能力的培养至少有两方面的作用：① 文学是语言的艺术，文学作品可以为学习者提供丰富多彩、生动有趣的语言输入；② 文学作品集中反映了一个民族文化历史发展的轨迹，通过大量阅读文学作品，学习者可以对目的语社团文化有一个比较深刻的认识（束定芳、庄智象，2008：18）。阅读文学作品特别是文学经典，"不仅是促进一个人思维和情感发展，也是推动一个人语言能力发展的最重要的渠道之一"（束定芳，2017a）。

4. 教材的评估与使用

与一般语言输入材料相比，外语教材的价值在于，它不仅提供语言输入，还体现语言学习规律，帮助学生在较短的时间内掌握外语的基本使用规律。从这个角度说，没有所谓适合所有学生的教材。同时，好的教材只有在好的教师的演绎下才能真正体现出它的价值。束定芳教授建议,教师选用教材时从三个方面评估其是否符合实际教学的需要:学生的学习需要、教师的教学需要以及课程标准及考试的需要,其中第一方面最为重要(束定芳、张逸岗,2004)。

同时,束定芳(2014)认为,教师在使用教材时,应该有一种大教材观,合理选择和使用教材,不应将教材视为教学目标,而应根据课程标准和学生的实际情况制定课堂教学目标,不迷信,也不拘泥于某一特定的教材,而应该按照教学要求和学生需求对教材内容进行大胆的取舍、改编或补充,满足学生学习的需要。

外语教材编写是一项复杂而艰巨的工作,要求教材编写者既有丰富的二语习得、外语教学、心理学等知识,又具有丰富的教学经验和对中国学生外语学习特点与规律的把握。束定芳教授不仅在外语教材编写研究方面富有见地,而且有着丰富的外语教材编写经验,他担纲了"新目标大学英语系列教材"、《高中英语》(上外版)等教材的总主编,主编了"新世纪大学英语系列教材"长篇阅读、快速阅读等教材,他还编写了中小学外语课外学习资料,将他的大教材观及外语教材编写原则、理念付诸实践,这些都是我们探索适合中国学生外语学习的教材可以利用的宝贵资源。

(四) 教与学的自主性研究

课堂是中国学生接受外语输入最主要的场所,甚至可能是唯一的场所,对学生外语学习的成效至关重要。束定芳教授深入探讨了课堂教学的功能,批评了传统外语课堂教学方式(如 PPP 模式)的弊端,指导开展了多项中学和大学英语教学改革实验。这些改革实验的一个核心的观点,就是强调课堂教学应该为培养学生的自主学习能力服务(束定芳,2004)。另外,束定芳教授也强调我们应该充分利用我国外语教学传统中好的做法。

1. 课堂教学的基本功能

束定芳教授在多篇论著中专门探讨了外语课堂教学的功能,他认为外语课堂教学有六大基本功能(束定芳,2006;2011;2014)。

(1) 系统传授语言知识:包括语言知识的系统化、培养学生举一反三的能力、语言知识为学生技能的提高服务、在语言活动中培养语法意识、在操练中举一反三、在实践中形成技能等。

(2) 激发学生学习兴趣:包括通过教师的个人魅力,编制兼顾知识和趣味的材料,设计具有真实性和拓展性的活动,培养学生的成就感,重视计划、监测、评估等元认知因素。

(3)提供使用语言、促进语言学习的环境:包括为学生提供接近真实的使用语言、促进语言学习的环境;提供外语使用机会,让学生体验真实的语言使用过程;让学生在语言实践中感受外语的魅力,享受外语学习的快乐和收获等。

(4)提供外语学习方法和策略的指导:包括通过表扬、暗示、评估等引导学生,对学生"因材施教"。

(5)帮助学生解决学习中的困难:例如预测学生的困难、分析其需求、帮助其制订个性化学习方案等。

(6)为学生提供展示学习成果的机会:这可以使其获得成就感,给其他同学提供学习语言和仿效学习方法的机会。

束定芳教授上述关于课堂功能的观点符合中国外语教与学的特点,符合外语教育的基本规律和要求,有助于我们全面理解外语教师课堂教学的职责和任务所在,对我们思考外语课堂教学的评估标准,提高课堂教学质量有重要的实践意义。

2. 自主学习能力的培养

束定芳教授非常重视学生外语自主学习能力的培养,曾指导开展多项中学和大学教学改革实验,探索自主学习能力培养策略,例如在上海外国语大学附属浦东外国语学校、江苏丹阳开展的中学外语课堂教学改革实验,在上海工商外国语大学开展的通过对学习者的训练培养学习自主性的实验,在上海大学开展的三种大学英语自主学习模式实验,在宁波诺丁汉大学开展的教学改革实验等。这些实验研究的一些理论观点及研究发现值得我们关注。

(1)自主学习的含义

对自主学习概念的不同认识影响对学生自主学习能力的培养。束定芳(2012b)所指的"自主学习"有两个含义,即学生的自主与教师的自主。前者包括学习动力、学习方法和学习资源三方面达到的自主,通过提高学生英语学习的兴趣,提供合适的学习资源,培养学生的自主学习能力;后者则包括理论意识、反思意识、创新意识、主体意识、奉献意识的提高以及教学实践能力的同步提高。这里有两点值得注意,一是学习者自主中的学习动力、学习兴趣。束定芳教授研究团队在中学的实验中,将学习兴趣和学习策略的培养贯穿始终。研究发现,中学生具有较强的可塑性,即使是差生,只要引导得法,也有极强的爆发力,教师利用平时课堂内外的活动来增强他们的自信,给他们更多的展示自己进步的机会,不断体验学习成功带来的喜悦。在此基础上,结合学生的具体情况与学生协商,制定具有个性特点的学习和进步方案,为学生掌握适合自身的学习方法提供个性化的指导,能促进学生学习效果提升(束定芳,2004)。二是培养学生的自主学习能力,这意味着教师不仅是外语知识和技能的传授者,更是学习策略的培训者,教师在教学中肩负着组织、控制、检测、敦促参与和提供帮助等作用,因此要处理好学生自主学习与教师指导之间的作用。

(2)强化教师的教学自主性

束定芳(2004)指出教师自主与学生自主犹如一枚硬币的两面,而教师的自主是学生自主的前提与保证,只有教师真正具备教学的自主性,愿意主动改变传统的教学方法,接纳新的教学理念,丰富自身的语言知识与技能,掌握系统的学习策略及策略指导方法,才能保证自主学习的顺利开展,有效地培养学生自主学习的能力。我国应根据具体情况,摸索出一套适合自己的自主学习模式。但目前,传统观念和应试教育是制约教师开展外语教改的最大障碍,教师在策略知识方面的匮乏,影响了自主学习的深入开展。因此,策略指导应纳入师资培养中。

信息化时代,自主学习能力已成为国际社会共同追求的核心素养目标,我国的高中英语课程标准也将学习能力作为英语学科核心素养之一,这无疑进一步肯定了外语教学中自主学习能力的重要性。通常我们会从学习者的角度来认识自主学习能力,但束定芳教授的上述观点让我们认识到教师在培养学生自主学习素养的重要作用,为探索自主学习能力的培养模式提供了新的思路。

(3)统筹课内与课外学习

学习一门语言仅靠课堂有限的输入和实践是远远不够的,束定芳(2006)非常强调课内学习与课外学习的有效统一。他认为课外学习是学生自主学习的重要组成部分,课堂教学应该把培养学生课外自主学习能力作为一个重要的目标,把课外学习看作是课堂教学的一个自然延伸和补充,对学生课外学习的目标、内容、方法等作出明确的要求和指导,对学生课外学习进行检查督促,提高学生课外外语学习的能力和效率,在课堂上提供机会,让学生展示课外学习的成果,从而激励学生,促进课堂学习。

束定芳教授关于统筹课内外学习,培养自主学习能力的见解非常值得我们思考和借鉴。在教学实践中,教师课堂教学中应避免固化、流于形式,过于程式化。例如,课堂教学不一定总是以新课的导入开始,亦可对上节课布置的家庭作业进行必要的检查和反馈。教师也不能仅仅将课堂结束时布置作业看作一个流程,作业应该与课堂教学内容有直接的关联,而且要落实到具体的任务当中。有些作业,如查资料等等,如果没有恰当的检查方式,或者依托于具体的任务,作业很可能是落空的。

3. 充分利用传统教学方法中行之有效的做法

许多外语教师在开公开课时,往往极力回避传统的教学方法,生怕被扣上"落后"的帽子。束定芳教授认为,外语教学不排除一些行之有效的传统的教学方法,例如① 背诵、课堂上的复现和操练,这样的方法有利于学生记忆新知识。但不能机械背诵,背诵本身不是目的,目的还是为了使用。因此应该强调在语境中记、在语境中练(束定芳,2017b)。② 语法教学、知识讲解。教学实践和研究表明,语法教学在语言交际中是不可缺少的。在我国这样的语言环境和教学传统中,现在还不一定能够完全取消知识讲解,全部由语言实践替代(束定芳,2014),教师还可以通过有意义的交际活动,使学习者在实践中感受到语法规则的作用,并逐步掌握这些规则。③ 外语学习过程中,比较分析是不可避免的,可以从语法、词汇、文化和语用等角度进行中英对比,对比应该是系统性的,要能够让学生举一反三(束定芳,2017a)。

外语学习中,如果缺乏自然的语言环境,那么语言知识的讲解、对比、复现和练习几乎是不可避免的,一些外语教学理论也支持这一观点。例如,根据语言模因论,模因要成功复制,需要经历同化、记忆、表达和传播四个阶段。我们不难看到,背诵和模仿在语言学习中起着不可忽视的作用,将其完全摒弃将是外语教学的一大损失(陈新仁等,2013)。因此,问题的关键是如何让学生在有意义的语境中学习和巩固语言知识,使我国传统外语教学方法中行之有效的方法焕发新的生机和活力。

(五) 课程教学评估的发展性研究

测试与评估也是影响我国外语教学的重要因素之一,从中小学到大学,我国的外语教学应试倾向严重,如前所述,束定芳教授将此列为我国外语教学中存在的最大问题之一,他带领研究团队对外语应试教育的负面影响进行了调查分析,并对评估内容、方式等方面改革提出了自己的见解。

1. 高利害性考试的负面影响及其改革

束定芳教授与他的研究团队对高考、大学英语四六级考试带来的负面影响进行了调查分析(束定芳,2004)。以高考的调查为例,课题组针对全国部分省的省、市重点中学、区重点中学、普通中学的教师和学生进行了问卷调查与访谈，并进行了课堂观察。调查发现，高考对学生的学习动机、英语教与学的内容、教学的方法、测验等等都产生了负面影响。基于此，束定芳教授提出，应改革把考试作为唯一教学评估方式的传统，发挥考试服务教学的功能，而不应该让学生和老师都成为考试的奴隶。

　　2014 年 9 月 4 日，国务院发布了《关于深化考试招生制度改革的实施意见》，提出了高考改革的新举措，如高中将不再分文理科、外语一年多考，并实行社会化考试等。对此，束定芳(2015a)认为，外语高考改革将成为我国外语教育历史上的一个重大事件，将对基础教育阶段外语教学、大学外语教学等产生难以估量的影响，外语高考一年多考，并不能减轻学生负担、不能改变一考定终身的情况、不能调整母语与英语的关系。要实施社会化考试，建议由教育部牵头有计划、有重点地尽快培育专业考试机构，借鉴国外的经验，制定统一的外语水平等级认定标准，同时取消原有的各种等级考试。该考试机构应不以盈利为目的，组织不同外语语种专家编制水平考试题库，组织统一的社会化考试。

　　2. 丰富评估的内容与形式

　　束定芳(2013)指出，目前我国外语教学评估的主要对象是学生，对教师和教学管理部门的评估缺失，这是目前我们外语教学存在的主要问题之一。对任何一方科学评估的缺失都会导致英语教学改革的失败。另外，他建议应该针对外语课程的每个环节，包括课程设计、大纲制定和教学评价本身进行评估(束定芳，2004)。

　　(1) 对课堂教学的评价

　　束定芳(2013)认为，对教师的评估应该评估教学过程和教学效果，全面考核教师的教学态度、教学手段、教学方法、教学内容、教学组织和教学效果等。对教师课堂的评估要反映"以学生为中心"的教学理念，"既要关心一堂课的科学性、合理性和有效性，更要关心一堂课在整体教学活动中的作用与效果，还要关心每堂课之间的关联度和最终教学效果。课堂教学评估最终要与课程目标、学校的人才培养目标等结合起来。"

　　具体说来，课堂教学评估应该关心的是：① 课堂教学目标是否明确，是否体现了课程要求，是否符合学生的需求；② 课堂教学是否能很好地与课外学习衔接；③ 外语课堂教学是否能合理平衡分配知识讲解与语言实践之间的关系；④ 课堂活动是否有利于培养学生探究性学习能力和自主学习能力(束定芳，2014)。束定芳(2004)还建议，评估的内容还可以包括以下几方面：教师课堂使用语言的情况、对学生错误的反馈和处理、对文化信息的处理、教学设施的使用、对学生学习兴趣的调动等。

束定芳（2012）指出，对教师的评估可以是三方参与的评估，即专家评估、同行评估和学生评估。课堂评估的目的是帮助教师改进和提高教学质量，因此，他建议要引导教师正确对待教学评估，并将评估结果及时反馈给教师本人，帮助其分析自己的长处与不足，对评估较低的教师要给予更多的关心和鼓励，帮助他们分析问题所在，开展针对性的指导。

（2）对教学管理部门的评价

束定芳（2013）认为，教学管理部门要改变观念，由以行政管理为中心，转变为以主动服务为中心，由"以条条框框为中心"转变为"以教学改革实际需要、人才培养客观需要为中心"。

束定芳教授对外语教学测试与评估中问题的分析可谓是一针见血，有关改革建议有助于我们从外语教学整体改进上认识测试与评估的作用。

（六）教师与教师教育研究

1．外语教师应具备的素质

教师是外语教学重要的资源与条件，束定芳教授分析了我国许多外语教育名家对外语教师素质的认识及对自己外语老师特征的分析，如《外语教育往事谈》中我国外语界一些知名专家学者对学生时代印象深刻的外语教师的描述（束定芳，2004：301）以及李观仪先生的有关观点（束定芳，2019a），在此基础上提出了自己对外语教师应具备的素质的观点。束定芳教授认为，一个合格的外语教师，除了要具备一个普通教师所必须具备的基本素质，还必须具备一名语言教师所应具备的专门素质，更应具备适应外语教学这一特殊学科的专门素质（束定芳、庄智象，2008）。概括起来，有如下几条：

（1）较为扎实的专业知识和专业技能。外语教师必须具备外语语音、词汇、语义、语用方面的知识。同时必须具备较高的外语听说读写的技能。

（2）教学组织能力和教学实践能力。外语教师必须具备心理学，尤其是教育学和教学法方面的知识，熟悉教学组织的步骤和基本教学原则。具备运用传统的和现代化的教学辅助工具与手段进行教学的能力，如电脑和网络等。

（3）较高的人品修养和令人愉快的个人品格。谦虚、好学、慷慨大方、幽默、耐心、宽容、善于总结、与时俱进等是一个优秀教师所应具备的基本品质。访谈中,束定芳教授谈到语言在塑造人的世界观方面发挥着非常重要的作用,与语文老师不同,外语教学是跨文化的,这就要求外语教师具有更广博的知识,具有世界知识、世界眼光,这种世界眼光不仅仅是知识上的眼光,还要能够与时俱进,关注国际最新发展,搭建新的平台,甚至具备坚定地追求国际一流目标的素质,遇到优秀学生的时候这点尤为重要。

(4)较为系统的现代语言知识。外语教师应系统地了解语言和语言交际能力的本质、特点和规律,并能自觉用于指导自己的外语教学实践。束定芳教授在访谈中指出,作为一名外语老师,母语和外语两门语言的能力都一定要非常好。

(5)相当的外语习得理论知识。外语教师一定程度上应熟悉最新的外语习得理论,对外语习得和外语教学的特殊性有清楚的认识。

(6)一定的外语教学法知识。外语教师应了解外语教学史上各种教学法流派的来龙去脉及各自的利弊,结合自己的教学实践取长补短(束定芳、庄智象,2008)。

2. 教师教育与培训

根据以上对外语教师素质的描述,束定芳教授认为,外语师范教育和外语教师在职进修教育的课程设置应紧紧围绕外语教学理论与实践、语言学论与外语学习理论以及教育心理学理论与教学实践三个方面进行(同上),以便培养具有高度社会责任感、高尚的人格修养、完善的专业知识结构和知识运用能力,以及丰富的教育心理学知识和教学法知识的外语教师。他强调,"教师培训要特别注意培养教师自主学习能力和自我完善的意识",对教师的培训不应该搞形式主义,有关部门可以在条件成熟的时候,组织外语教师资格考试或者教师培训课程评估(同上)。

束定芳教授关于外语教师基本素养的观点,符合教师教育理论对教师素质的阐释,符合外语教育的基本规律和新时代我国外语教育对教师的要求,对我们思考和推进外语教师培养与教师专业发展具有重要的实践意义。

三、构建中国特色外语教育理论的路径

通过束定芳教授的论著和他的学术成长经历,我们可以梳理出他所倡导和践行的构建中国特色外语教学理论、提高外语教学质量的路径与策略。

1. 顶天立地，开展研究

束定芳教授特别强调，外语学术研究应该"顶天立地"，既要解决理论问题，更要解决实际问题。外语学术界要开阔视野，站在国家战略的高度上对学术研究和学科发展进行"顶层设计"，在开展基础研究的同时，要积极对接国家发展战略，研究现实生活中迫切需要解决的问题。特别是在全球化的背景下，中国走向世界的问题、中国文化"走出去"的问题、高等教育国际化和培养国际性创新人才的问题等，都是外语界学术研究可以大显身手的地方（束定芳，2015b）。而束定芳教授本人的外语教学研究成果中，既有外语战略、外语教育规划方面的研究，也有外语课堂教学改革实验研究，是名副其实的"顶天立地"的研究。

2. 继承与发展

构建中国特色外语教学理论，我们需要认真学习和消化国外的外语教学理论，了解国际研究前沿，更需要了解自我，从我国外语教育传统中汲取有益的成分。束定芳教授非常重视开发和利用我国外语教育中成功的经验。例如，在谈到重读《外语教育往事谈》有感时，束定芳（1994）指出"传统的外语教学方法中合理而科学的成分，被一代又一代学习者实践证明是行之有效的，应在现代外语教学中占有一席之地，我们应对其进行重新开发和利用"。束定芳教授也在这方面做了很多工作：一是对外语教育名家经验的分析，如对《外语教育往事谈》第一辑中名家的分析；二是组织编写《外语教育往事谈》第二辑；三是撰写论文，梳理和分析当代著名学者的外语教育理念，如对李观仪、陆谷孙、桂诗春三位先生教育理念的研究；四是组织开展对外语特级教师、外语教研员的访谈，记录他们的成长经历、对外语教学的感悟，整理他们对当前我国，尤其是上海外语教学改革经验与问题的认识。

束定芳教授践行的这种研究方法符合教育研究"实践—反思—实践"的规律，他所作的这些研究已成为我们了解我国外语教学经验教训、构建中国特色外语教学理论的宝贵财富，他所倡导的这种研究方法和路径值得我们继承和发展下去。

3. 理论联系实践

学科教学研究的一个基本特点是具有很强的实践性，探索中国特色外语教学理论必须扎根于中国外语教学实践。本科学习—中学任教—读研—大学任教—读博—大学任教—上海英语教育教学研究基地的首席专家,束定芳教授的学术成长经历体现出理论与实践的相互融合、相互促进的特征。在采访中谈到外语教学研究的感悟时,他曾说到外语教学理论研究者一定要具备关于教学实践的经验,纸上谈兵肯定是不行的;不接触教学实践,光会写论文就不可能接地气。而外语教师如果不学习理论,不进行反思,做得再好也只是一名教书匠。

束定芳教授在外语教学研究中也很好地践行了理论联系实践的理念。例如,他基于理论研究与历史梳理,提出了十六字教改方针、自主学习、发扬传统教学中科学合理成分等教学主张,在学校情境中开展过多年实实在在的教学实验;提出了教材编写的有关理念与主张,并在大学、高中英语教材编写中付诸实践。在担任上海市英语教育教学研究基地首席专家后,他与中小学教师、教研员等开展深度交流,组织梳理特级教师成长史、编写《基础教育阶段英语课程标准的国际研究报告》,对上海市中小学教师进行高中英语新课标培训等。在担任上海外国语大学附属中学校长时,他在学校开展了课程体系改革,如国际文化节活动系列化、外事活动课程化、高三的分流分班改革等,邀请院士、诺贝尔文学奖获得者、外交家等为学生作报告、指导学生开展科创实验、做课题,培养学生的核心素养。

束定芳教授还将理论联系实践的理念贯彻到外语教学法方向博士生的培养中。束定芳教授认为,这个专业方向的学生作外语教学方面的研究,如果不接触实际的外语教学、不跟一线的老师和学生打交道,是不可能产生有价值的成果的。因此,他对博士生的培养采用“做中学”和“学中做”的方法(束定芳,2019b),从2003年安排学生到浦东外国语学校调研和授课开始,他就一直坚持带领外语教学理论研究方向的研究生深入学校,调查和参与外语教学改革。例如,先后有8位博士生参加了丹阳华南实验学校的教改实验,其中有5人的博士学位论文与该项目有关,还有博士生在国际权威刊物上发表了相关论文,研究团队出版了《具有中国特色的外语教学探索——江苏华南实验学校英语教改实验纪实》一书,为外语理论界、中小学外语教学界提供了一个研究案例。

需要注意的是,束定芳教授认为,对外语教师来说理论指导实践,并不是要将别人的理论直接拿到课堂上去应用,而是要有相当的理论意识,关注外语教学理论的发展并吸取其中合理成分,在相关理论的启发下,或在借鉴他人理论的合理成分的基础上,结合教学实际,探索符合本人、本校(班)和所教学生实际的教学方法(束定芳,2005)。

4. 多学科融合

从束定芳教授的学术成长经历和他的教学理念中,我们至少可以注意到两方面的学科融合:

一是语言学与外语教学的融合。束定芳教授硕士和博士读的都是语言学与应用语言学方向,由于有外语教学经验和相关研究兴趣,读书期间就经常自然而然地思考所学的语言学理论对教学的启发意义,发表了许多重要论文。同时,独特的教育和工作经历使得他的研究方向涉及认知语言学与外语教学理论与实践两个方面,两方面的研究成果都很丰硕,如语言学方面有《隐喻学研究》(2000)、《现代语义学》(2000)、《认知语义学》(2008)、《认知语言学研究方法》(2013),外语教学方面有《现代外语教学:理论、实践与方法》(1996、2008、2021)、《外语教学改革:问题与对策》(2004)、《大学英语教学成功之路》(2010)、《中国外语战略研究》(2012)等。同时,束定芳教授又是我国外语界学术论文和著作被引用次数最多的学者之一。根据中国知网上 2020 年 10 月 31 日的数据,束定芳教授被引超过 500 次的论文有 11 篇,被引次数最多的一篇论文被引高达 959 次,根据华东师范大学图书馆科技情报检索部专家郭劲赤老师的观点,文科论文单篇被引 500 次以上是比较少见的。

在回顾自己的学术发展经历时,束定芳教授认为他从事外语教学研究的一个优势,就是早年受过理论语言学研究的专业训练,对语言学理论比较熟悉,"三年的(研究生学习)时间,我们系统学习了语言学的发展历史和各个分支学科,包括当时刚刚兴起的'语用学'。这给我后来从事语言学教学和研究打下了扎实的基础。""了解语言学理论对分析和理解外语教学活动非常重要。当有些老师不知道选择什么样的问题作为自己的研究课题时,我觉得可以作的研究课题非常多。语言本身和语言教学都有很多问题值得研究。"(束定芳,2019b)

二是母语、母语文化与外语、外语文化学习的融合。从束定芳教授的论著中,我们可以深刻体会到他深厚的中文功底和对中国文化厚重的知识积累,他的论文《其言灼灼,其理凿凿——重读〈外语教育往事谈〉》《重读许国璋先生所撰"编者的话"》以及他编写的《中国文化英语教程》等都是很具代表性的例子。访谈中束定芳教授指出,作为一名外语老师,中英两种语言、两种文化都要涉猎很深。歌德曾经说过:Those who know nothing of foreign languages know nothing of their own.(那些不懂外语的人对自己的母语也不会真懂),如果没有参照物,我们对自己的母语和母语文化的认识就不够深刻。他认为,学习外语的瓶颈或者天花板,就是自己的母语水平。母语水平不够的话,外语水平想超越母语是很难的。到了一定的阶段,两种语言是相得益彰的。如果想对母语和自己的文化有更多感悟,肯定要将其与其他文化进行比较。钱钟书先生之所以能够成为学贯中西的大家,就是很好的例子。钱先生会十几种外语,了解十几种文化,回过头来研究中国的传统经典,才能够有旁人难以企及的成果。

外语教学具有鲜明的跨学科特征,探索构建中国特色外语教学理论,需要吸收语言学、二语习得、教育学、心理学等众多学科研究成果。我国外语教学研究与外语教师培养主要由两支队伍承担,一支队伍在教育学院、教师教育学院,侧重从教育学、心理学视角展开研究;另一支队伍在外语学院,侧重从语言学视角展开研究。根据束定芳教授的学术成长与发展经验,注重上述两种视角的研究与教师培养的互相融合与借鉴具有积极意义。同时,对母语、母语文化与外语、外语文化进行对比,有助于加深对两种语言与文化特征的关注与掌握,尤其是在中国文化"走出去"背景下,重视中英两种语言与文化的联系与融合,有助于培养教师中国文化的跨文化传播意识与能力。

四、结语与余言

束定芳教授的外语教学理念与主张是在他长期的教学研究、实践中逐步形成和发展的,既融合了他个人在语言学和外语教学等领域的理论思考与实践感悟,也吸收了我国外语教学传统中诸多科学合理的成分。从束定芳教授的专业发展经历中,我们可以看到促进他专业发展的一些重要的个性品质:

其一、强烈的责任感与使命感。无论是从束定芳教授的外语教学论著中,还是我们与他就外语教学问题的交流中,我们都能深刻地感受到他对我国外语教学中存在的问题的担忧、对我国外语教育事业的热爱和寻求我国外语教学改革突破之道强烈的责任感与使命感。

其二、坚定的信念和坚持不懈的精神。用束定芳教授自己的话说,就是"做一个坦诚的人,做一个对社会有用的人,做一个让学生看得起,也对得起学生的老师"。只要是自己认为正确的、有价值的事,就付诸行动。尽管中间有困难、曲折和反复,仍坚持不懈地、努力地做。

其三、实事求是。束定芳教授的研究很重要的一个特点就是非常重视调研,无论对外语教学发表怎样的看法,都以实际调研为基础和依据,强调研究能对实践的改进发挥实实在在的作用。例如,外语教改十六字方针、关于小学英语教学、教材使用等的研究都有扎实的调研基础。

其四,敢说真话。束定芳教授发现外语教学中的问题和不合理现象时,敢于直言,这点难能可贵,也得到了外语教学界的认可。例如,在《外语教学改革:问题与对策》一书中,束定芳教授对外语教育中存在问题进行了比较全面、系统的讨论,并提出了可资参考的解决思路,对此有老师评论束定芳教授"敢讲真话";外语教育界前辈王宗炎先生对该书不吝赞美,并称赞束定芳教授为外语教改的"开路先锋"。

其五,谦和儒雅,团结合作。在与束定芳教授的交往中,我们常常被他谦和儒雅、团结合作的个性所打动,接受我们访谈的专家、老师对此都一致认同。例如,上海市高中英语教研员汤青说道,"他(束定芳教授)很信任和他一起工作的老师们。他的个性特点非常明显的,一个是信任,一个是尊重,就是说他愿意听很多的意见,我觉得这个是他很明显的一个特点","开始的时候我们感觉到教材有些问题,各个方面的老师都可以问问题,尤其是我们中学老师提的有些问题,我们自己都觉得提出来其实并不是很科学的,也不一定是对的,但是他都愿意听,而且都愿意去想,体现了他的科研的精神"。何亚男老师说,"束教授是一个愿意倾听他人的意见的人"。

在对束定芳本人的访谈中,他强调,"像我们这样的工作,做的一些事情需要团结很多的人。有很多事情需要合作、需要互相帮助、互相成就"。"你只有帮助别人,只有在为别人考虑的时候,别人才会帮助你。你帮助别人也是在帮助自己,把自己的事情做好了,也是在帮助别人。"

束定芳教授所倡导的构建中国特色外语教学理论的理念与主张,以及倡导和践行的构建中国特色外语教学理论的途径,丰富了我国的外语教学理论,对我们认识中国人外语学习的特点与规律,构建中国特色外语教学理论有积极的学习和借鉴价值,是我们构建中国特色外语教学理论的宝贵财富,而从束定芳教授的专业发展经历和个性品质中,我们可以看到一些促进名师成长、发展的规律性因素,期望广大外语教师和外语教育研究者能从中获得启发。

参考文献:

陈琳.2008.让'多语种、高质量、一条龙'愿望完满实现.《中国教育报》,09 月 12 日.

陈新仁等.2013.《语用学与外语教学》.北京：外语教学与研究出版社.

束定芳.1996.语言与文化关系以及外语基础阶段教学中的文化导入问题.《外语界》，
　　1：11 - 17.

束定芳.2004.《外语教学改革：问题与对策》.上海：上海外语教育出版社.

束定芳，张逸岗.2004.从一项调查看教材在外语教学过程中的地位与作用.《外语
　　界》，2：56 - 64.

束定芳.2005.呼唤具有中国特色的外语教学理论.《外语界》，6：2 - 7,60,81.

束定芳.2006.外语课堂教学新模式刍议.《外语界》，4：21 - 29.

束定芳，张逸岗.2007.中国外语教学理论研究的宝贵财富——《外语教育往事谈（第
　　二辑）》编后.《外语界》，6：6 - 11 + 34.

束定芳，庄智象.2008.《现代外语教学——理论、实践与方法（修订版）》.上海：上海外
　　语教育出版社.

束定芳.2012.《中国外语战略研究》.上海：上海外语教育出版社.

束定芳.2012.中国特色外语教学模式的探索——基础阶段外语教学改革实验的一次
　　尝试.《外语与外语教学》，5：1 - 5.

束定芳.2013.关于我国外语教育规划与布局的思考.《外语教学与研究》，3：
　　426 - 435.

束定芳.2014.外语课堂教学中的问题与若干研究课题.《外语教学与研究》，3：
　　446 - 455.

束定芳.2015.外语高考改革新攻略.《新疆师范大学学报（哲学社会科学版）》，1：56 -
　　60,2.

束定芳.2015.外语学术研究应关注应用.《外语教学理论与实践》，3：1 - 5,94.

束定芳.2016.中国外语教学改革与发展：顶层设计与无形之手.《山东外语教学》，2：
　　28 - 32.

束定芳.2017.外语学习中的使用与记忆——桂诗春先生关于外语学习的再思考.《现
　　代外语》，6：861 - 866.

束定芳.2017.中国特色外语教学理论的深厚实践基础——陆谷孙先生的外语教学理
　　念与主张.《外语界》，1：15 - 21.

束定芳.2019.外语教学应在传统教学法与交际教学法之间寻求融合——李观仪先生
　　的外语教学观及外语教学实践主张.《外语界》，2：16 - 23.

束定芳.2019.中国改革开放 40 年与我的外语教学和研究之路.《外语教学》，1：
　　17 - 20.

理论与实践并重,理想与现实结合

——上海外国语大学教授、原上外附中校长束定芳先生访谈

华东师范大学　郭宝仙　程　晓

访谈内容提要

　　此次访谈围绕外语教育名家束定芳教授的个人成长、职业发展、学术思想、家庭与工作、学校教育和家庭教育等展开,束老师就这四个方面分享了自己的经验与见解。访名师人生经历,寻名家专业历程,无疑会对正处于专业发展各阶段的英语教师乃至国内外语教育教学发展的研究者有所启迪。

采访者: 郭宝仙、程晓

访谈时间: 2019 年 12 月 20 日

访谈地点: 上海外国语大学附属外国语学校

语音转录整理: 郑珊珊、王凌、祝艺玮

束: 欢迎你们到上外附中来。这段时间我们正好在举办"国际文化节"。今年的国际文化节聚焦非洲,我们邀请了六位非洲研究领域的专家给学生作讲座。我们的国际文化节今年开始每年聚焦一个大洲,七年我们的学生就能走遍全世界了。今年首次尝试以大洲为主题进行顶层设计,我们每年把一个大洲作为一个聚焦的点。今年是非洲,因为这是人类诞生之地、生命之源。现在人类的生存危机在非洲也体现得最为突出。昨天我们请来了一位在部队做疾病防控的医学专家给学生作报告。他曾到非洲去帮助防控埃博拉、艾滋病。最近我们国内的猪瘟也是非洲传过来的。在非洲,人类面临的各种疾病、饥饿、贫穷等问题非常突出。

郭: 束老师,我们此次整个"双名工程"项目设计中,各学科都要对"高峰

计划"的主持人进行访谈。我们今天先按照这个设计来做，也特别欢迎束老师为丰富或改进我们的研究，提出宝贵的建议。首先，非常感谢束老师百忙之中接受我们的采访。就我而言，包括程老师，我们因教材和您结缘，得以初次当面结识束老师。但实际上，您的书我在读书的时候就曾拜读。您 1996 年出版的《现代外语教学：理论、实践与方法》令我印象特别深刻。那个年代，这样比较全面地对国内外外语教学的研究进行整体、深入探讨和总结的书还不是特别多。当时，我没能买到这本书，就借了图书馆的书复印了，觉得这是一本非常值得拥有的好书。多年过去，这期间束老师又陆续发表了很多成果，我也大多拜读过。前段时间，我们做课题的时候，也借鉴了束老师主编的一些经典著作。您的社会身份很多元，对我们国家的教育，尤其是英语教育，有着各种不同视角的观察、体验，包括一些个人经验，所以我们特别希望能够借此机会和束老师一起探寻名师成长过程中值得广大教师学习的规律性东西，汲取您的思想，以便服务于或帮助更多的老师、学生和家庭。按照整个项目的设计，下面我们想从个人成长、职业发展、学术思想和家庭生活这几个方面来采访您。

一、个人成长

郭： 我们更多是想从学者的角度了解、认识束老师。那么，束老师您能否简单地向我们介绍一下您的个人成长经历？

束： 这是一个漫长的故事。纪念改革开放 40 年的时候，我写过有关个人成长的经历，主要是从读研究生阶段开始讲起。因为我是从成为研究生开始，才真正走上所谓的学术之路。在此之前，在读研究生之前，我做过几年的中学老师。我于 1978 年考入大学，那个时候我是应届高中毕业生。20 世纪 70 年代，学生的英语基础还是非常差的。我本人是进入大学之后才开始学习英语的。与同学相比，我的英语基础非常薄弱。实际上，因为以前在中学没怎么学习过英语，我只认识 26 个英文字母，只知道有 5 个是元音字母，其他的是辅音字母而已。我真正对英语教学理论产生兴趣是在读研究生之后，接触了一些语言学理论之后。研究生阶段，我就读上海外国语大学外国语言学与应用语言学专业，主攻语言学理论。但是，因为我做过 5 年多的中学英语老师，所以，学语言学理论的时候，老是会想这些理论对我的教学有些什么帮助，这还是挺有趣的，对吧？

郭：对的。

束：作为一名有英语教学实践背景的老师，理论的学习会自觉或不自觉
地与自身的教学经历相结合。我的感悟之一就是，作外语教学理论
研究的人，一定要具备关于教学实践的经验，纸上谈兵肯定是不行
的，光会写论文也是不行的。如果不接触到实际的情况，就不可能接
地气，对吧？还有一个感悟就是，作为新老师，如果不去关心理论，不
去学习理论，不去研究理论的话，做得再好也只是一名教书匠而已。

郭：嗯，对。

束：即使有好的个人经验，如果自己都不能够加以提炼，不能够道出个所
以然来，那就谈不上去指导、影响他人了。当然，自己这一路走来，也
没有想得那么清楚、那么多。现在回想起来，40多年过去了，确实愈
发觉得理论与实践之间的互补非常重要。所以，我觉得自己得益于
读研究生阶段学的语言学理论。那时，我在上外读外国语言学与应
用语言学专业。当时叫"语言学与应用语言学"，还没有"外国"两个
字。语言学与应用语言学这个专业的博士点是上外首创的，学科创
始人包括王德春教授和我硕士阶段的导师戚雨村教授等。

郭：是的，王德春老师研究普通语言学。

束：普通语言学或叫理论语言学这个学科点，上外当时做得应该是全国
最好的。后来，语言学与应用语言学这个学科的名称给了中文专业。
外语院系的语言学研究就加上"外国"两个字，叫"外国语言学与应用
语言学"。

郭：所以你们当时实际上是相通的，中文和外文，中国语言学和外国语
言学。

束：理论语言学是不分语种的，读任何一种语言的学生都可以来学这个
专业。

郭：这个指导性更强。

束：我们当时学习的课程有诸如语言学史、结构主义语言学、转换生成语
法、社会语言学、语义学和语用学等。当时，语用学刚刚兴起。我是
1986年到上外读硕士的，当时能够接触和了解到国外的一些最新的
学术成果。比如，1983年出版的 Stephen Levinson 的 *Pragmatics* 一
书。一方面，原本基础比较差的我能够有这样的机会，便如饥似渴地
学习起来；另一方面，因为有实践基础，就会生发出一些感悟。我硕

士毕业论文写的是语言学方面的，与委婉语研究有关，为我了解语言学理论的发展过程打下了基础。再后来，我硕士毕业后到南京工作，在一所高校工作了4年，做了4年大学英语教师。这个过程当中，我写了一些教学方面的论文。因为了解了交际教学法和功能语言学，有了理论和实践的铺垫之后，会将其运用于教学过程当中。其实，当时学校和教育管理部门并不要求老师写论文。

郭：嗯。

束：我觉得自己有想法，有基础。我在硕士毕业时已经发表了5篇论文。

郭：那个时候很厉害了。

束：我在硕士毕业之前就把硕士毕业论文修改了发表在《外国语》上。

郭：啊，这很厉害。

束：嗯，就是委婉语的研究。当时我特别关注国内学者的研究，关注前沿动态，总想着如何创新，如何才能与其他学者有不一样的想法。这种意识很强烈。所以我工作之后就自然而然地会想着再去写点论文。那几年我应该也发表了10篇左右这样的论文。我一直在写，一直有一种自然的想表达的冲动，想与他人分享。1993年，我又考回上外读博士。当时，我跟着戴炜栋教授攻读英语语言学。我的博士论文作的是隐喻方面的研究，算是语言学方面的。正如郭老师方才所言，在1993年攻读博士期间，我把原先发表过的论文收集起来，修改并增添了一些内容，于1996年写就并出版了《现代外语教学：理论、实践与方法》一书。我为什么写这本书呢？原因有二：一是当时知道国内有两本外语教学法方面的书。一本是北师大的，还有一本是华师大章兼中教授主编的《国外外语教学法主要流派》。

郭：不一样的。

束：《国外外语教学法主要流派》主要介绍各个流派。这本书没有结合国内的外语教学法，也不是从整体的角度出发来谈外语教学的。北师大的那本书也是介绍国外的如苏联的一些外语教学法流派。我感觉到以自己接触到的一些信息和了解到的一些内容，可以写成一本比较完整的介绍国内外语教学研究领域未曾涉及的一些话题的书。那时我还读了国外学者写的 *Understanding Second Language Acquisition*，*Methods and Approaches to Language Teaching*，*History of Language Teaching* 等书。这些书都是从宏观的角度出发介绍外语教学理论与实践的。加上我有语言学的基础，所以就将这几个方面结合起来，写了这么一本书，觉得可能会有用处。第二个原因是我写此书是有基础的，是基于我原先已经发表的一些论文。写作不是从零开始的，对吧？同时也想着写给一线教师看看。

郭： 当时就觉得这本书视角很独特。

束： 所以此书题名为"理论、实践与方法"，首先介绍外语教学中涉及的因素，然后讲述实践涉及的内容或外语教学的过程与方法，介绍国外的一些方法，同时指出其理论依据、特点和局限之处。这本书后来的确是受到欢迎的，被很多学校作为研究生的必修教材。例如，复旦的对外汉语教学专业将此书作为教材。因为教授外国人汉语，同样也涉及外语教学理论，对吧？对外汉语教学同样需要这方面的理论。这本书之后又多次重印，也修订过两次，应该是最早的对外语教学进行系统思考的成果。所以尽管后来我在担任语言学方面博士生导师的几年里，更多地把精力放在语言学研究、隐喻研究和认知语言学研究方面，但作为外语教师，我一直心系外语教学，更何况自己也写过这方面的书。经常有学校邀请我去谈谈外语教学。我平时与同行交流的话也会谈及这方面的话题，我们的外语教学确实存在很多问题。当时在上外接触到一些老师，像李观仪教授，主编《新编英语教程》的，我跟她有一些交往。因为她当时已经退休了，我会邀请她来给研究生作些讲座，与她交流交流。我当时也写了一些文章，与她讨论。她有许多想法，也很认同、喜欢我的一些观点。她也鼓励我多写点文章或者讲述自己的经验或感悟。所以，从 2001 年左右开始，我开始开设外语教学方面的硕士课程。2004 年，我写了一本书叫《外语教学改革：问题与对策》。这本书是我在作了一些调研和思考，在原先那本书的基础上写的，涉及国内外语教学各个阶段，从小学、中学到大学。我觉得，大纲制定、教材编写、课堂教学和评估的过程，以及小学外语教学、双语教学等，当时都存在一些争论。华师大的王斌华教授就曾针对双语教学在《文汇报》上发表过意见。上海市教委当时也有指标，要求在几年内办 100 所双语学校。

郭： 对的。

束： 我作了一些社会调研，还有一些研究生作的调研，都被纳入其中。所以，书如其名——"问题与对策"，讲述我作的调研，发表我的观点，尤其是涉及大学外语教学改革的。这本书一经出版，我赠予了四川大学外语学院时任院长石坚教授一本。这本书是六月份出版的，我暑假之前送了一本给他。9 月 10 号的教师节,他给他们外语学院的每位老师发了一本作为教师节礼物。他认为我们平时所关心的那些问题,有争论的问题,看了这本书可以得到一些启发。后来有几十所大学外语学院都给每位老师买了一本。所以那本书应该在大学里还是产生了比较大的影响,但是我没有想到在中小学也会发挥作用……

郭： 这本书我也看过,我是留在华师大工作以后看的这本书。当时感觉到束老师原先的那本书里更多的是理论研究的内容,到这本书里有很多实证的内容。

束： 作的调研。

郭： 对,对。我印象当中,好像上外的老师外语教育方面事情很少会去做的,是吧?没想到束老师在实践当中做了这么多事情,当时是有点吃惊的。这本书有很多对实践的关心和思考。

束： 对,因为我去学校作调研,去听课。而且我们还在浦东外国语学校作了实验,才有了这本书。

郭： 嗯。

束： 人就是这样,对一件事产生兴趣,投入了时间和精力,之后就放不下了,觉得不继续做好像也可惜了。另外,外界也想知道我新的看法,想让我来讲讲外语教学改革,所以肯定还要再去做。这个与我博士毕业后在学报编辑部的工作经历也有关系。编辑的工作要经常参加学术会议或者与他人交流。在认知语言学方面,我们也做了很多工作,成立了研究会,与国际学者进行交流。在外语教学方面,后来这几年当中,我做了两件自己觉得比较重要的事情:一是宁波诺丁汉大学的调研,二是有关德国英语教学方面的调研。当然这些事情都会有一些偶然的因素。但是,我会去做这些事情,也是一种偶然当中的必然。偶然的因素就是当时我们上外有个硕士研究生同等学历的硕士课程班,其中就有一位老师来自宁波的万里学院。

郭： 它原名叫万里,是吗?万里学院后来改名成了诺丁汉?

束： 不是,是万里学院后来与诺丁汉大学合作,重建了一个宁波诺丁汉大学校区。万里学院是一所民办学院。他们是怎么合作起来的呢?也是形势所趋。当时因为正好陈至立任教育部部长,复旦大学的老校长杨福家在诺丁汉做校长。他是第一位去英国做校长的中国人。当然,不是实质性的校长,只是名誉校长。他建议教育部在中国与英国合作引进一所这样的学校。当时人们的勇气也挺大的,改革的步子迈得很大。这位来自宁波万里学院的陈素燕老师是做翻译的。在此过程当中，她对学校的筹建情况非常熟悉。后来，宁波诺丁汉大学成立之后，她也被聘为这所学校的 Admissions Officer，即招生官。而且一两年以后，她都亲自参与招生。她来上外之后就跟我讲到了这些情况，所以我对此也比较熟悉。她跟我讲述她要做的论文。我觉得她讲述的宁波诺丁汉大学的英语教学就很有价值，鼓励她以此为课题进行研究。他们学校招的主要是中国的学生，但是是用英语授课。他们的课程完全要跟英国诺丁汉大学的一样。第一年先过英语关，之后就全部用英语来授课。按照她的说法，一年以后学生的雅思水平达到 6.5，基本上用英语授课是没有问题的，而且当时招的学生是二本。

郭：二本？

束：万里学院只能招到这个水平的学生，但是他们的学生英语是有一定要求的。她当时也带了一些他们用的材料，展示他们的教法之类的内容给我看。他们有一些专门定制的 programs。他们的那些教材其实也不是正式的教材。因为英国诺丁汉大学也有留学生，他们已经有了一套比较成熟的教留学生的英语课程。他们的课程都冠以 Academic，比如 Academic Listening、Academic Reading、Academic Speaking、Academic Writing 等。这样目标就非常明确，就是为了帮助学生用英语来攻读大学课程而开设的。所以我就跟她商量，建议她硕士毕业论文就去写这个，描述宁波诺丁汉大学一年的英语教学。当然，后来她拿到了硕士学位。后来，我对这个特别感兴趣，就想着去看看。看了之后，我又带了几个研究生，包括后来的几个博士生去作调研。我们跟那边的老师也事先打了招呼。他们负责这个英语项目的老师叫 Paul Knight。与他们交流回来之后，我就想写本书介绍宁波诺丁汉大学的教学模式。为了吸引人，就起名《大学英语教学成功之路》，介绍在宁波诺丁汉大学的学术英语教学模式的调研情况。平时在与同行的交流过程中，经常提到中国大学的英语教学怎么越教越差，而且好像越来越不知道应该是怎样的教法。因为我去过宁波诺丁汉大学，所以当时在一些会议上就提出我们应该向宁波诺丁汉大学学习。我觉得他们一年就能够解决我们大学的英语教学问题。其实他们学校都是二本的学生，那我们为什么不能做到呢？20世纪 80 年代的时候，有的学校，比如华中科技大学，当时叫华中工学院,有些专业第一年就直接用英语教专业课了,学生全都被逼得去读英文原版教材。像东南大学,还有其他一些大学,都开设了科技英语或 ESP 课程,做得挺好的。结果,到了 2010 年,这个时候已经改革开放 30 多年了,我们的大学英语反而不知道怎么教了,很多学校就只是为了让学生通过大学英语四、六级考试。如果没有四、六级考试,我们好像就没有了方向。我就提议我们的大学英语教学应该学习宁波诺丁汉,第一年学生统统学习英语,待他们英语过关后,让他们去看英文原版材料,要求他们能够写英文论文。那时有人对此提出质疑,认为这怎么可能呢? 我们国内的老师怎么可能做到这种程度? 因为在宁波诺丁汉,很多老师都是本族语者。有人背后这样说,说这个模式我们是学不来的。我当时就反驳,当然没有面对面。我说,既然你已经知道了原因在于老师,而不是学生,那就提高老师的英语教学水平啊。你说宁波诺丁汉大学的成功是因为老师好,那你已经知道是老师的原因了,那老师的水平提高了,问题不就迎刃而解了吗? 是不是这样?

郭: 上海一些好的大学的老师应该还可以吧。

束: 不是说上海的或某个学校的老师。就是说,大家认为学不来、没法学,诺丁汉独特是因为它的老师好,都是本族语老师。但是我觉得我们的老师也能达到接近本族语者水平的呀。

郭: 嗯,是的。

束: 有些老师虽然不是本族语者,但有些方面不比本族语者差呀。

郭: 那是目标定位有问题,你说对吧?

束: 就是说当时就有一种强烈的感觉。所以我写了这本书,还是有一些影响的。但是,我觉得我们有些老师、有些领导的态度还不是太到位。明知道人家有这样成功的经验,却不愿意接受,一味地觉得宁波诺丁汉大学的情况跟我们好像不一样,觉得我们的情况特殊。那我们大学英语教学的目的是什么呢? 前几年我经常去德国,看到了德国的高等教育情况,所以我后来写了几篇文章,比如“高等教育国际化与大学英语教学的目标和定位”。因为欧盟一体化需要学分互认,之前你要懂别的国家的语言,才能够去读他们大学的课程。现在鼓励各大学用英语开设课程。现在我们国家的高校,教育部的相关文件也在鼓励学分互认,鼓励学生到国外大学去交流学习。现在国家有培养国际化人才的需求,鼓励学生到国外去读书,但学生英语不过关，还怎么去国外读书呢？英语过关，毫无疑问，就需要 Academic Listening、Academic Reading、Academic Speaking、Academic Writing 等。考虑到现实的需求，当时欧盟学分互认的举措之一就是要国际化，实际上就是"英语化"。就像德国的大学用英语开设课程，让别的国家的学生可以来选，德国的学生同样也可以到别的国家去选英语课程。他们互相之间是有交流需要的，这是英语作为国际通用语背景下的要求。所以我之前呼吁得还是蛮多的。现在我还在坚持这个看法，就是大学英语教学改革的目标一定要明确，尤其是 985 大学的学生，英语肯定要过关，否则谈什么双一流。一流大学的学生英语不过关那就是笑话了。一流学科的学生不懂英语，不能够用英语写论文，那肯定是不行的。当然，我不主张一刀切。大学还有别的专业的学生，还有别的大学，他们学英语的目的不完全是像 985 大学或是诺丁汉大学的学生，读相关专业，提高综合素养，凭借英语拿学位。所以我们允许各种不同目标的、有不同侧重的大学英语教学。

郭：嗯。

束：譬如复旦大学，本身内部不同专业对英语的要求也会不一样。中文专业和其他专业，还有艺术专业，要求肯定是不一样的，所以应该分类指导。这是针对大学英语教学。在 2008、2009 年的时候，你们肯定会注意到，我到江苏丹阳的一所实验学校作了一个中学英语教改的实验，出了一本书。

郭：嗯，好像……

束：书名叫《中国特色外语教学改革探索》。实际上，这本书就是把我在丹阳作的实验整体描述出来。实验作了两三年，我们当时就想证明，像这样一个普通区域的普通学校，如果授课教师能够有很好的教学理念的话，也能够让学生的英语水平提高得很快。我们当时的理念就是培养学生的自主学习能力。就是说我们鼓励学生去课外学习，课堂上再让他们来展示学习成果。我们当时有个很有意思的安排，就是每周一次把两节英语课连上。这两节课专门让学生来报告自己周末或者前一周英语学到了哪些内容，并展示一下。学生们可喜欢上这两节课了，因为他们有成就感。当时一个不知是初一还是初二的学生，就在奥巴马刚刚就职之际，他居然把奥巴马就职典礼的演讲全部背下来了。

郭：初中的学生。

束：学生是渴望得到这种展示机会的，能够得到他人的肯定，获得成就感。他们在课外自主学习的过程当中就会摸索，变得越来越会学习。当然，不是每所学校都能这样做，所以需要老师去指导。我们在这个过程当中也遇到了各种困难、各种问题，但是我们总的来说还是成功的。我们也培养了一批老师，老师们在这个过程中注重专业发展，得到了锻炼。因为他们在此过程中要与我们交流，我们也对他们提出要求，他们自己去学着摸索。学生听老师的指导，就愿意去配合。而且他们有一个突破，有一个学生参加江苏省的外语演讲比赛，结果得了一等奖。江苏省的英语比赛，一般都是南京的南京外国语学校、南师附中这样的学校得奖，结果这样一个县级市的普通中学的学生能得奖，我们就觉得这对这个学生产生了一辈子的影响。

程：那他们现在还是采用这样的模式？

束：不一定，但是在这个过程中不少教师的理念和教学方法有了很大的变化。

郭：你们做了几年？

束：做了三年，他们初中是三年。所以就出了这么一本书，这个是针对中学的又一个实验。因为这之前我们在浦东附中也作了一些实验，然后就与基地有关系了。2014、2015年的时候，上海就有成立基地的想法。我当时都不知道这件事。虽然我关心这些事情，但我不知道上海市要成立这么一个基地。我们学校的姜锋书记大概在某个会议上听到上海市领导有成立学科基地的想法。这个基地，你们知道的……

郭：我们不知道，我们当时只知道是要申请的，不知道上外是谁来申请的。

束：华师大是邹为诚教授来申请的。

郭：对。当时我们也召开了会议。当时任友群教授是主管的副校长吧。

束：对，副校长。

郭：他当时召集我们全校的各个学科进行动员。

束：对。我想华师大肯定志在必得，因为你们原先就在做这个，对吧？有很好的基础。

郭：嗯，我们当时也觉得有的学科有优势。其实当时任校长也在校内说，我们有的学科确实还蛮有挑战的。

束：外语学科你们肯定也是觉得志在必得的。

郭：当时肯定是这么想的。但我们当时也知道你们这个团队也很厉害。我们也想到上外会蛮厉害的，是很有实力的。

束：当时我们姜书记回来以后，就觉得我们上外，英语学科我们应该去竞争竞争的。他首先说服了其他学校领导，要举全校之力来做这件事。然后他动员我牵头来申请这个基地。原来基础外语教学研究是华师大的强项，因为华师大一直跟中小学有合作。但是，复旦、同济、交大都想试一试，都想为上海的基础教育作贡献。

郭：复旦也申请了吗？

束：复旦也申请啦。复旦、交大、同济、华师大，还有上外，这五所学校参加了英语学科第一轮的申报。华师大和上外各有所长，各有所短，所以后来就采用答辩的方式，请一线老师来投票选择。

郭：一线老师投票？

束：教研员、特级教师，座无虚席。投票我们就占优势了。

郭：方方面面的原因，这是多年的基础。

束：当时，我们姜书记为了申请学科基地就把我的那些外语教学方面的书带去展示给教委领导和专家学者看，表明我们之前已经是有了积累的，做这些事情不是心血来潮。上外决心全力以赴为上海的基础外语教育作贡献。所以，最终市教委决定由我们上外来负责建设这个基地。当然也想把邹老师这方面的优势结合起来，让他发挥作用，所以他也是主持人之一。

郭：你俩应该年纪相仿吧。

程：差不多吧。

束：他比我大一些，他是上外李观仪教授的学生，我们是校友。

郭：对哦，是李教授的学生。

束：他比我大，早一届。我们是在上外认识的，但是后来他去了美国、加拿大，我们就失联了。

郭：那你们很早就认识了。

束：后来他在华师大作外语教学研究，我在上外，偶尔有些会议上会碰到。他搞活动也曾邀请我去过，所以我们私人交流还是比较多的。基地申请是学校之间的竞争，不是我们个人的事情。我们想反正都是为社会做事情，所以我们应该把各方的积极因素和力量调动起来。上海市政府成立这个基地，对上海市而言，是非常有远见的做法，能够把大学的研究力量和中小学的实践结合起来。从长远的角度来看,肯定是会产生非常重要的、积极的影响。对我们而言,我们肯定就是要把它做好,不辜负领导对我们的信任。我这里要特别提一下,上外的姜锋书记不仅仅是为上外争取了这样一个服务基础外语教育的机会,他实际上也为上海乃至中国的基础外语教育做了一件好事。这件事情的重大意义和历史性影响将会在今后的几年中逐渐显现出来。我首先推动做的一件事就是与中小学教师进行深度的交流和融合。虽然我原来作过一些研究,但是更多都是从宏观的、理论的角度来研究。现在要为上海市中小学英语教学做点什么,要能够得到大家的认可的话,那肯定是要深入实践,深入一线了解真正的情况的。所以我们首先与特级教师们、教研员们开座谈会交流。我们组织这些特级教师撰文记录他们的成长经历、对外语教学的感悟等,并出了一本书,名叫《栉风沐雨,春华秋实——上海市英语特级教师风采录》。上海一共有40多个英语特级教师,包括已经退休的。我们找到了20多个愿意参与的。有的老师退休了,就不愿意写了。我觉得,我在这本书的序言里面也写道,我们就是要为这些老师树碑立传。

郭： 以前没做过是吧?

束： 以前没有做过。这些老师是有贡献的,并且他们的成长经历对年轻教师也有启发性,他们对外语教学的一些经验还是值得提炼的。我在书里做了一些小小的总结,写了几句话。我觉得以后回过头来看这些话,也并不会过时。我们在这个过程中,也是学习,也是了解上海市的外语教学发展历史。因为他们在谈自己这几十年的亲身经历、谈自己的成长经历,也就是在谈上海的中小学外语教学史,对吧?我们后面还有一个团队去做他们的访谈录。因为当时上海要出自己的课标,所以想听听他们的意见。他们经历过一期课改、二期课改,也做过上海的课标,就想听听他们的意见、对教材的看法、对教学的看法,所以也有个访谈录,也出了一本书,副标题叫"上海市英语特级教师访谈录"。我们一共出了三本书,还有一本是关于国外课标的研究。所以我们基地成立的一年当中,真的做了很多事情,一年当中就出了三本书。

郭： 那本课标比较的书我是买了的。那本书是梅教授推荐的。

束： 梅德明教授?

郭： 嗯,梅教授。我们不是审读教材嘛,他就推荐那本书。对,我刚买的。

程：我也买了。

郭：我们也提炼出很多信息。我觉得对我们来说还是很重要的。

束：因为我们花了一些时间去收集了的。

郭：这个做起来还是有难度的。

束：对。

郭：至少你要把那些课标搜集到。

束：是的。因为如果这些编制新课标的成员不了解国外的情况，自己闭门造车是不行的。我们不光做了这个，还建立了联系学校，比如海桐小学、虹口区的北郊学校、复兴中学。后来我到上外附中工作，上外附中也成了我们基地的联系学校。我们要在这些学校开展教学实验。因为要研究理论的话，肯定是要有实践基础的，对吧？要总结上海的经验、提炼上海的经验，然后再把新的理论投入到上海的课堂中去实践、去检验。这是第二个举措。第三个举措，就是我们能够发挥上外和我个人的学术资源优势。我们汇聚国外最顶尖的一些专家，像 Rod Ellis，Brian Tomlinson 等。还有帮德国编写教材的英国学者 Stephanie Ashford，还有美国的以及其他很多外语教学领域的专家。而且不光是我们，在上外讲，我们也走进中小学，把上海的老师组织起来，请他们来参与。我们做这些工作实际上是在提升整个上海的老师的理论素养。这是与国际接轨，或者说提升国际水平。这体现了我们是善于向他人学习的。国内的一些专家更不用说，就像我们下周要邀请义务阶段课标组的专家来考察指导。去年上半年，即 2018 年三四月份，新版高中课标刚出来的时候，我们第一时间与市教研室的汤青老师取得联系。我们出面邀请课标组的核心成员，包括两个组长，来给上海的高中教师做培训。她也很高兴，因为他们不容易请到，但我跟这些老师都很熟。梅德明、王蔷、程晓堂、王守仁，一人来讲了一次，汤青也讲了一次。我跟她讲，在全国，我们上海是率先对中学骨干教师进行了新课标的培训。然后就是我们做教材。我们这几年开了好几个国际会议，包括今年 9 月份关于基础外语教育的一次会议，主题是 Teaching Language for Young Learners。我们还出了一份国际刊物，就题名 *Teaching Language for Young Learners*。我跟 Rod Ellis 两个人是 co-editors，这个刊物已经出了两期。我们希望能够在国际外语教学领域发出中国的声音，创造这样的机会和平台让大家来对话。通过与国外学者交流，我们的一线教师能够学会作研究。实际上,我们有丰富的案例。像上外附中,我们的学生学得那么好,对吧? 这里面有好多可以研究、挖掘的……

郭： 对呀,是的,他们是怎么学出来的?

束： 我上周三给我们双语班的学生开座谈会,我当场问过他们。实际上,我们去年开了多语种教学研讨会议,我们的微信公众号也推送过相关报道。我有几个案例分析,研究了很多学生的案例,也得出了一些结论。外语学的越多,当然不是说无限制的,专门去学外语,学的越多,越使人聪明,这是一个结论。

郭： 这个是有的。

程： 有的。

束： 外语越学越聪明,国外也有这样的研究结论。有的研究说,人在学另外一门语言的时候,要抑制母语冒出来的一些东西,对大脑皮层神经是一种锻炼,真的会使人更聪明,是一种 inhibition,就是一种抑制的作用,所以大脑能够得到锻炼。据我的观察、理解,从正面来讲,因为你本来学的母语对应一种概念系统,在学习另外一门语言的时候,要对原来的概念系统进行重组,增加新的内容,调整原先的适应性内容。你增加了新内容,不断地重组,不断地适应,你的视野会完全不一样,肯定是变大、变复杂了,所以会更聪明。而且学习两门外语跟学一门外语不一样。

郭： 会互相干扰,是吧?

束： 我的公式叫 $1+1+1>3$。第一个“1”是母语,第二个“1”是第一门外语,第三个“1”是第二门外语。我们这里是双外语。

程： 我们是初一的时候选修的。

束： 选的二外。同时学两门外语的话,他们的感悟是不一样的,因为它们是互相促进的。如果学了母语、两门外语,跟只学一门外语不一样,就是他的视野、感悟是不一样的。从这个角度来看,它还促进了其他学科的学习,比如历史、地理的学习。我们作过调研,研究学生学了英语之后,再学日语,会对历史、地理、语文的学习有什么影响。老师们都说,学过日语的同学不一样,上历史课的时候就会对日本的历史侃侃而谈,还有许多连老师都不知道的知识,因为他们读过这些东西,看的东西不一样。

郭： 嗯,他们看的东西多。

束： 所以是 $1+1+1>3$。还有个公式是 $1+1\leqslant1.5$。

程：一般是指时间吗？

束：是指时间。学了第一门外语，以后再学第二门外语的时候，就只需要花费学第一门外语 0.5 倍左右的时间。学习第二门外语肯定比第一门外语花的时间要少一些。去年开会的时候，有老师提出质疑，说那学习第三门外语就只需 0.25 倍的时间啦？再到后面就不要花时间啦？我说不是这个意思。我不过是想说明，学习第二门、第三门外语，时间肯定缩短了。因为前面的经验和知识肯定会有助于后面的学习。而且我们下周要用模拟联合国的形式展示给专家，我觉得这个形式能够培养学生的语言能力。

郭：你们这个（模联）也很有名的。

束：这一学习形式真正体现了对接核心素养。因为模拟联合国要代表不同国家在国际舞台上发声，所以他们要去表达自己，要锻炼、提高语言能力。如果没有表达能力，怎么去代表他人呢？另外，模拟联合国针对某一个题目发表言论，就需要相关知识，要去了解国际关系，了解某一个主题。比如说，这次他们要展示的是关于在非洲的投资，那么关于非洲国家的政治、历史、地理情况，都要了解。与不同的国家辩论，要知道他们的立场是什么，他们的价值观是什么，这些肯定也要去了解。在辩论的时候，需要逻辑推理、批判性思维，需要创新，学生的思维也得到了锻炼。很多情况下，都是学生自己去找资料，自己去学习。

程：是的。其实不只是模联，还有很多这样的社团活动。比如我女儿高一就没有参加模联，因为它和 USAD（美国学术十项全能）的比赛冲突了，所以就参加了后者。他们也都是自己学，自己找很多东西，然后要写各种东西。还有各种其他的这类活动，都需要他们自己组织。

束：动手能力、自主学习能力，与同学交流、合作，他们学到了很多东西。这不但是提升语言能力的有效途径，也提高了综合素养。上外附中毕业的学生到了不同的高校都很厉害。为什么呢？他们在中学得到了锻炼。原来可能是无意识地去做，不自觉地做，但是我们现在总结这个经验，总结为什么会这样。我们要说出所以然，并且有意识地去加强。我觉得这个非常重要，就像你要一手资料、一手资源。我们这儿集中了很多最好的学生，当然不是说全部都在我们这里。

郭：对的，我觉得上外附中很多学生的综合素质很高。

程：学校的教学过程不是以应试为目的，他们其实没有一般高中刷题或题海战术的做法。但是，学生也要参加很多考试，所以就是无心当中参与很多活动，他们的效率很高。

束：我再举个例子，我们这次的国际文化节是关于非洲的，我们请了什么样的人来讲的呢？第一讲是一位西班牙的科学家来讲天文学。她在非洲有一个研究项目，正好来上海，到上海天文台交流。我们跟他们有联系，她说她愿意来跟中学生讲，那就讲一下吧。第二个是开幕式的时候。因为我知道浙师大有个非洲研究院很有名，我就邀请他们研究院的院长刘鸿武教授来讲。他也愿意来，他的学生当中正好有学外语的。非洲研究院是这个领域的权威之一。他来跟学生讲讲也挺好，使学生对整个非洲有一个宏观的了解。后来有一位华师大历史学的教授来讲非洲历史，接着就是昨天一个部队里到过非洲帮助抗击埃博拉病毒的人来讲。这位专家说他们愿意跟学生讲，说一分钱也不要，车旅费也自己出。前面还有一位，一共六个高层次的这类讲座。学生的视野会得到很大的拓展。

郭：这个可能是华师大本科生才能接触到的资源。

束：我们这样的活动，层次不输给大学。我们还请了诺贝尔文学奖获得者来讲过，也请了四五个院士来讲过，都是为了学生。也有人在背后讲，说这是作秀……

郭：那肯定不是，我觉得这是校长的影响力带来的。

束：我说我们的学生 deserve this，他们有这个能力，他们需要这些知识。诺贝尔奖获得者的那场讲座，我是请我们的学生来主持的。后来这名学生到耶鲁大学去留学了。她叫黄沁沁。她在接受上海电视台采访的时候就说，她非常感谢学校给他们这样的接触大师的机会。原来觉得诺贝尔奖离自己太遥远了，但是今天可以亲自主持这个讲座，与获奖者近距离接触、交流，她一点也不紧张。

郭：不胆怯？

束：她的视野不一样了，更加自信了，可能改变了她的一生。影响的又何止她一个人呢？听讲座的 100 多人，他们以后回忆起来，自己在中学就见过诺贝尔奖得主，听过他的讲座，讨论文学创作。有好多学生还问了问题。这次两位第一夫人（彭丽媛和法国总统夫人布里吉特）来，也有好多学生参与，他们也是终身难忘的呀！

郭：不要说学生了，我们都没见过，对吧？

束：近距离接触，握手、提问、交流，学生在这样的环境熏陶下，他的气质和眼光就不一样了。

程：嗯，资源是很多的，还有很多研究机构，比如说我女儿参加了中科院生科所的人工智能和生物……

束：那很不错的。

程：对的。他们自己暑假也去那边，帮他们做一些数据处理，做展示，写论文之类的。

束：是的，我们跟中科院生命科学研究院合作。他们的老师来指导我们的学生，就像指导研究生一样，指导这些中学生怎么作课题。物理研究所是红外线做得好，他们就带领我们的学生作实验、作课题。我们跟上海市天文台合作、签协议，下周二带我们的学生作物理、地理方面的天文实验。每个方向都有二三十个学生感兴趣。这些学生说不定以后就可能成为科学家。我当时跟他们的所长讲，以后这些学生里面只要有一个大学毕业后能到你们这来工作，你们就成功了。

郭：那是的。

束：他们就是院士来讲的。

郭：高规格的学习。

束：对的。整个学校的氛围也影响学生，学生的追求也不一样。有的时候我在会上就讲，我们学外语有两个目的，不是仅仅就学两门外语，而是借助这双翅膀，能够飞得更高，有更广阔的视野，舞台会更广阔。不是说仅仅找一份工作而已，学生以后是要代表国家的。我们就是这样一路走到现在。

郭：太不容易了，我们也感觉我们要学的太多了。

束：我还没有力量去改变什么大的事情，只是做些力所能及的事，提点建议，有一些想法供他人参考。

郭：束老师您个人的成长应该说经历了很多，像我们可能相对没有那么复杂。您大学老师也做过，中学老师也做过，编辑工作也做过，尤其是名校校长一职，没有几个人能胜任。在这么多经历里，您觉得您个人原生家庭的家庭环境对您有没有什么影响？

束：我原来的家庭，父母肯定是重视我们的教育。两方面的教育：一是品德教育，做善良的人，做有用的人，好好读书。这是一种朴素的教育。另外，那个年代的家庭经济还是很困难的，但是父母克服困难让我们读书。我们当时读书没有现在这样的条件，实际上在学校也没读过什么书，但是就是这种信念很重要。这是家庭对我们另一个方面的教育。当然,我父亲原来做过私塾先生,也是教书的。我祖父也是私塾先生。

郭：知识分子家庭。

束：应该也算不上,教乡村小学的私塾。但是就是比一般的家庭有读书情结,是喜欢读书的。家里的兄弟们也喜欢看书,闲书也看,这些肯定也会有影响。我们当时能考上大学主要就是平时看了一些杂书,并不是真正在学校里学到了什么。当时哪有晚自习一说,学生在学校都不认真读书的。

郭：那在成长过程中,您觉得哪些家庭影响慢慢就没有了,而哪些影响效应会持续并逐步放大?

束：其实我的同事或者熟悉我的人,对我的评价就是,会坚持做一件事情,会尽自己最大的努力去做,不抱怨。我自己在个人的成长过程当中,也觉得一件事情坚持去做了,总归会有收获的,或大或小而已,对吧?

郭：嗯嗯。那么束老师在成长过程当中,有没有一个形象一直影响着您?您有没有偶像之类的人物?

束：没有一个特定的人,但确实是见贤思齐。我现在也跟学生、老师们讲,看到比我好的人,我就想着怎么能够向他们学习?学习各个方面,为人方面、学问方面、做事方面。看到优秀的人,就会心生羡慕、敬佩,也想成为那样的人。虽不能至,心向往之。但具体哪一个人,也很难说出。因为在不同阶段,会有不同的榜样。就像我儿子,小的时候,他说要做奥特曼。后来,是孙悟空。再后来,是迈克尔·杰克逊。再后来,是叶枫(《我为歌狂》中喜欢唱歌的主角)。因为喜欢唱歌,他报考了音乐学院。再到后来要做贝多芬。在不同阶段,他的认知是会变的。我们也一样,不同阶段会有时代的楷模、模范。品德上、专业上都有。专业上,我希望自己能够向我们的前辈、老师学习。海外一些有影响的学者都是我们学习的榜样。有很多很多榜样,具体说不准是哪一个人。这个世界就是由很多人接力的。

郭：那束老师您觉得有没有某些个人品质或特点一直支撑着您或影响着您的发展?

束：刚才讲了一点就是坚持,就是说有想法就要付诸行动,就要去坚持做一段时间。你自己认为好的事情,就坚持去做。一个好习惯的养成也一样。就像我游泳,一开始也不会游、游不动,但我坚持了十几年,我现在一口气能游 20 个来回。耐力这种东西是要靠慢慢锻炼出来的。

郭:嗯,坚持。

束:另外一点就是实事求是。我会去作一些调研,不去夸夸其谈。因为你在讲的时候,就会想着我说的这些东西,我写的这些东西,符合实际情况吗?它对现实有什么积极影响吗?就会想着,这些东西能否起到一些实实在在的作用。此外,像我们这样的工作,做的一些事情需要团结更多的人。有很多事情需要合作、需要互相帮助、互相成就。所以我这几年跟一线教师、教研员,都会经常讲到,我们现在是在互相帮助、互相学习。你只有帮助别人,只有在为别人考虑的时候,别人才会帮助你。你帮助别人也是在帮助自己,把自己的事情做好了,也是在帮助别人。实际上,我们现在在做的事情不就是这样吗?我配合你们,你们实际上也是在帮助我,对吧?在帮我作一些宣传,帮我提炼,帮我总结。

二、职业发展

郭:束老师您当时读研之前当过老师,是自己愿意的呢,还是出于什么原因从事的呢?

束:因为师范专业肯定就是去做老师的。首先,我做了老师以后,还是非常喜欢的。那几年的经历,对我后来的发展还是非常重要的。那几年觉得自己学得不够,有一种强烈的渴望要去再提升自己、再多学习一点。第二点,你真正要做好你热爱的教学事业的话,你喜欢教书的话,就一定要喜欢学生。第三点,你一定要对你所教的学科做到高屋建瓴,要完全驾驭这个学科。我当时年纪不大,20 岁左右就做了高三的老师,做了班主任。我对于高考的那些内容非常熟悉,随便怎么上课我都可以,不用教材也可以上课。作为一名老师,你一定要对自己所教的学科有这种程度的理解,有一种驾驭能力。真正地关心学生、帮助学生,把两者结合起来。如果我还在中学教书的话,我想应该也可能成为特级教师了(笑)。因为那时候,自己喜欢教育事业,所以很多事我都会尽力去做。现在回想起来,肯定还是缺少很多其他东西的。

郭:那束老师您怎么看待教师这一职业?不同阶段对这个职业的看法有

没有不同？

束：最初当老师的时候就是一种直觉。你的性格、能力、所在学校，会影响你的教学水平。后来，你应该超越本能、直觉，自己就可以站得更高、提升得更多。我们有时候会说民国期间有很多成为大家、大师的人，也在中学教过书。其实教小学、教中学，越是有学问的、越是大家，他对学生的影响越大。现在社会对中小学老师的要求还是蛮高的，大学老师更是这样。你提升到一定高度，有感悟、有理论，那你肯定会是个好老师。当然这不是天生的，两方面要相结合。要做一名好老师的话，也要有激情，有本能的东西，要有及时的反应。所以，有的时候，学问做得好的人不一定是好老师。大学里面有些老师，他学问作得好，但不一定擅长跟学生互动，不一定能够及时反应，那他也不一定是个受学生欢迎的好老师。所以，现在我接触一些中小学外语老师，同样会跟他们讲，你作为外语老师，两门语言的能力都一定要非常好，母语和外语一定都要非常好。然后，你要懂理论、擅总结，要有坚定的目标并不断地去追求新的目标，这样才可能成为一名真正的好老师。与时俱进不是一句空话。作为一名老师，如果连学生都追赶不上的话，你肯定要被淘汰的。尤其是遇到优秀学生的时候，变化非常大。如果你固步自封，不与时俱进，不向学生学习，不用internet，那你就会被淘汰。老师肯定要对新事物保持兴趣，保持追求。

郭：束老师对教师这个职业有最初的认识，到后面说要有激情和本能，要有一些思考，到现在对教师个人素质的影响的认识，您觉得影响您不同阶段对教师认识的转变的主要原因是什么？

束：一是与我的个人经历有关，另外一点是与我的观察，与我对教育理论的学习和了解有关。因为教学是一门学问，一门学问肯定有其内在的道理在里面。此外，教学是一门艺术，艺术肯定与个人的感悟密切相关。你的感悟，与你的直觉和悟性，与你的追求、性格肯定有关系。

郭：束老师您刚刚以研究生为一个阶段进行划分，如果重新划分的话，从刚入职到现在，您觉得您的职业发展可以分为哪几个比较明显的阶段？

束：如果要划分的话，原来作为一名年轻老师，就是凭直觉，就是凭一种本能，是一个能力型教师。后来，读硕士、读博士之后，在原来的基础上多了一些理性思考、多了一些理论基础，有更高的一些追求。再后来,作为一名研究者,就会考虑得更周到一些、全面一些。因为已经不仅仅是站在自己的立场上来讲,会看到整个领域的发展过程、发展阶段。外语教师这么一个行业,这么一份特殊的工作,对从业者的要求是比较高的。理想的外语老师是多方面的结合,这个我在有些书里也曾阐述过。作为外语老师,首先是人品,对你的人格、师德这些方面的要求比较高。语文老师也一样,因为语言在塑造人的世界观时发挥着非常重要的作用。外语老师是跨文化的,所以需要更广博的、更广阔的知识,要有世界知识、世界眼光。世界眼光不仅仅是知识上的眼光,还应该有交流和体验。同样,你的专业知识、专业技能也得博采众长。为什么上海会提出上海特色、国际水平? 就是希望能够关注国际最新发展,搭建新的平台,甚至追求国际一流。现在越到后面要求越高,也不一定能完全达成目标,但是要把事情做好的话,需要很多要素,需要有素质和追求。有了这种素质不去不断提升的话也达不到那种境界,对吧?

郭: 嗯嗯。

束: 我想凡是最后做得好的人都有一些共同的特点。如果我们去调查研究那些成功的人,会发现他们肯定都有很多共同的东西。

郭: 是的。那么束老师您每个阶段有没有遇到一些关键问题或者关键事件呢?

束: 一定要说的话,就是从原来的一名青年教师,到后来成为一名硕士、博士。研究生学习就是专业思考的一个过程,然后再作为一名研究者来研究,身份还是学习者。不光是研究者,就像你方才提到的,做校长或者基地的首席专家的时候,你在某个局部可能还会产生一定的影响,可以做一点事。我想这可能就是处于不同阶段的一个特点。你最初可能是自己一个人,后面你可能接触到了更多的人。在作研究的时候,你会看到更多的人和事。在做管理或者一些与管理有关的工作时,你可能会影响身边的人和事。

郭: 嗯嗯,对啊,确实如此。

束: 我原来没想过这个问题,今天你问我,我就简单说说我的看法。

郭: 那有关键事件吗?

束: 关键事件……应该讲没有什么特别的事情突然改变我,还是比较平淡琐碎的。当然,如果一定要说关键事件的话,那么读硕士、读博士、做基地的首席专家……这些都是关键事件。因为这些关键事件在不同时间段改变了我的平台。

郭：对！

束：这些关键事件改变了我的视野，所以跟前面谈到的也不矛盾，是对应的。

郭：这个过程当中，应该每个阶段都有挑战。比如说您读硕、读博，到刚刚提到的竞争基地负责人，这些过程当时肯定对您是有挑战性的，对吧？

束：那是当然的。现在我跟我的研究生讲，他们不能理解我们当时（80年代中期）能考上一个研究生是不得了的事情。

郭：是的。尤其工作几年后考个研究生。

束：还有一个原因就是那个时候招的太少了。一千个人考一个，一点都不夸张。

郭：您那一届一个老师带几个研究生啊？

束：我们那个学科方向那一届全国收了五六个硕士研究生，整个上外只招了60多个。现在每年招收的研究生可能都上千了，当时我们整个全校只有66个名额。我记得很清楚。考上研究生真的改变了我的一生，完全改变了我的命运。读大学是改变命运，读研究生对我来说也是改变我的命运，否则我可能现在还只是个中学老师。读博士也改变了我的事业轨迹。做英语基地的负责人也改变了我。因为我的目标和服务对象不一样了，我要思考的问题就不一样了。不是为我自己思考，不是仅仅写几篇文章，也不是写两本书而已。所以我现在跟大家开玩笑说，我少写一篇文章、少出一本书，对我个人没什么影响。但是我有的时候说话、写的东西，是为了对别人有些启发。

郭：考虑得更多。

束：对，更多就是我刚才讲的，能够对身边的人或事物起到一些影响，尤其是推动他们去改变，往好的方面发生一些变化。现在做事情更多会考虑它的意义和价值。比如说为学校的学生做点事情，其实你是付出了额外的时间和精力，还会被别人误解，但是我想着对学生是有好处的。学生学成以后，回望过去，他是知道你的良苦用心的。还有对老师的推动，推动老师走出去交流，这些都会对他们产生比较大的影响。我是过来人，所以我能理解，但是他们当时不一定能够完全理解。

郭：对的。那么束老师您破解这些关键事件或关键问题的时候，您觉得

　　是什么帮助了您呢？

束：我觉得还是学习。向同事学，向专家学，向书本学，向实践学习。因为你遇到这些问题肯定是在实践过程当中遇到的，对吧？

郭：嗯嗯。

束：遇到问题，你会跟同事交流，跟同行交流，自己再思考，就会形成自己的看法。有的时候，听个讲座，与国外同行联系。我这几十年当中与海外高层次学校和学者的交流还是挺多的，我觉得都会有很多启发。有的时候也会翻看各种各样的书，不是针对性地去翻看这些书本。现在回想起来，有件事情可能你们也会感兴趣的。我是学外语的，其实我中学的时候，年纪轻轻就读了许多杂七杂八的书。我感觉自己的语文、母语能力还是可以的。我在中学的时候还得过作文一等奖，自己的作文经常被老师作为范本点评。但后来发现自己对中国文化了解太少了。所以我在做中学老师的时候，在读研究生以及后来稍微有些时间的时候，我就会去补中国文化，包括中国文学的课。关于中国文学史我读了好多书。《古文观止》我读了好多遍。后来在大学我不做行政工作的那段时间，我读了《史记》《资治通鉴》，还有《文心雕龙》。因为自己喜欢文学，所以读了很多中国文化有关的东西。后来我主编了一套中国文化英语选读的教程，关于如何用英语介绍中国文化的大学课程。所以类似这些东西，我前面也讲到，并非偶然。作为一名外语老师，两种语言、两种文化都要涉猎很深。有的时候我也引用他人。歌德曾经说过 Those who know nothing of foreign languages know nothing of their own.（那些不懂外语的人对自己的母语也不会真懂），大致是这样的意思。因为你没有参照物的话，对自己的东西也看不清楚，对吧？所以你在学外语的时候，学习外语的瓶颈或者天花板，就是你母语的水平。母语水平不够的话，外语水平想超越母语是很难的。到了一定的阶段，两种语言是相得益彰的。

郭：嗯嗯。

束：如果你想对母语和自己的文化有更多感悟，肯定就要将其与其他文化进行比较。钱钟书之所以能够成为这样的一个大家，他就是这样。他会十几种外语，了解十几种文化。他回过头来研究中国的传统经典，互相参照，才能够有那样的成就。

郭：束老师您的那些同伴、同事，是不是很少有像您这样能够发展到比较高的层次？您觉得是什么因素影响了他们？

束：这个不好说。每个人做的事情，每个人走的路，肯定与自身的特殊经历有关。我可能更多得益于自己不断地有新的追求、新的目标，就是坚持，一直坚持，自己不断地看到自己的一些进步。自己在学业上，在对一些事情的理解上，一直在进步着。原来做事情可能更多是从自己的角度出发，后来能够为学科，甚至是为更多的学生、老师，做点事情。这肯定是与自己的特殊经历和平台有关的。所以我也特别强调应该感恩这个时代，感恩一路走来，在不同阶段能够给我帮助、给我机会的人。因为你想，我读硕士也好，读博士也好，做学报也好，还有基地负责人，附中校长也好，这些都是给自己学习和锻炼的机会，对吧？所以我不能够说人家为什么不能够做到，而是说我为什么能做到？因为我幸运，运气好，得到了这些机会。这些机会就是学习、成长的机会。

郭：您觉得有哪些因素会影响一些老师的发展？他们会很容易停滞在某个阶段。比如说我们自己也会思考，作为大学老师，有的时候很容易停滞不前。束老师，从您的个人经历来看，教师在职业发展过程中比较容易停留在哪几个阶段？

束：如果只为自己考虑的话，比如说只有阶段性的个人目标，评职称或者只要有一份工作，再或者只要说得过去就行，这些可能就容易满足，容易停留在那个阶段。但是你如果能想着，我能够多了解一些相关知识，能够多帮助一些自己能够帮助的人，或者在某一个领域里，我可能占点优势，我能够多做一点，能够得到同行的认可，能够为这个领域作一些贡献，那可能就会使我们的动力更强一些。所以我自己觉得不断地会有一种动力想去交流，这可能也与我的工作有关。就是说你有与他人交流的机会的时候，就会从别人那儿学到东西，也希望自己能够有一些真知灼见。所以我有的时候发言，就会想着能够讲一点实实在在的、对别人有用的话，而不是套话，随便说几句场面话。我想，这个与你平时关注、学习的一些东西还是有关系的。所以我再忙也会去翻看一些这个专业领域的书，关注大家的一些讨论，关注同行们有什么新的成果，关注这个领域里有什么新的成果。去参加一些会议，听听别人的发言，也会受到启发，受到触动。所以，交流很重要。因为你不交流，就不知道自己的差距，还想着自己很不错，活得还挺滋润、自在的。

郭：束老师，在不同阶段您有没有遇到贵人或者引路人呢？

束：肯定有。我刚才实际上已经讲到了，在不同的阶段，在做老师阶段，在读硕士阶段、读博士阶段，还有工作阶段，肯定遇到过信任我、支持我、帮助过我的人，统称为"贵人"吧！包括领导、同事。有的时候，他们的一种鼓励、支持，都会对自己做一些事情有帮助。但是倒没有说，像有些人会提到这样的一位师傅，这也蛮特别的，这种情况，比如说，有某个人就指导、指引着你的一生。实际上，我的发展变了这么多次，很难说出某一个人，而是应该是很多人对我产生了影响。得到了很多人的帮助，有很多感悟，从不同的人身上学到了不同的东西。

郭：很难说出每个阶段分别有一个什么人吗？

束：但是这些变化肯定是有那么一两个关键的人。但是，也很难点明说就是这个人。因为很多人都给予过帮助，遇到了很多贵人。可以说贵人就是以各种方式帮助过、支持过、激励过我的人。

郭：束老师在自己的职业发展过程中，如何看待学校学科组、教研组和备课组的作用？

束：从我自己的成长过程来看，确实没感受到过，因为以前还没有什么教师发展之类的说法。我不能说没起到作用，但那时候都不太规范，确实没有这个印象。当时那个成长阶段，我的变化比较大，更多是靠自己的一种追求，自己的一种主动交流。但现在依我看，中学老师也好，大学老师也罢，对个人发展而言，集体的作用太大了。我们调研了许多学校，一个学校如果外语教得好，这个学校的校长太重要了。

程：嗯，是的。

束：所以为什么冠以"外国语学校"名字的这些学校外语教学都能发展得比较好？因为大家有一个共识，就是外语是我们的特色，这点很重要。校长很重要，学科带头人同样很重要。学科带头人为你搭建平台，给你学习的机会、交流的机会，给你自由，激励着你。光靠个人努力，如果他限制你、嫉妒你、压制你，那你怎么发展呢？所以学科带头人也很重要。接着就是各种机会。名校之所以要争平台，争名师工作室，就是因为这样他就有很多机遇，很多资源了。所以老师们一定要珍惜这种机会，因为我们现在很多教师培训、教师发展工作是锦上添花，而不是雪中送炭。

郭：嗯，对。我觉得整体上是这样。

束：马太效应：你做得越好，资源就越多；你做得越差，越没有资源。所以只有自己去努力获取更多的资源。你越不努力，越容易被淘汰。

郭：嗯嗯。那么束老师您怎么看待教师个人发展的需要与学校发展之间的关系？我们现在抛开您校长的身份，就谈您原来作为一名老师的身份。

束：作为老师的话，你首先肯定要得到学生的认可，得到同事的认可，得到同行的认可，得到社会的认可，对吧？

郭：那一位老师与他的学校发展之间的关系呢？

束：学校好，你的平台就好。你做得好，也能使学校更好。当然，我们原来没有这样的机会，没有这样的一种认识。现在回想，因为你学校本来名气就很大，你在这里当然占据很多优势了，资源都不一样。但是你总是不努力，没达到那个水平，你不是影响学校的声誉吗？对吧？你做得更好，学校就以你为荣。就像北大、清华，人家说北大清华的老师不得了，但是不是每个人都优秀呢？

郭：嗯嗯。那有时候老师与学校的发展之间有没有冲突呢？有没有需求不一致的时候呢？

束：不可能，学校和个人的发展应该是一致的。如果有冲突的话，肯定是哪一方出了问题。老师个人发展好了，一定是对学校的贡献。学校不能容他，那就是领导没有胸怀，或者是机制出了问题。老师的发展肯定促进了学校的发展，学校的发展肯定也会对老师有好处。但是如果这个老师总是只考虑到自己的发展，而不是说与学校的发展同步，总想着别人能为你做什么，不能想着为别人做些什么，那别人也会说你自私。你不能总是利用别人，利用学校的平台发展自己，而不能对学校、对别人有所贡献。理论上，学校应该支持老师的发展。因为老师发展好了，学校就会多一些名师。"山不在高，有仙则名"，你的名师就是你的仙人。作为老师，你为什么在这所学校工作？说明你在某种程度上认可它，或者对它有感情。如果你不认可它的话，你应该换地方了。学校肯定会给你一个最基本的工作条件，你做好了，大家相得益彰。你不要抱怨，先做好事情。自己的事情都没做好，抱怨别人有什么用。

三、学术思想

郭：好的。这是我们了解的束老师的成长、工作经历。我们对束老师的学术思想史也很感兴趣，特别是您觉得哪些书对自己的影响比较大？

束：一是学科领域的入门书，就是 introduction 之类的书。还有学科发展
史类的，就是 history 方面的书。你了解了一个学科发展的整个过
程，就会有一种纵横感。然后是学科里的名著。到后面阶段，重要的
就是你的跨学科知识。比如说如果你仅仅了解学科知识，你的视野
还是狭隘的。所以我在这里补充一点，我在语言学和外语教学上都
花了一些时间，但我跟学生讲，其实我是有遗憾的，因为我是"Jack of
all trades but master of none"。因为人的精力毕竟是有限的，如果
我专注于外语教学理论，我或许可以做得更细一点；专注于语言学理
论，我或许也可以解决一些具体的问题。但是我可能没能做到这一
点，没能成为一个非常精深的人。但是，我自己觉得，我做外语教学
工作的时候，得益于我语言学的理论基础；我作语言学研究的时候，
得益于我做外语老师的经历和视野。后来我看了一些杂七杂八的
书，心理学、哲学、文学方面的书，对外语学习有帮助。因为你有的时
候要举例，比如说要说明一个问题，这些东西都非常重要。

郭：嗯嗯。对我来说，我可能觉得我语言学欠缺一些。我觉得束老师还
是很全面的，在语言学方面、语言教学方面。

束：你要去关注，不一定要成为专家。你要了解的是，我要引用的时候，
知道是看过的哪本书，到哪里去找这个内容。你得知道，原来有学者
讲过这个，研究过这个。否则人家都研究过了，人家都解决了这个问
题，你还在乱说，对吧？为了避免自己的无知，就应该多去看看别人
的东西。

郭：对的。束老师，这几类书对您的影响主要是知识方面，志向方面，还
是哪些其他方面呢？

束：触类旁通！如果你在自己关心的问题上有过思考的话，你看到别人
的书会有启发。或者，有些内容可以作为你的证据，作为你的基础，
作为一个论据，是你可以引用的东西。所以很多人看我关于隐喻的
一些文章，好多例子出自报纸或者其他地方。那些就是你平时把它
记下来，或者你有印象，到时候再去找的，需要你做个有心人。有些
例子你要真的去找，是找不到的。但是你积累了，你留心了，再聚焦，
就得来全不费工夫。所以外语学习，我这两年就经常引用海伦・凯
勒的例子。海伦・凯勒她原来没掌握语言，19 个月大的时候就又聋
又瞎了，到七岁的时候才去学习语言，而且不是真正的语言，是在手
心里写的。这个例子真的非常有用，就是说没有语言，就没有思维。

其实我们原来都知道,但是因为没有深入地了解,就觉得好像没什么特别,是吧? 所以我后来举这个例子的原因就是,我们都知道海伦·凯勒,但从没从这个角度去思考这个问题呀!

郭: 对的,是的!

束: 所以语言对思维多重要。她七岁之前没有掌握语言,就是一个"beast",一个"animal",又打又闹,后来学了语言她就慢慢有理性了。

郭: 确实是的,变化很大。

束: 而且她并不是仅仅在学语言,她是在了解这个世界。她被带到野外,问这是什么东西,一个一个地用手摸,老师或父母一个一个讲给她听。她就知道了。哦,世界是这样子,所以就会说了,就会谈论它们了。

郭: 对的。她受语言影响很明显,这是很经典的一个例子。

束: 并且,因为她是七岁开始学习的,她已经有很强的意识了。到她 20 多岁写这些经历的时候,记忆就特别清晰。不像我们,我们根本就都忘掉了。因为语言对我们正常人而言就像空气和水。但是她每一个单词学得那么艰难,都是刻骨铭心的,所以她后来回忆起来,就显得非常生动、非常详细。她学的第一个单词是"water",第一个抽象词是"love",她都描写得非常详细。这都是很好的例子。所以我觉得读不同学科类别的书,可以触类旁通,或者说它们的知识就是相通的。概念世界、概念化,你大脑里面的各种知识,它们互相之间肯定是有联系的。

郭: 束老师,如果现在让您对个人成长过程中各种各样的知识来源和学习渠道作一个评价的话,比如说,您中学前的教育、高等教育、入职后的自学、入职后同事之间的交流和在职培训等等,这类个人成长中比较重要的一些受教育或者获得新的学习的机会,您会如何评价它们在个人成长当中的作用? 哪些作用更大一些?

束: 我想,如果粗略分成两类的话,一种是随便读,另一种是正式读。随便读就是读报纸、杂志、微信群里的各种各样的东西。看到的就读,有兴趣的就读。这种随便读可以成就你的"博",博闻强记。博就是杂,杂就是博,这是互通的。那么正式读,专门读,肯定是专业的书籍。专业书籍造就你的深。因为有些书籍是权威人士写的,有些是这个领域里经典的东西,那你看到深层次的思考,会有所启发,会提升自己思维的高度。随便读能够影响你的广度和宽度。所以我觉得这两点都是不可或缺的。处处留心皆学问。我现在愿意花时间读微信群、朋友圈里发的东西，有很多蛮有用的。因为我们的朋友圈和别人的可能不一样，看到的很多都是专业性很强的内容。比如说我今天就给我的博士生群发了一个关于如何作好 literature review。

郭 & 程：对对，我也发给学生了。

束：这种内容，我当然也跟学生讲过，但是他总结得挺好，我觉得重温一下也没有坏处，挺好的。我原来也知道怎么做，我也会跟别人讲怎么做，但是我看到这个内容也会再过一遍，再发给学生们。我觉得大家都重新再学一遍，没什么不好。

郭：嗯嗯，是的。

束：今天下午，有个博士后来找我。她拿到了一个博士后的课题，来和我讨论怎么在原来的基础上再深入。她是研究危机话语策略的。我就跟她说我刚刚看到一篇文章，是关注某大学的。今天有人在朋友圈里发了一篇关于该大学 2019 年发生的几件大事的文章。我就跟她讲，这所大学在 2019 年应对这些危机的时候是欠妥的。一个是某影星学术造假，一个是某特招学生退录，第三个是某老师的师德问题，然后是说他们一年收入几百亿，就是这四大事件，把这所大学当年的声誉降到了谷底。今年高校有很多负面新闻，我平时都关注了。我说这都涉及大学的危机话语策略。有的做得好，大部分是不成功的。为什么呢？因为不是光要说话说得好，而是取决于你对这件事情的认识呀！为什么会产生危机？肯定有"因"。你第一时间找到因，把因给解决了，这就是你最大的危机公关，最大的话语策略呀！不解决实际问题，你再辩解，这件事情能解决吗？这个危机还在，对吧？你得第一时间找到这个"因"。我就跟她讨论这个，给她提这些建议，就与平时关注的东西有关。华师大的胡范铸老师也一直在研究这个方向对吧？

郭：对对，我看他经常在朋友圈里发。

束：他真的很厉害、很勤奋。他很有思想，很有批判意识，讲得很有道理。但是，有一点我想说，有些事情可能不仅仅是话语的问题，是与你的思维模式、与你的处世方式密切相关的。如果说我做的是一套，但换一种话语体系来描述它，这是误导别人，甚至是欺骗、是说谎，而不是什么话语策略。

郭：话语是一种表现方法。

束：话语策略实际上就是一种政治，是一种处理事件的策略。如果你的
　　话语与事实不对应，你再具备策略也不行，总有一天真相会水落石
　　出。我举这个例子就是想说明，朋友圈里总是有这些东西，你关注
　　了，到时候就可以成为你研究的对象。外语教学也是如此，有很多例
　　子的。当然，这个可能要更多地关注个案。现在笼统的，或者想象
　　的、一厢情愿的东西比较多，真正考虑"学生怎么学"的这种个案比较
　　少。最近有一个案例，北京语言大学的李宇明教授把自己女儿 20 多
　　年来如何学语言的过程记录了下来出版了。

郭：他好有毅力啊！

束：对呀！而且他也有分析。这是他自己的成果，然后别人再来看一个
　　孩童怎么习得母语的，怎么学习汉语结构的，就是非常好的研究素
　　材。我们就需要这样的外语学习案例，对外语学习的认识就能更近
　　一步。我本来就有一个想法，能够收集更多这样的案例。各种各样
　　的案例，学霸的，学渣的，再对比一下。

郭：嗯嗯。束老师您怎么看待我们学科教育这个专业？您认同它是一个
　　专业吗？

束：学科教育实际上是从教育学的角度来看外语教学，但是如果能将两
　　方面结合起来更好。现在我们需要将教育学、心理学与语言学、应用
　　语言学、二语习得相结合，那是最好的，仅仅从教育学角度……因为
　　外语学习与其他任何一门学科的学习都不一样。所以我们现在有些
　　活动就让教研室或者华东师大的教育学教授来做一个评估标准，就
　　觉得不完全符合外语教学的实际情况。他会从他的角度来看，甚至
　　从理科的角度来看语言知识和学科知识。我们现在对语言教学的认
　　识已经变了，不仅仅是去讲知识的。课堂上仅仅讲知识，就语言知
　　识、语法知识、词汇知识或者其他知识，在现在肯定是不合时宜的，对
　　吧？语言这个学科与其他学科完全不一样，它是一个跨学科的教学。
　　所以我觉得，它可以成为一个专业，这点没有问题。但是，它应该有
　　更广阔的视野，而且，当然可能是与教学设计挂钩的。你们的学生以
　　后都准备做老师的吧？

郭：是的，都是做老师的。

束：而且要到中学做老师的吧？所以更应该沉下去，要去参加教育实习，
　　要去作这方面的研究。你读过研究生了，再去做老师，应该跟人家不
　　一样。你要有研究的能力，要有反思的能力。如果你没有实践，你的

实践能力不如本科生的话，别人也不服你。别人会说，他上课没我好，只会头头是道地跟我讲理论。首先，课上好，别人就没话说，然后还会写论文，不光是写论文，还要反思。我的课题对我的教学产生影响的话，以后会有变化的，对吧？这样就好了。

郭：如果说这个学科有何特殊性呢？

束：跨学科。你不能把它作为教育学的一个分支，那一定会出问题。你们不一定认可，但这是我的看法。

郭：是的，确实如此。因为我们在教育学这个圈子里，我们更多地会从这个角度看问题，但实际上我们也认可它应该是跨学科的。

束：但是任何学科的教学都要符合教育学、心理学的原理，它们有一些共同的规律。但是语言教学，它很特殊，有特殊的教育规律。因为语言是一个载体，又是目标本身。它多复杂呀！不容易弄明白的。

郭：束老师您觉得教师这个职业，除了与普通职业一样要具备一定的专业技能等之外，您觉得它对老师有哪些特殊的要求？比如道德规范、日常行为规范等方面。

束：这个我也有一些感悟。原来我们不理解国外的师范学校为什么叫"normal school""normal university"。"normal"的词根是"norm"，就是规范，不是"正常"的意思。中国的师范学校提倡"学高为师，身正为范"。我觉得教师这个职业，特殊就特殊在你要教学生怎么做人，做一个高尚的人，有用的人，全面发展的人。然后，学高为师，你能够不断地激励学生。现在不光是把自己会的教给学生，你自己肯定也要不断学习。你要思考怎么激励学生去不断学习，而且要教给学生终身学习的技能和能力。所以我觉得从"norm"，从"师范"两个角度出发是最基本的。但现在往往很多人都做不到，很多老师身不正，学也不高。我下周要开会，今天上午就在计划新学年的工作。我把教育部去年的所有重要的文件都下载了下来。有几个大文件，一个是 2035 教育现代化的文件，这是一个远景规划；第二个是关于高中阶段的课程实施要求，当然就是强调立德树人，强调全面发展和思想政治教育；第三个文件，关于义务教育阶段的教育问题，同样也是和高中课标对接的；最后一个文件是前两天刚发的，关于减轻教师负担。教育部针对中小学基础教育，一个是强调思想教育，一个是品德教育，还有一个课程教育。课程发展的目的就是德智体美劳全面发展，特别强调体、美、劳。因为如果强调了"德"，但没有好的身体，等于零。所以需要全面发展，需要素质教育。以前对老师提要求比较多，现在要减轻老师的负担。实际上，我觉得从另一个角度看，你要想老师发展，就不要天天让他们疲于奔命。减轻老师负担主要是对行政部门提的要求，就是说行政部门不要摊派给学校不该摊派的任务，比如说扫黑除恶让学校来参与，或者有些社会工作让老师去做。但这是在有些地方，上海不是这样的，上海都是教师进修、培训方面的要求。当然太多了也会有影响，但这个我觉得不是减轻负担的重点，减轻负担讲的是其他方面，完全没有压力也不行。

程：我们想了解，您觉得学生在教育当中处于什么样的地位？我们老师应该如何顺着这个地位来教育和发展学生？您觉得老师和学生以及学科和学生之间是怎样的关系？

束：学生的角色一下子很难说得很清楚、很到位，肯定要把学生当作一个完整的人来看待。他现在是一个完整的人，我们培养他今后成为一个更完善的人。他是一个正常的人，是一个各方面都有需求的学生，而我们作为老师，学生跟我们肯定不完全一样的。但是我们应该从学生的角度来考虑问题，以学生为中心。我前几天遇到一件事情，学校有关部门按照学校的规定处理了一起学生请假的事情。我后来跟我们的老师讲，我说这件事情的处理，当然是有依据的，但是我心里还是比较内疚的。如果把我或者把你放到那几位家长的位置上，我们学校这样做，你会满意吗？你真的为学生考虑的话，你制定的规章制度也要为学生考虑。

程：那学生的发展和老师的发展之间是怎样的一种关系呢？

束：与时俱进！学生要与时俱进，学习的目标，学习的内容，学习的方式要与时俱进。老师肯定也要与时俱进，目标肯定不一样。以前的目标，比如说就是学科知识，现在是完整的人、全人，所以现在的老师和以前的老师不一样。全员德育、全员生涯，就是说老师不管教什么学科，都得为学生成长为一个全面发展的人作贡献、起作用。你要关注学生是一个人。学生学习的目标也不一样，不仅仅是学知识，还希望他们成为合格的、优秀的公民，优秀的国家公民和世界公民。学习目标不一样，学习内容肯定也不一样。然后是学习方式，现在科学技术都已经进化到一定程度了，有非常先进的技术了，你还停留在以前，肯定是不行的。学生的目标发生了变化，老师也要适应这个变化。你仅仅是为了完成工作、完成任务，也需要与时俱进，何况要领先一步呢？我觉得你去研究学生，就会觉得自己有很多不足。现在，比如说中学老师面对中学生，我们大学教授面对大学生，你真的要认识到有的方面你是不如他们的。

郭：是的，尤其是新的信息技术。

束：我新买了一部手机，我不会弄，是让儿子给我弄的。我肯定得花很多时间，但他就很容易，把旧手机的信息全都转到新手机上来了。手机还有很多功能，我肯定都浪费掉了，但是他们不会。不光这个东西，很多学科的新知识，我们不如他们，因为他们接触太多、太快了。所以我觉得你要去研究学生、了解学生，然后根据这些教育的目标、教学的目标，不断地提升自己，才能够做一个合格的老师。你要做个优秀的老师的话，就更得不断努力学习和提升了。

程：那您觉得学校教育对学生的发展、社会的和谐、国家的发展起什么样的作用？在教育教学的过程中，如何协调这三者的关系？这对老师们，尤其是像您还是校长的身份，有什么样的要求？

束：我不知道你们注意到没有，其实从去年9月份，刚才提到的教育部的这些文件里，就特别提到家庭教育。所以我们学校去年是建议学生发展中心和班主任，要求他们在班级，在年级成立家委会。现在，尤其是像上海这样的一些大城市，家庭教育在学校教育中越来越重要。实际上，如果学校教育忽略了家庭的配合，那肯定是做不好、做不完善的。家庭教育如果不能跟学校匹配且对应起来的话，也会遇到问题。它们只有一体化，加上社会教育，这三者应该是一个互补、互相促进的关系。学生以后肯定要成为一个合格的公民。比如说在上海，这么一个国际大都市，需要高素质的公民。所以你的目标，你的要求，你提供的资源，你的环境建设，你做的事情，要能让大家感觉到这个城市有这样的需求或是倡导这样的一种风气。这个非常重要，也给学校、老师、家长一个正确的引导。上海这方面还是做得比较好的，它出台的政策，提供的各种资源，都是走在全国前面的。这些政策后面可能成为全国的政策，比如社会实践、综合素质评价、高考改革，最近的学校图书馆，各种设施对社会的开放等等。未来的学校会打破教室与非教室以及外面世界的界限，打破学校与社区之间的界限，融合肯定是大趋势。这两年我上课的时候，或者在有些场合，我也讲了生态环境，能够进入上外附中的学生，他们小学花了多大的力气。我曾经在座谈会上访谈过初中预备年级的学生，我说你们小学

学的英语有多少是在学校学的,多少是自己在外面学的? 你知道他
怎么回答吗? 他认为,学校学的只占20%,因为太有限了,除非特色
学校英语教学会多一点。学生还是在外面补习补得很厉害,或者自
己努力,光靠学校学的其实远远不够。这是学得好的学生,那学得中
等的、差的,当然主要还是靠学校,那肯定就相差很大了。我们上外
附中的家长在外面给学生找补习的还是非常多的。昨天我还看到上
海市的一个调查,说的是校外补习对学生总的学习成绩的促进只有
百分之二点几。

程： 绿色指标,对吗?

束： 对的。我觉得这个不一定准确,要分学科来看,不完全一样的。学生
因为不喜欢或不满足老师的课堂教学,所以才课外学习。他不喜欢,
你硬逼他学,当然效果不好了。但他喜欢的,他也会到外面去补习。
比如说外语学习,他在外面,别人指导他读原版著作或者跟老外视频
聊天,对他促进很大。这就是家长的意识,家长的投资。家长的监督
非常重要。老师都不知道学生课外在学什么的话,能够有的放矢吗?
学生上课睡觉,跟你对着干,那是很正常的。我的意思是老师一定要
了解学生的课外学习,并且掌控学生的课外学习。他学得好,你上课
要鼓励他,给他展示的机会,他就会越学越有劲。没学的、学得差的,
上课要关注他,要耳提面命,要敲打他,或者让好学生帮助他,课堂要
起到这个作用。我也要跟家长讲,课外你得给他加加油,形成一个良
性循环。我觉得社会要创造一种风气,要提供一种资源,要维持一种
秩序。这是政府应该做的,舆论应该做的。学校要起到枢纽的作用,
起到指挥协调的作用。在学校里,老师要协调学生。学生的主战场
肯定是学校,学生更愿意听老师的,老师的话更管用。然后,你要协
调家长,因为有些家长是理性的,有些家长是不理性的,所以你要辅
导家长配合你,外语学习更是。外语学习一定是与这个城市的发展,
与所在地的发展以及家长的开放意识密切相关的。家长觉得孩子学
了这个,就有独门秘诀或者以后就有独到的优势,他们有这样的
认识。

郭： 希伯来语在全上海可能也很少吧?

束： 对呀。所以我们当时跟学生说,在中学能学阿拉伯语、希伯来语、葡
萄牙语、意大利语,全国极少的。这就是宝贝! 就是国宝啊!

郭： 他们考大学肯定是受人家欢迎的。

束：考大学是影响他们一生的。当然他们是自愿选择的，我们只是提供这个机会，不会逼他们学。

四、家庭生活与工作、家庭教育与学校教育

程：您觉得您的家庭生活和学校教育教学工作之间是怎样的一种关系？有冲突的还是非常和谐的？您如何处理生活与工作之间的关系？

束：没有冲突。当然，家里肯定是支持我工作的，家庭上我花的时间相对比较少，我几乎不怎么管儿子，但是儿子因此也能自由成长。他很自由，空间也比较大，我们都很开明，所以他度过了一个快乐的童年，度过了一个快乐的学生时代。我们觉得，最重要的就是他要有一颗善良的心，一种向善的愿望，一种向上的追求，还有一个健康的体魄。他自己学什么专业，只要他喜欢，响应自己内心的呼唤就行。他喜欢音乐，初中的时候就自己作词作曲表演。高三的时候，他突然提出来要考音乐学院，学作曲。多突然啊！一般的家长怎么可能同意？我们跟他说的是，你下定决心，我们也请专家来看看你有没有这个潜质，都得到了肯定的回答后，我们就帮他。短短三个月的时间，他学完了别人七年学的东西，因为音乐附中七年都在为此做准备。他要把这些课都学完才能够考进去，而他有这个潜力。

郭：关键是兴趣。

束：对。所以说，我的理念也会影响家庭的理念。我们都是很简单的家庭的要求，但我们旅行的机会比较多。过去十几年里，我儿子走过的国家、看过的东西，应该比他的同龄人要多得多。所以他现在对出国根本就无所谓，司空见惯了。但我觉得这对他三观的形成，对他今后的事业追求，有完全不一样的影响。我们看了很多地方，这个过程中我也想影响他，但他不一定被我影响。比如我让他写点东西，写本书，他说没什么好写的，不用。其实我们在物质生活上的追求不是很高，但我们会去看世界，去了解世界，去欣赏别人美好的事物。这类事情做的多一些。

程：嗯嗯。那您觉得您教育自己的孩子和教育学生之间是相同的还是不同的？

束：会有一点区别。因为自己的孩子，可能可以放任，可以让他自由发展，没有人会来责怪我。但对学校的学生而言，我们要从两个方面出

发,一是给他们提供最基本的国家课程;二是学有余力的人、有特殊能力的人,要给他们更多的发展空间。两方面都是满足最基本的,然后拓展他们的空间。因为涉及多个学生,不是一两个人,你可以量身定做。涉及的学生多的话,就有一个最基本的要求,还有一个更高的要求,让学生去努力,给学生创造条件。所以我们在学校举办的很多活动,别人都说多高大上呀! 对,我们尽量使这些活动高大上,学生值得拥有。他在学生阶段就有高大上的活动,以后肯定不一样。尽我们的能力吧! 你在家里可能做不到就算了,在学校里要尽量去做。

程: 还有一个问题,从事教师这个职业,您对金钱怎么看? 金钱对我们教师的职业成长和专业发展有怎样的影响?

束: 做教师肯定不会让你成为一个富人,但你成了一位好老师,也不会是一个穷人。做老师不会是个穷人,做一位好老师更不会是一个穷人。那些名师们会是穷人吗? 退休以后,越老越香,是不是? 所以要努力成为一个好老师。有的时候往往是这样,"蓦然回首,那人却在,灯火阑珊处"。你不追求金钱,往往会有惊喜。你追求金钱,却不一定能得到,还会有意想不到的负面后果。一心为了钱财,不择手段,丢掉了最起码的东西,就得不偿失了。我感觉我没有追求金钱,但也没有太穷。

郭: 束老师您如何处理学生和学科以及学生和您自己之间的关系? 像我们,就是带着研究生……

束: 带硕士生、博士生?

郭: 对,带一批学生。中学老师也有这样的问题,如何处理个人发展、学生发展与学科发展三者之间的关系。

束: 这点我充分尊重学生的选择、学生的自由。他们做语言学,做外语教学,做任何题目,我都充分尊重他们。当然,有的时候他们离得太远了,我肯定也会劝告他们或者说严格要求。我尽可能地尊重他们自己的选择,但对他们也有学术规范要求、创新要求。实在做不到的学生,也不能逼迫他们呀! 你要求每个人都出类拔萃,都对社会有贡献,这很难。我遇到的学生当中,有一些很懂事、有目标、有悟性,也很努力刻苦,能做得好。但也有一些学生,读书不是他们的目的,而是手段。他们能找到一份工作就好,就马马虎虎的,这种情况也有。所以我觉得要尊重学生选择发展的自由。但是,对他们要有基本的规范和要求,鼓励他们去创新。学生也分不同情况,有些有追求、有目标、肯努力的,我们就去帮他们。如果他们自己都没有动力,那我也不会去逼他们。

郭: 束老师您工作忙,个人精力还是很有限的,比如说有的学生需要您指导,您是怎么平衡个人的研究和工作之间的关系的?

束: 他来找我,我就与他交流,不一定是有求必应,是有求就应。有求就应,不求不应。当然如果有问题,我会指出来,还会有纪律约束他们。

郭: 束老师,不知不觉,我们已经聊了整整一个下午,非常感谢您百忙之中接受我们的采访! 这个过程中我们学习了很多,非常期待后续能再就一些具体问题向您请教!

束: 谢谢你们!

把学术研究扎根在中国外语
教育教学的大地上

上海外国语大学　　庄智象

　　初识束定芳教授是在 20 世纪 80 年代中期,他考取上海外国语大学硕士研究生,师从戚雨村教授,攻读普通语言学硕士学位。当时这一学科在上外是一门很强的、具有标杆性的,并在全国有引领性的热门学科,聚集了不少著名学者,如王德春、戚雨村、戴炜栋、何兆熊等。硕士研究生毕业后,他在南京一所高校任教了四年。1993 年他考取上外博士研究生,师从戴炜栋教授,攻读应用语言学博士学位。1996 年获得博士学位,留校,在《外国语》期刊工作,任编辑部主任、主编至今。其间曾先后兼任上外科研处处长、上海外国语大学附属中学校长等职。束定芳教授是我国知名的外语学者、上海外国语大学二级教授、博士生导师,上海市英语教育教学研究基地首席专家,中国认知语言学研究会会长,国际认知语言学研究会常务理事,《语用学》《认知语言学》《认知语言学研究》、TESOL Quarterly 等国际期刊编委等。屈指算来,从与束定芳教授相识相知,一转眼已有三十多年。三十多年中由于工作的关系,我们联系、交流、交往比较频繁,合作、共事的日子也比较多。一路走来,我目睹了束定芳教授勤奋苦读、勤勉工作、敬业爱岗、刻苦钻研、笔耕不辍,写下了大量的论著。据不完全统计,他迄今发表在专业期刊上的论文逾 120 篇,涉及语言学的多个领域,如语用学、语义学、隐喻学、认知语言学、应用语言学等;出版专著和教材三十余部(册),说著作等身并不夸张,且他是我国外语界发表论著的被引用率(H 指数)最高的学者之一。2015 年,在国家新闻出版署委托南京大学 CSSCI 中心对改革开放以来人文社会科学著作影响力的一项调研中,外语界 100 部最有影响力的论著,束定芳教授是唯一一个有三部著作入选的学者(分别是《现代外语教学:理论、实践与方法》《外语教学改革:问题与对策》和《隐喻学研究》),其论著的学术内涵和价值及其影响力可见一斑。在如此众多的论文和专著中,大约有一半以上是探讨、阐述、研究我国外语教育教学的理论、实践和方法问题。宏观的涉及国家外语战略、语言政策；中观的论及教学大纲、课程设置、教材建设，师资培养；微观的言及教学理念、方法和技巧。束定芳教授本科学的是英语语言文学专业，硕士攻读的是普通语言学，博士研读的是应用语言学。先后从学生到教师、教师到学生、又从学生到教师几个来回往返。从专业角度来看，为日后的学术研究奠定了广博的基础，专深的根基；从教育教学的经历来看，几进几出，对教育教学的现状、问题、挑战、改革和发展看得更透彻，观察更全面，感觉更直接，体悟更深切，忧虑、责任、使命意识更强烈。因而，不难看出，束定芳教授的许多研究和著说都是紧紧围绕着中国外语教育教学的需要和发展而展开和进行的。他把其学术研究扎根在中国外语教育教学的大地上，把论著写在中国外语教育教学的大地上。

一、学术研究对接国家战略，服务改革开放

长期以来，无论在什么岗位，当教师、做编辑还是担任行政管理工作，束定芳教授始终关心、关注国家的外语发展战略、重大语言政策的制定、重大外语改革举措的出台。早在 2010 年 7 月国务院正式颁布《国家中长期教育改革和发展规划纲要（2010—2020 年）》，时任上外科研处处长的束定芳教授敏锐地意识到，进行外语战略规划研究十分重要、服务于国家的更大改革开放发展不可或缺，成立专门研究机构势在必行。他积极提议组建语言战略研究中心，在学校领导的支持下，经过不懈努力，得到了国家语委的批准，率先在上外成立了语言战略研究中心，聘任了外语界一大批知名学者担任兼职研究员，明确了研究中心的定位、目标、任务、组织架构以及近、中期的规划和计划，为今日上外的"语言研究院"的建设和发展奠定了基础。他本人也身体力行，撰写并出版了《中国外语战略研究》(2012)一书。实践证明，无论是对接国家经济、社会、文化发展，还是扩大改革开放，实施"一带一路"倡议，深入推动经济全球化发展，直至构建人类命运共同体，语言战略研究必不可或缺。"中国外语战略研究"多年的工作成效和研究成果，为国家改革开放的发展，尤其是为外语学科的建设和发展作出了积极的努力和贡献。

面对国家重大外语改革举措的出台，束定芳教授和他的团队闻风而动，主动而为，顺应时代潮流和发展趋势。2014 年初，社会上有一些人和一些媒体对外语教育发表了一些不当言论，扬言高校招生考试应该大幅

降低外语分值。这种似是而非的言论,引起了社会的疑虑、学生的困惑、外语老师和管理者的疑惑。针对这一状况,束定芳教授和其领导的《外国语》编辑部积极开展调查研究,听取专家、学者意见,联合北京师范大学外国语学院邀请全国外语界的重要专家学者、学术团体和机构的主要领导于是年 6 月 14 日在北京召开了"外语高考改革高层论坛",专题研讨外语高考改革全社会关心的热点问题。在深入讨论、分析利弊的基础上,他亲自起草了一份咨询报告,由与会专家审核同意并签名后,呈送时任国务院副总理刘延东政治局委员,获得领导的首肯和批示。2014 年 9 月 4 日,教育部发布"全国高考改革方案"。其中,英语高考改革有三大要点:不减少分值;增加全国统考省份;不提前考试(高三下学期考两次)。这些正是咨询报告的主要内容。由此,澄清了传言,坚持了外语教育的相关政策,推进了外语学科的建设与发展。此举受到了外语界的一致点赞!他对国家外语战略和重大政策及举措的关注和研究成果,在其 2012 年出版的著作《中国外语战略研究》中有比较详细的阐述。有兴趣和欲知详情的老师和读者不妨一读。

二、调研外语教育教学的现状、问题,提出对策和建议

每当国家的经济、社会、文化和科技发展到一个新的阶段,必然会对人才的需求和培养提出相应的要求和目标,以支持和适应国家的发展需要。教育也必然随之提出相应的要求和改革发展的目标,出台相应的政策和文件予以贯彻落实。束定芳教授和他编辑的《外国语》期刊及团队对此密切关注,并恰如其时地开展各种调查、研究和分析工作,考查教学大纲的实施情况、契合度以及对教育教学的指导效能、引领的作用,调查分析课程设置的科学性、合理性和适切性,观察教材编写和使用情况、效能、对培养高素质人才的积极作用和存在的不足等,调查分析教师队伍的基本结构、整体素质、学科素养、教育教学、科研能力、工作胜任能力等。他和他的团队不失时机地开展田野调查,深入学校、课堂、学生、教师、管理人员等,召开各种形式的座谈会、访谈;进行问卷调查、课堂观摩、案例跟踪、分析;举办公开课等,并将其调研分析所取得的成果及时撰写成报告、论文、专著发表、出版,供有关部门、教师、学生等参考、借鉴,积极有效地

推动了外语教育教学的发展,促进了外语学科的建设。他在重要外语学术期刊上发表的论文不少都是以问题、目标为导向,紧盯学科前沿,坚持原创,对接国家发展需要的成果,如：2003 年发表在《外语界》的"上海市小学英语教学情况的调查与思考";2004 年发表在《外语教学与研究》的"一次中学英语课堂教学改革的实验";2004 年发表在《外语界》的"从一项调查看教材在外语教学过程中的地位和作用";2004 年发表在《外语与外语教学》的"外语课堂教学功能的重新思考与定位";2005 年发表在《外语界》的"呼唤具有中国特色的外语教学理论";2009 年发表在《外语界》的"宁波诺丁汉大学英语教学的成功经验及其对中国大学生英语教学的启发";2011 年发表在《中国外语》的"德国的外语教学及其对中国外语教学的启发";2012 年发表在《外语教学与研究》的"高等教育国际化以及大学英语教学定位";2012 年发表在《东北师范大学学报》的"大学英语教学改革目标与方向";2012 年发表在《外语界》的"大学英语教学大赛与教师发展";2013 年发表在《外语学刊》的"对接国家发展战略,为高等教育国际化服务";2014 年发表在《外语界》的"课堂教学目标设定与教学活动设计";2014 年发表在《外语教学与研究》的"外语课堂教学存在问题与研究课题";2015 年发表在《中国外语》的"英语专业复兴之三大路径";2016 年发表在《外语界》的"对接新目标,创建新体系,适应新需求";2016 年发表在《山东外语教学》的"中国外语教学改革与发展：顶层设计与无形之手";2016 年发表在《东北师大学报(哲学社会科学版)》的"英语专业改革与发展的再思考";2016 年发表在《现代教学》的"以教师发展为抓手推动中小学英语教学改革";2017 年发表在《中国外语》的"社会需求与外语学科建设";2017 年发表在《外语界》的"中国特色外语教学理论的深厚实践基础——陆谷孙先生的外语教学理念与主张";2017 年发表在《外语教学理论与实践》的"外语课堂有效教学的着力点与评估标准——第七届'外教社杯'高等学校英语教学比赛综合组赛况评点";2017 年发表在《山东外语教学》的"关于英语学科核心素养的几点思考";2017 年发表在《现代外语》的"外语学习中的使用与记忆——桂诗春先生关于外语学习的再思考";2019 年发表在《外语教学》的"中国改革开放 40 年与我的外语教学和研究之路";2019 年发表在《外语界》的"外语教学应在传统教学法与交际教学法之间寻求融合——李观仪先生的外语教学观及外语教学实践主张";2020 年发表在《外国语》的"大学英语教学与国际化人才培养"等,以及专著,如：《现代外语教学理论、实践与方法》《外语教学改革：问题与对策》

《大学英语教学成功之路：宁波诺丁汉大学英语教学调查研究》《中国特色外语教学改革》《高校英语教学现状与改革方向：华东六省一市高校英语教学情况调研报告》《基础英语教学：现状、目标与途径——上海英语特级教师访谈录》《栉风沐雨，春华秋实：上海市英语特级教师风采录》《基础教育阶段英语课程标准国别研究报告》《〈普通高中英语课程标准（2017年版）〉解读：理论与实践》等，无不针对特定时期外语教育教学的形势、任务和遇到的问题、困惑、挑战等，对接国家发展战略需要，是脚踏实地所开展的研究所取得的成绩和成果。因其有很强的针对性，且把论著写在中国外语教育教学的大地上，其成果发表后，广受外语教育教学工作者的欢迎和好评，为我国外语学科的建设和发展作出了积极的努力和贡献。

三、实验、实践有效的教学理念、理论、方法和技巧

改革开放以来，我国外语界如饥似渴地学习世界各国先进的外语教学理念、理论、方法和技巧，大量引进和吸收各种教学模式，以尽快提升我国的外语教学和科研水平，培养一大批高素质的外语人才，满足改革开放对外语人才的需求。当然，由于"十年动乱"拉大了我国与世界先进国家在经济、教育、科技、文化发展等各领域的差距，学习和借鉴他人的理念、理论、方法和技巧是必须的，也是十分必要的。但任何理念、理论、方法、技巧的学习和借鉴都必须是为我所用，且必须和"中国革命的实践相结合"，唯有如此，才能有成效，才能取得成功。中国革命的胜利就是把马克思主义同中国革命相结合的成果。外语教育教学亦是如此。国外的很多理念、理论、方法和技巧的形成的背景，适用的环境，使用的条件，学习者的特点等与我国的情况不尽相同，决不能采取不加分析，全盘照搬，盲目崇拜。应采取科学的、实事求是的态度，根据具体的需求，有针对性、有选择性地采纳和吸收，真正做到趋利去弊、扬长避短、为我所用。针对外语界学习、模仿、吸引他人的理论、方法和技巧多，而脚踏中国大地，开展田野调查、实证研究、实验、试验不足的状况，束定芳教授及其团队有意识、有组织、有理论指导、有针对性地开展了很多调查研究和实验、跟踪观察。在取得大量一手资料和数据的基础上，展开分析、比较研究。有的是从理论到实践，以实践检验理论的可靠性；有的从实践到理论，在大量实践的基础上，总结、梳理、综合、概括，提升至理论层面，构建具有中国特色的外

语教育教学理论体系。同样，相关的教学方法、技巧也应通过试验、实践进行优化，使其能够适应中国特色的外语教育教学的社会、文化大环境。为此束定芳教授及其团队不辞辛劳开展了诸多这方向的实验和实践，如：对同济大学德语强化班学生就学习目的、学习效果（自评）影响学习效果的原因、理想的外语学习时间等进行问卷调查；对上海市部分区县 20 多所小学英语教学情况，以访谈、问卷调查、听课等方式进行调查；对上海开展双语教学情况，采用访谈、问卷、数据收集分析和听课等的调查；对同济大学 ESP 教学现状的问卷、访谈和查询资料的调查；对宁波诺丁汉大学"专业导向"英语教学模式的调查；对我国外语教学现状的全面调查，涉及教学理念、理论、实践、方法各个环节和方面；对华东六省一市高校英语教学情况的调研；对上外浦东外国语学校等多所中小学外语教学的调查和实验研究。尤其值得一提的是，束定芳身为大学教授、博士生导师，却十分关注中小学外语教育教学的改革，因为他认为这个群体巨大，若能通过实验、实证研究，寻找到中小学生学习外语的规律和特点，提高教学的效能，那将取得巨大的社会效益，节省大量人力物力，将大大促进中小学外语教育教学的发展，也为高等外语教育奠定牢固的基础。为此，除了在上海的大、中、小学开展调查研究、实验、实证研究外，束定芳教授亲力亲为，率领他的博士生团队远赴江苏丹阳华南实验学校开展教改实验，经过三年多的教学实验，做了大量的教学日志，采集了大量的数据、资料，还专门为实验编写了校本系列英语教材。实验期间几乎每周都在往返上海和丹阳的火车上，十分辛苦，但是他们坚持下来了。我也曾应邀前去实地考察并听取了教学实验的过程和成果报告，深受感动和启发。其实验成果有的成了博士学位论文，有的发表在国际权威刊物上，还出版了《具有中国特色的外语教学探索——江苏华南实验学校英语教改实验纪实》等。整个实验为同类学校提供了可借鉴、可复制的案例，其成果获得了教育部基础教育教学研究优秀成果二等奖，实属不易，难能可贵。

四、结语

三十多年来，束定芳教授为外语教育教学事业做了大量的工作，出版了专著和教材三十多部，发表学术论文 120 余篇，其主编的期刊《外国语》入选首批国家社科基金资助学术刊物。他本人也获得了"上海市曙光学者"等荣誉称号，入选教育部"新世纪人才"计划、"上海市领军人才"、入选中宣部"文化名家和四个一"人才计划、国家"万人计划"等；还获得了教育部基础教育教学研究优秀成果二等奖、教育部哲学社会科学优秀研究成果奖、全国百篇优秀博士论文指导教师奖、高等学校优秀教学成果二等奖、国务院政府特殊津贴等。这是束定芳教授辛勤耕耘的结晶、汗水和付出的成果，更是党和政府对把学术研究扎根在中国外语教育教学大地上、把论著写在这块广袤土地上的一位学者的高度肯定和褒扬！

扎根于基础外语教育实践，
构建中国特色外语教学理论

——束定芳教授外语教学实践探索与理论创新

东北师范大学　张绍杰

一、引言

束定芳教授是我国外语界的知名学者,学界了解他的人知道,他是中国认知语言学研究会的会长,在认知语言学领域著述颇丰;同时也知道,他长期关注高等教育外语教学研究,并取得了具有广泛影响的学术成果。然而,并非大多数人知道,他也是上海市教委批准、2016 年在上海外国语大学成立的上海市英语教育教学研究基地的首席专家。在一所非师范类外语大学里设置英语教育教学研究基地已属罕见,而被聘为该基地的首席专家更是令人刮目相看。倘若大家了解束定芳教授对基础阶段外语教学研究作出的贡献,便会觉得这个位置给他实至名归。

为了让学界更具体地认识和了解束定芳教授,我拟从他三个身份的视角,即中国特色外语教学理论构建的倡导者、中国特色外语教学改革与实践的探索者、中国特色外语教学传统继承与创新的引领者,走近这位敢为人先的学者,较为全面地展现其学术主张、理论创新和实践探索。

二、中国特色外语教学理论构建的倡导者

中国的外语教育若从 1862 年"京师同文馆"的创立算起,已有一个半世纪多的历史,但学界不得不承认中国只有外语教育传统,却没有广为认知和影响的外语教学理论(参见张绍杰,2010)。这不能不说是一种遗憾,也成为改革开放后广大外语学者心头的"忧伤",束定芳教授就是一位对

中国外语教育教学具有情怀和忧患意识的学者。2005 年,束定芳教授在《外语界》撰文,题为"呼唤具有中国特色的外语教学理论"。这是他较为全面阐述构建中国特色外语教学理论的开篇之作,从此,他的理论主张指引他在设定的道路上砥砺前行。

　　束定芳教授首先阐述了为什么要呼吁中国特色外语教学理论问题,他提出了四点理由。概括起来就是:外语和母语的差别及其对外语教学的影响,外语教学的环境不同对外语教学的影响,外语学习目标不同对外语教学的影响,以及外语教学必须符合国情,而且外语教学理论必须建立在调查研究和实验研究的基础之上(束定芳,2005)。

　　实际上,他不仅回答了为什么呼唤构建中国特色外语教学理论问题,而且还提出了中国特色外语教学理论所必备的前提条件,即基于母语和外语学习的差别、考虑外语学习的环境、顺应外语学习的目的、符合外语学习的国情。这四个方面无疑是他长期专研语言教学理论(参见束定芳、庄智象,1996),特别是长期关注并致力于解决中国外语教学理论和实践问题的结晶(参见束定芳,2004)。在此基础上,束定芳教授提出,应从"本体论""实践论"和"方法论"三个方面思考中国特色外语教学理论的构建,提出了其研究的内容和范围,包括"探究中国人学外语的特点和规律","形成一套我们独特的外语教学实践操作系统和与之相应的理论支撑",以及"研究外语教学方法论和具体的外语教学方法"。可见,他为构建中国特色外语教学理论设定了目标、指明了发展方向。

　　纵观束定芳教授长期的外语教学改革与实践的探索,他构建中国特色外语教学理论的主张一以贯之,指导自己为构建中国特色外语教学理论而不懈努力和大胆探索。他的主张实际上是一种结合中国国情探索中国外语教与学规律的理论主张。我近期阅读了 2018 年陈刚对束定芳教授的访谈,深深感受到束定芳教授对构建中国特色外语教学理论的自信和责任担当,同时也窥见他的主张、理念在不断深化和升华。

　　外语界的确存在一种偏见,认为作教学研究,尤其是基础外语教学研究是"低端"研究,或称"小儿科"。对于这样的看法,束定芳教授并不以为然。他作教学研究出于两个原因:一是个人的兴趣,二是对外语教学的情结。他认为,语言教学与语言观、语言观与语言理论存在内在的联系。外语教学需要有语言观的指导,而语言观源于语言理论研究,那些被视为低端的外语教学研究实则是"因为教学研究还没有很好地得到升华,凝练成好的理论,或者说理论基础薄弱,没有做到一定程度","并不是这个学科、这个领域是低端的，不值得做，只是目前还没有做到足够好让别人来认可你，还没有到那个程度而已"（陈刚、束定芳，2018：10—11）。束定芳教授坚持做中国特色外语教学研究的底蕴和情怀由此可见一斑。当问到他如何理解所提出的要做中国特色、中国风格、中国气派的外语教学理论时，束定芳教授直言，这是国家战略所需，要服务于国家"走出去"发展战略，就要作出"我们自己独有的贡献"，"坚持以我为主，不能打着借鉴的旗号，就完全照搬别人的理论，用到中国来。因为人家的理论发展，都有其特定的背景，不可能全盘照搬，应用到中国的实践中来。我们反对言必称国外，也反对完全排斥国外的理论，走哪个极端都是不对的，还是要实事求是"（陈刚、束定芳，2018：12—13）。这字里行间体现了束定芳教授对构建中国特色外语教学理论的学术自信。面对基础阶段外语教育的顽疾，如"应试"问题、"减负"问题，课程目标与教材问题、小学生学习外语问题、外语学习的终极目标问题，以及外语和母语的关系问题（详见陈刚、束定芳，2018），束定芳教授都是从我国的国情出发，从外语教育的实际出发，提出了个人的真知灼见，彰显了他的责任担当，深化了他构建中国特色外语教学理论的主张。

三、中国特色外语教学改革与实践的探索者

束定芳教授不但是构建中国特色外语教学理论的倡导者，更是践行者和探索者。前面提到，他主张，中国特色外语教学理论需要建立在"坚实的调查研究和实验基础之上"。他知行统一，身先示范，带领研究团队深入基础教育第一线，开展英语教学调查和实验研究，《中国特色外语教学改革探索——江苏华南实验学校英语教学改革实验纪实（2009.5—2011.1）》一书，正是他践行构建中国特色外语教学理论主张的真实写照。2017年至2020年间，他被聘为上海外国语大学附属外国语学校校长，亲身体验和引领中学外语教学改革与实践，为他全方位开展中国特色外语教学研究奠定了厚重的基础。束定芳教授的基础阶段外语教学研究涵盖从小学到高中，其内容几乎涉及外语教学过程的各个环节和要素。

针对小学外语教学出现的各种问题，他通过开展上海市小学英语教学情况的调查，对当时社会关心的小学英语教学问题给出了有说服力的回答。例如，外语学习是不是越早越好？回答是否定的，尤其在缺少双语环境下小学学习外语的效果欠佳；一年级开设外语有没有必要性、可不可

行？回答是"小学如果开设外语，应该量力而行，不要一窝蜂"；小学开设外语的重要条件是什么？回答是"师资质量是关键，小学英语的成败和效益关键在师资"（束定芳、励哲蔚、张逸岗，2003：60—61）。这些观点和主张至今对于小学外语教学仍具重要的指导价值。

　　针对传统外语课堂教学的局限（束定芳，2006），他以上海外国语大学附属浦东外国语学校学生为实验对象，带领团队开展了中学英语课堂教学改革的实验，目的是验证课堂教学应该起到的作用，探索"以课堂教学为轴心，课外自主学习为突破口"的外语教学方法，以及课堂教学为课外自主学习服务的可行性和实现方式。这次试验证明，"通过对学生情感因素如兴趣、态度、动机和学习策略的调控，通过优化课堂教学模式，可以激发兴趣，培养策略，指导并促进课外自主学习，从而提高学习信心，增强学习效率"（束定芳等，2004）。无论从实验的目标设计，还是从实验的结果，都充分体现了束定芳教授先进的课堂教学理念及对课堂教学方法的创新。束定芳教授之所以重视外语课堂教学，是因为他敏锐捕捉到外语课堂教学对于促进外语学习所具有的功能，提出课堂教学有四类作用：一是培养学生兴趣，二是提供真实的语言素材和语言交际活动，三是重点操练某些重要语言形式，四是引导适切的学习方法。总之，他认为，"外语课堂教学活动是为课堂教学目标服务的"；"课堂活动要符合学生的需要，符合教学目标的需要（束定芳、王惠东，2004）"。这些论述对于帮助外语教师充分认识课堂教学的作用，有效组织课堂教学活动提供了理论依据。

　　针对中学外语教学改革遇到的难题，尤其是如何突破传统的"应试教学"的顽疾，他带领课题组深入江苏丹阳华南实验学校开展为期三年的教改实验。这次实验设定两个目标：一是探索"集中教学、自主学习"这一理念在初中阶段实施的可能性；二是探索中国环境下中学英语教和学的科学方法和最优方案。其实验设计严格遵循学术规范，实验内容非常丰富，包括（1）培养学生自主学习能力、创新课堂教学新模式；（2）探索编写和使用校本外语教学材料的方法；（3）改革中学外语教学评估体系；（4）探索中学英语教师在职培训的路子；（5）验证传统外语教学方法的有效性。这种精心设计的实验最终达到了预期的目标，表现在诸多方面：特色课型得到了师生的认可，学生自主意识得到提高，学生的学习成绩得到提高，以及教师自主和反思意识得到提高（详见束定芳，2012）。这样的实验堪称基础阶段外语教学实验研究的典型范例，它不仅改变了外语界长期忽视基础教育外语教学研究的传统观念，而且更为基础阶段外语教学改革探索出一条新的路径，起到了学术引领和实践指引的作用。同时，我们看到，这次改革实验有三大突破：一是突破了外语教学研究长期偏重理论研究的范式，二是突破了外语教学研究长期与基础教育实际脱节的藩篱，三是突破了基础外语教学研究由师范院校独占的局面，从而为构建中国特色外语教学理论提供了实践和实证依据。

如前所述，束定芳教授长期以来不仅勇于探索小学外语教学、中学外语课堂教学及中学外语教学改革，而且积极探索高中课程标准和学科核心素养中的理论问题。针对"核心素养"和"学科核心素养"及其学科素养和课程教学目标的关系所引发的问题，他通过核心素养和英语学科素养关系的分析，通过《普通高中英语课程标准》与《高中语文课程标准》的比较分析，批判性地提出并阐述了个人的观点（详见束定芳，2017）。具体可概括为以下四个方面：（1）外语学科素养不同于语文学科素养，"应该特别强调涉外、跨文化、国际视野等方面的特点"。（2）"由于外语学习是在母语基础上发展起来的，外语是对母语能力的一种延伸或补充。母语能力以及母语学习过程是培养其学习能力、思维品质和文化品格的基本条件和主要条件"，因此，英语学科素养，即"语言能力""文化意识""思维品质""学习能力"四类素养中的"学习能力"不应该单独作为核心素养之一。（3）英语学科的核心素养应该在"语言能力、文化品格和思维品格"类别下具体化，继而深刻阐述了母语能力和外语能力之间的关系。"外语能力是在母语能力的基础上发展起来的，要充分利用能力以及对应的交流能力和文化知识，外语学习的过程既是获得一种新的能力，又是对原来的语言能力和文化知识的拓展；到了后来，外语能力与母语能力融合发展，互相促进，提升学生的综合素质和能力，提升其文化品位与思维能力。"（4）针对外语课程学习的目标和学生的特点，提出了基础阶段外语语言能力、文化品位与思维能力培养应该因阶段不同而不同。概括起来，小学阶段、中学阶段、高中阶段的语言知识学习、语言技能训练，以及实践能力和思维能力培养应有所侧重、突出重点，我们可称之为外语教学"阶段论"。

从束定芳教授对英语课程和英语学科素养的分析和解读，我们不难看出，他的上述观点涉及核心素养和学科素养的关系、英语学科素养和语文学科素养的关系、外语和母语的关系、外语能力和母语能力的关系、语言能力和交际能力的关系，以及语言知识、语言技能和文化素养之间的关系，特别涉及在不同阶段如何将语言知识和语言技能与语言能力、文化品格、思维品格融合发展、侧重发展的训练和培养，从而进一步系统阐述了他构建中国特色外语教学理论的主张、理念和方法，标志着他长期外语教学的实践探索已经形成较为完整的中国特色外语教学理论。

四、中国特色外语教学传统继承与创新的引领者

经过几代外语教育工作者的努力，中国外语教育已经形成了具有中国特色的教学传统。那么，当今提出构建中国特色外语教学理论，首先面临的是如何处理好传统与创新的关系问题。从束定芳教授所提出的外语教学的主张、理念、方法等多方面考察，我们有充分的理由认为，他既主张中国外语教学传统的继承，也强调中国特色外语教学理论的创新。

早在 21 世纪初束定芳教授呼吁构建中国特色外语教学理论之初，他一方面强调，"不同语言背景和文化背景中的外语教学必须要有自己的外语教学理论作指导才有可能获得成功"，一方面指出，我们应研究老一代外语学者的成功经验。他说，"《外语教育往事谈》的作者们都是成功的外语学习者，他们的成功经验值得我们研究"（束定芳，2004）。从他的评述可看出他对中国外语教学传统的尊重。束定芳教授主张对中国外语教学传统的承传，主要体现在他特别关注对老一代学者外语教育思想和实践的总结。2017 年，他以"中国特色外语教学理论的深厚实践基础——陆谷孙先生的外语教学理念与主张"为题发表文章。文章的题目本身就暗含着构建中国特色外语教学理论依赖于厚重的中国外语教学实践基础。在这篇文章结尾他写道："中国是个外语学习大国，然而目前我们外语教学的效益并不高。一方面，我们的理论研究尚未形成体系，未能真正指导教学实践。另一方面，我们外语教学实践中一些有效的做法和成功的经验，特别是传统外语教学积累的成功经验未能在理论上得到提炼，未能很好地融入现代外语教学理论和实践体系，殊为可惜"（束定芳，2017）。这段话不但表达了束定芳教授对传承中国外语教学传统的情怀，同时也表达了他致力于构建中国特色外语教学理论的初衷。在另一篇文章中，他以"外语教学应在传统教学法与交际教学法之间寻求融合——李观仪先生的外语教学观及外语教学实践主张"为题，总结了李观仪先生的学术主张。他作出这样的评价："她所倡导的关于传统教学法与交际教学法融合的主张至今对我们外语教学实践具有十分重要的指导作用。她留给我们外语教师的是一份双重遗产：学术遗产和精神遗产"（束定芳，2019）。这进一步证明，束定芳教授一直在推动中国外语教学传统的传承，守正创新

才是他真实的主张。

那么，如何处理好传承与创新的关系？束定芳教授提出，"我们的研究应该是两个取向，一个是国外的理论结合中国实践，'他山之石，可以攻玉'，来解决中国的问题；当然我们也可以从中国的传统中借鉴，这就是另外一个取向。我们采取一种务实的态度，博采众家之长，只要是好的，能够对解决中国问题有帮助的，我们都是欢迎的，可以拿来并借鉴"（陈刚、束定芳，2018）。这里说的两个取向，一是向国外的外语教学理论借鉴，一是向中国外语教学的传统资源借鉴，借鉴的目的是解决中国问题，因此他阐明了借鉴与创新的关系。这样的主张还可以从他引介国外成功外语教学经验的研究中找到证明（参见束定芳，2011）。

借鉴和创新，或传承与创新，是当今外语学者必须正视的两大主题，这也是外语学者的责任与担当。束定芳教授在这方面走在了前面，我相信，他的实践探索和理论创新之路将在新时代越走越宽广，越发具有感召力和影响力。

五、结语

本文从宏观视角梳理了束定芳教授长期致力于中国特色外语教学理论研究的成果，主要聚焦他长期以来对基础阶段外语教学的实践探索和理论创新，并结合个人的理解作以评述，不能代表也不能反映其全部的学术成就。梳理束定芳教授的成果，我有两点深刻的体会：束定芳教授是扎根中国外语教学实践的学者，也是致力于将中外外语教学理论融合创新中国特色外语教学理论的学者。他对我国外语教学，尤其是基础阶段外语教学研究的贡献，他所开辟的构建中国特色外语教学理论的探索之路对于当前新文科建设背景下的外语教学改革与实践创新无疑具有重要的学术价值。

参考文献：

陈刚、束定芳.2018.提高外语教育认识，深化外语课程改革.《基础外语教育》,2：
　　10－17.

束定芳.1996.语言与文化关系以及外语基础阶段教学中的文化导入问题.《外语界》,
　　1：11－17.

束定芳、王惠东.2004.外语课堂教学功能的重新思考与定位.《外语与外语教学》,8：
　　19－21.

束定芳等.2004.一次中学英语课堂教学改革的实验.《外语教学与研究》,3：
　　229－232.

束定芳.2005.呼唤具有中国特色的外语教学理论.《外语界》,6：2－7.

束定芳.2006.外语课堂教学新模式刍议.《外语界》,4：21－29.

束定芳.2011.德国的英语教学及其对我国外语教学的启发.《中国外语》,1：4－10.

束定芳.2012.中国特色外语教学模式的探索——基础阶段外语教学改革实验的一次
　　尝试.《外语与外语教学》,5：1－5.

束定芳.2017.关于英语学科核心素养的几点思考.《山东外语教学》,2：35－41.

束定芳.2017.中国特色外语教学理论的深厚实践基础——陆谷孙先生的外语教学理
　　念与主张.《外语界》,1：15－21.

束定芳.2019a.外语教学应在传统教学法与交际教学法之间寻求融合——李观仪先
　　生的外语教学观及外语教学实践主张.《外语界》,2：16－23.

束定芳、励哲蔚、张逸岗.2003.上海市小学英语教学情况的调查与思考.《外语界》,3：
　　54－62.

张绍杰.2010.《中国外语教育历时调查研究：传统梳理与现实反思》.北京：高等教育
　　出版社.

我对束定芳教授外语教学思想和研究的认识

——在"构建基础外语教育新生态——束定芳外语'高峰计划'项目论坛"上的发言

北京师范大学　程晓堂

尊敬的各位领导,各位专家,尊敬的束定芳教授,大家好!

首先,衷心祝贺本次研讨会的顺利召开。本次研讨会以总结和交流束定芳教授的外语教学思想为主题,但我认为本次会议的意义不仅仅在于总结、提炼、交流束定芳教授的外语教学思想。更重要的是,通过举办这样的研讨会,我们能够在较高层次上,充分认识、研究和推广束定芳教授在过去几十年,在研究和实践的基础上提出来的重要的外语教学理念、思想以及教学方法。

在这里我也非常抱歉地说,由于学校疫情防控要求的限制,我不能到上海参加现场会议,只能通过视频来作一个简短的发言。

我与束定芳教授认识交往将近 20 年。在我认识束定芳教授之前,早就通过文献了解到束定芳教授在外语教学理论与实践方面作的研究。束定芳教授与我年龄相仿,他在 30 多岁的时候就出版了《现代外语教学:理论、实践与方法》等重要的学术论著。当时我非常地钦佩,也想认识这位外语教育界的年轻学者,后来有幸结识束定芳教授,并在多个场合与他共同参与学术活动,我也曾经邀请束定芳教授到北京师范大学讲学。另外,我也很荣幸地多次与束定芳教授一起举办中国英语教学改革论坛。在过去近 20 年的时间里,我与束定芳教授在学术上的交往,让我对束定芳教授的外语教学理论和思想有很深刻的认识。

在我看来,束定芳教授在英语教育界或者整个外语教育界的影响非常巨大。他为人比较低调,但是他的思想、他的理论、他的实践其实是很值得我们每一个人学习,也值得在更广的范围内进行推广。

最近这些年,束定芳教授担任上海市英语教育教学研究基地的负责人。在他的带领下,基地做了大量的扎实工作,我也参加了基地的多次活动。我感觉这些年上海市的中小学英语教学工作,由于束定芳教授主持的英语教育教学研究基地以及高峰计划的影响,发生了很大的变化。束定芳教授的外语教学思想也得以在更大的范围内得到推广和实践。我也了解到,华东师范大学的郭宝仙教授、东北师范大学的张绍杰教授等学者已经专门写文章,全面地梳理、总结、归纳束定芳教授的教学思想,这里我就不想重复他们做的工作,我想根据我过去 20 年的时间里与束定芳教授的交往,谈一谈我对束定芳教授外语教学思想的认识,以及对他所作的研究的一些认识。

我觉得在国内外语教育界的学者之中,束定芳教授可以说是与众不同,我非常钦佩。之所以说他是与众不同,我觉得主要有以下几个特点。

第一,束定芳教授既研究语言学,也研究外语教学,他既是语言学家,也是外语教学专家。为什么这么说?大家知道我们中国的外语界有研究语言学的,有研究翻译的,有研究文学的,也有研究外语教育的,等等。那么这些领域的专家各有所长,通常他们不会越界,也就是说,通常只关注自己的领域。有些语言学家或者文学家,也就是说,做语言学、文学、翻译等领域研究的专家,有时候也会关注外语教学,也会发表一些有关外语教学的文章,但是这些专家通常不会系统地研究外语教学,也不会深入课堂教学一线。我一直认为,外语教学研究者一定要懂语言学,或者说如果我们研究语言学,懂语言学,那么对我们外语教学研究是非常有益的。如果要在外语教学的理论和实践方面进行深入系统的研究,那么我认为语言学知识是必不可少的。束定芳教授他首先是语言学家,他在认知语言学、语义学、语用学等方面都有很深厚的造诣,发表了大量的学术著作,他还是我们全国认知语言学会的会长。那么我认为束定芳教授的语言学背景,对他的外语教学的理论和实践的研究是有重要影响的。

我从他的文献里,从他的著作里,可以体会到他的很多关于外语教学的思想,与他的语言学思想,或者说与他所了解的语言学理论是密不可分的。遗憾的是,我们国内很少有语言学家或者研究语言学的专家来关注外语教学,不会系统深入地关注外语教学,尤其不会来关注基础教育阶段的英语教学。那么束定芳教授他本身是语言学背景出身的,他在外语教学方面的研究,应该说也是和语言学研究是具有同等的学术造诣,这也是我对束定芳教授非常钦佩的第一个原因。

第二,束定芳教授他既研究高校外语教学的问题,也研究中小学外语教学的问题。大家知道外语教学包括中小学的外语教学,也包括大学的外语教学。就我所知,研究大学外语教学的专家学者,通常不研究中小学,而研究中小学外语教学的专家通常不关注或者不系统研究大学的外语教学。根据我了解的文献,束定芳教授他两个领域都兼顾,而且都作了深入的研究。他有大量的著作,包括专著和学术论文,是关于高校,尤其是高校英语专业以及大学公共英语教学的有关问题,而且都有非常精辟的论述。另外这些年,尤其最近十多年,束定芳教授也深入中小学一线课堂,开展了中小学英语教学研究。束定芳教授还在江苏的丹阳等地开展了实证研究,也就是说束定芳教授根据自己的理论,在一线的课堂做验证性实证研究,取得了非常值得我们学习的研究发现。

大家都知道,中国的外语学习者,更大的群体在中小学,而且中小学的外语教学开展的情况或者发展的水平,对高校的外语教学有着直接的影响。如果我们不研究和解决中小学英语教学的问题,那我们就很难解决高校的外语教学问题。也就是说,中小学的外语教学研究与高校的外语教学研究不能分家,不能是两张皮。那么束定芳教授在这一方面的研究,我觉得也是非常有特点的。我很少见到有外语教育界的专家,既全面系统地研究高校的外语教学,也深入中小学一线课堂开展研究,那么我觉得束定芳教授应该是值得我们学习的。我个人也是希望这样做,但是由于时间和精力所限,也由于我个人的水平有限,我主要关注的是基础教育阶段的英语教学,对高校的外语教学关注的不够,研究得也不深入。

第三,束定芳教授他既研究理论,也研究实践。我们知道外语教育界的很多专家有的只研究纯理论,比如说介绍国外的二语习得理论,介绍教学流派的理论,而很少深入一线课堂教学,更不会做实验研究。有些专家主要是扎根一线课堂,深入教学一线,做很多教学实践方面的研究,但是他们在理论研究方面,往往会有一些缺陷或者会有一些不足,或者说照顾不及,不能全面顾及理论研究。但是我发现束定芳教授不一样,他在年轻的时候写的论文就有重要的理论思想或者说侧重理论研究,不仅介绍国外的理论,也提出自己的一些思想。

同时,束定芳教授也关注实践问题。比如说他写了很多论文,专门讨论课堂上的教学问题,包括教师的教学方法,教师课堂教学设计与实施的问题,还包括教师的素养问题。也就是说束定芳教授他既是理论研究者,也是实践研究者,这也是令我非常钦佩的一个方面。

第四,根据我的认识,束定芳教授在外语教学研究领域,他既有批判的精神,也有创新的精神。我的理解是,束定芳教授对国内外外语教学的研究非常熟悉,对国外的先进理念思想能够及时把握,同时他对国内中小学以及大学外语教学实践中的问题也看得比较清楚,把握得也非常准确。而且对于一些个不合理的做法,包括不合理的外语教育方面的政策,以及中小学、大学课堂教学中效果不好的一些方法,他都有深刻的认识,而且能够提出比较直接甚至尖锐的批评意见。

同时我也注意到,束定芳教授他提出了很多具有创新意义思想,他能够根据自己的研究,根据自己的观察,尤其根据课堂教学实践的研究,提出既反映先进理念,又能解决实际问题的教学方法或教学途径。

我也注意到,有些专家主要研究理论,或者主要做批判研究,总是对这样那样的现象进行批判,很少能提出解决问题的方案,或者提出自己的教学理念和思想,而有些专家呢,经常提出各种各样的方法,但是这些方法不一定是基于理论和实践研究得出来的。也就是说这些专家提出的所谓的创新思想,应该说是没有很好的研究基础。束定芳教授的批判和创新方面,我觉得是一个非常好的结合。我在读他的文章和著作的过程中,总是感觉到他既能够发现问题、批评问题,又能够提出自己的思想,我觉得这也是我们应该学习的。

以上总结了束定芳教授在外语教学研究方面的四个特点,是我个人根据这些年与束定芳教授的交往,在阅读束定芳教授的著作的基础上,得出这些体会。

这些年我很荣幸有机会参与束定芳教授主持的基地的很多活动。在这些活动中,我也感受到束定芳教授确实有他的追求,尤其是他在外语教学理论与实践方面的追求。那么他的追求是什么呢? 我觉得就是解决我们中国外语教学方面的问题,尤其是他特别注重结合中国外语教学的实际情况,中国的外语教学环境以及学习者的需求、国家的政策等方面的实际情况。提出既反映前沿理论,又接地气,又能符合中国国情的外语教学的理论和思想。我想这也是我们这一次研讨会在总结交流束定芳教授教学思想的一个重要的方面。我也希望今天这个会议以后,能够以某种形式在更广的范围、更深的层次,来推广实践束定芳教授在过去几十年研究的基础上提出的具有中国特色的外语教学的思想。

以上就是我的发言。我再次为不能到现场参加会议，向大家表示歉意。希望以后有机会继续参加束定芳教授的活动，也有机会与各位专家一起来学习和交流，谢谢大家！

一个外语人的情怀与担当

——束定芳教授关于外语人才培养的理论探索与实践

认识束定芳教授大约是在 1998 年冬天。当时他在长沙参加外语期刊的主编会议。我应约去会议住地拜访这位心中敬仰已久但尚未谋面的著名学者。第一次的见面是惊讶与轻松,这也成为日后他是我亦师亦友的机缘。回顾二十多年的学术交流与人生交往,给我感触最深的是,他一贯的低调中饱含情怀与担当。

一、反思外语教育理论与方法

最初认识束定芳老师是阅读他于 20 世纪 90 年代关于外语教学理论与方法的系列论文和专著,如《现代外语教学—理论、实践与方法》以及《外语教学:问题与对策》。感受最深的是,他思想深刻,直面问题。

20 世纪 90 年代,基础外语教育中,一个最敏感也最富争议的话题是小学要不要开设外语。当时两种意见不相上下。从外语学习的角度看,虽然理论界存在一个最佳年龄假说,但许多研究表明,在外语学习中,年龄优势并没有得到有效证明。束定芳、戴炜栋(1994)态度非常明确地指出,"根据我们的观察和有关资料的显示,小学就开始学习外语的学生比起后来初中开始学习外语的学生在总体的外语能力方面并无明显的优势,学习外语起始年龄早主要在语音方面可以打下一个良好的基础……小学开设外语,教育上的投入与产出的严重不成比例是惊人的。因此,我们认为,从社会角度,对有特殊要求(如智力开发、跨文化交际)和特殊条件(语言环境、经济状况)的家庭可鼓励其子女在小学阶段就开始学习外语……同时集中精力,抓好初中阶段的外语起始教育,因为这一阶段恰好是学习外语的最佳年龄(12—15 岁)。"而且,束定芳教授还组织课题组持续研究该问题,并于大规模调查后得出结论:"(领导)决心很大,(学生)兴趣很浓,(学校)困难很大,总体效果不佳。从小学生的语言学习能力和认知能力发展的规律来看,在我国这样的外语学习环境中,从小学一年级开设外语的做法也值得商榷。"束定芳、张逸岗(2007)总结前辈们的经验,明确不支持小学过早地、不顾客观条件是否具备就开设英语或双语教育的做法,认为基础阶段应该注重母语的修养。

这样的见解和依据事实说话的科学精神在当时乃至今天都是难能可贵的。这样的观点在当时对一些官员、机构甚至利益相关者来说,都是非常不受待见的。

随着交际法的引进和受乔姆斯基语言自然习得理论的影响,国内外语教学界出现了从一个极端走向另一个极端的情况,即对传统教学法,尤其是语法翻译法,持完全否定的态度,认为语法教学是没有必要的,甚至还被谴责为是外语教学费时低效的根本原因。语法是语言的精华部分,反映出人类认知的基本方式、知识的组织原则和表达方式,是培养学生思辨能力(观察与抽象能力)、具体问题具体分析的辩证唯物主义认识论的重要途径。彻底否定语法教学的作用,对于语言学习来讲,实际就是培养学生见树不见林的思维方式。

束定芳(1994a,2014b,2017b,2019a),束定芳、张逸岗(2007)通过对外语界许多老前辈的外语学习经历以及他们发表的各类研究成果,反复论证语法教学在外语教学中不可或缺的作用,尤其是对语言基本技能的形成具有重要的基础作用。

对比分析和错误分析在20世纪中期在外语学习研究领域曾经影响很大,后来因它们自身的缺陷不足,退出了人们的视线。但是戴炜栋、束定芳(1994)在全面分析的基础上充分肯定了它们存在的价值和可以继续改进的地方,体现了一种实事求是的科学精神并指出,"从目前外语教学理论的发展趋势来看,人们越来越强调语法意识和跨文化意识的培养。对比分析仍不失为培养这两种意识的最佳方法之一。"

反思外语教学理论是为了更好地探索建立具有中国特色的外语教学理论。理论固然有其普适性,但不同文化背景总会有它自身的个性。中国的外语教学不可回避的因素之一就是其功利性,如应试、晋升等。那么,对学习者主体因素的研究就非常有价值。束定芳(1995)提出,要加强外语学习者的认知因素、情感因素、学习策略研究以及外语学习者的中介语研究。他(2004a)带领研究团队通过跟踪实验验证了通过情感因素如兴趣、态度、动机和学习策略的调控,通过优化课堂教学模式,可以激发兴趣、培养策略,指导并促进课外学习,从而提高学习信心,提高学习效率。

关于跨文化交际能力的内涵和培养,束定芳(1993)强调本国语言与文化的教学至关重要,母语与外语两者有密切的互相作用的关系,汉语教育与外语教育如果"老死不相往来",这无论对汉语教学视野的开拓,还是外语教学效果的提高,都十分不利。外语学者和教师在教学过程中加强汉语与外语教学特点的对比研究,能够更深刻理解母语交际能力与外语交际能力的相互关系,提高外语教学质量,二者相互促进,形成协同效应。

建立具有中国特色的外语教学理论,要关注中国外语教学的特点,要敢于直面现实的问题,敢于创新,敢于打破"唯上"主义,敢于突破教条主义,敢于突破现有的教学体制所造成的诸多限制,勇于实践(束定芳,2005);不能盲目照搬国外的理论,应该正确处理好"拿来"与"创新"的关系(束定芳、华维芬,2009)。

二、致力改变中国外语教育现状的探索与实践

改革开放以来,中国的外语教育有过彩虹,受到高度重视,但其中也有不少误解和欠妥的做法。为此,束定芳教授一方面写文章阐发外语教学的价值与意义,一方面带领团队进行试验,获取客观数据,用事实说话。

有一段时间,国内曾有过外语"工具论"的观点,以至于有的学校、或学校领导曾表达出应取消外语教学的想法。对于这种短视,束定芳(2013a)提出"应该将外语人才作为一种重要的政治、外交、文化、教育、经济和军事等的资源,从长远和现实两方面进行合理的规划与布局。作者指出,应从现实的角度出发,根据经济全球化和中国国家安全、军事、外交等方面对外语人才的需求,在不同区域,规划与布局不同的外语语种和人才培养层次;培养传播中国文化、研究世界文化的高端人才,同时,提高整体外语教学水平,培养全民的外语素养与国际公民意识"。

外语专业曾一度辉煌,是社会上的热门专业。但由于整体规划缺失,宏观布局缺位,导致盲目扩张,甚至快速膨胀,出现了所谓的生存危机。他(2011b)指出,高校外语专业、外语课程的准确定位对外语人才和外语课程的质量具有关键性影响;国家"走出去"发展战略也为英语专业的复兴提供了新的机遇;英语专业至少在三个方面可以有所作为:(1)培养高

水平的英语技能型人才,如高级翻译、高级师资等;(2)培养高水平的国别研究人才;(3)培养用英语教授中国语言、传播中国文化的海外师资(束定芳,2015)。更重要的是,他呼吁高校外语学科建设要一方面满足国家战略的需求,为社会服务,另一方面满足学生个人发展的需求(束定芳,2017a)。

外语教学效率一直是讨论的热点问题。为此,束定芳带领他的团队先后进行了三项持续时间较长、规模较大的实验研究。一项是宁波诺丁汉大学公共英语教学,一项是江苏丹阳的初中英语教改实验,一项是上海浦东新区海桐小学教改实验。

束定芳(2004)总结宁波诺丁汉大学公共英语教学经验时指出:"中国大学英语教学存在许多问题,特别是在大学英语教学的定位、需求分析、课程设计、课堂教学及评估等方面存在很大的随意性和盲目性,缺乏科学方法的指导。中国大学英语教学改革要想取得成功,一是要尊重科学,遵循外语教学的规律,坚持走科学发展的道路;二是要在学习国外理论和实践经验(包括宁波诺丁汉大学的成功经验)的基础上,研究中国人学习外语的特点,建立具有中国特色的外语教学理论体系;三是要真正提高广大大学英语教师的素质,发挥他们的积极性和创造性。唯其如此,中国大学英语教学改革才有可能达到预期目的。"

江苏丹阳华南实验学校初中部教改试验(2009—2014)探索任务型语言教学在初中阶段实施的原则和路径,考察初中英语教师理解和实施任务型教学会遇到哪些问题,以及解决这些问题的资源和方法。上海浦东新区海桐小学进行教改试验(2015—2017)以英语基地研究员和小学教师组成的学习实践共同体为依托,以学校的常规教研活动为载体,在提升小学老师设计、实施、评估课堂教学任务能力和素养的同时,一方面开发和积累在小学英语课堂任务型教学的教研资源库。这两项实验可以说是真正实现了合作式教学与学习,是非常有价值的外语教学改革尝试。

三、外语人才培养模式改革敢为人先

束定芳教授在人才培养模式上的两个做法取得了很好的成效,非常值得推广,培养了全国百优博士一名,博士生在国内外发表学术论文的能力首屈一指。

　　提倡并竭力推行与国内外一流学者交流,让他们在交流中,感悟做学问的方法、捕捉学术前沿、更学会做人的道理,即束定芳(2019b)自己所说的"经风雨,见世面"。记得 2008 年,中国认知语言学会与德国曼海姆大学举行学术交流活动,随行的就有他的博士生和硕士生。更重要的是,他鼓励学生与学者交朋友,保持长期的学术联系,这样既打开了他们的眼界,更建立了他们的学术自信,强化他们追求学术的初心。近 20 多年来,他先后邀请国际学术名人如 John Searle, Geoffrey Leech, Hans Kamp, Barbara Abbott, Michel Leezenberg, George Lakoff, Ronald Langacker, Dirk Geeraerts, John Lucy, Lera Borroditsky, Adele Goldberg, John Croft, Klaus Panther 和黄衍等语用学和认知语言学领域的知名学者来上外讲座,国内一流学者如陆俭明、沈家煊、李宇明等也经常应邀到上外讲学。学生们在如此高水平的学术盛宴中,经受学术洗礼,感受学术魅力,激发学术追求,坚守学术梦想。

　　束定芳教授对语言教学方向博士生的培养,十分强调实践。从 2003 年就开始安排学生到浦东外国语学校调研、上课,一直坚持带领教学理论研究方向的研究生深入学校,调查和参与外语教学改革。丹阳华南实验学校的教改实验先后有 8 位博士生全程参与,其中有 5 人的博士学位论文与该项目有关。朱彦博士根据该项目完成的博士论文后来在 Springer 出版社出版,获得专家的好评。2012 年,束定芳教授团队出版了《具有中国特色的外语教学探索——江苏华南实验学校英语教改实验纪实》,详细记录了这次实验的设计、实施、存在问题等,为外语理论界和中小学外语教学界提供了一个研究的案例,得到了业内许多专家的高度评价。

　　无论是理论语言学方向的博士生、还是应用语言学方向的博士生培养,束定芳教授一直坚持以国际化的视野、标准、方式进行培养。如前所述,他经常性邀请国际一流学者讲学让学生了解国际学术前沿、国际学术规范等。丹阳实验项目更是邀请国际二语习得领域著名学者 Rod Ellis 也参与指导,还邀请了奥克兰大学的李少锋博士和朱彦合作在实验学校进行"任务型教学"的实验。朱彦在国际权威刊物上发表了多篇相关论文,现已成为该领域有一定影响的学者。

四、基础外语教育一往情深

　　中国的外语教育,基础外语教育是基础,是关键,但并不是学者们,尤其是一流学者们关注的重点。外语学习者起始阶段最重要的是学习方法和学习动机的培养。

束定芳教授及其团队从 2003 年开始就高度关注基础外语教育,并进行了一项调查,以了解有关上海市小学英语教学的现状,收集不同层次、不同领域人士就小学开设外语问题上的不同意见,分析当时条件下小学开设英语课的有利和不利因素,探讨当时小学英语教育存在的关键问题和解决的方法。

在调查的基础上,他带领团队进行实验,以进一步全方位了解影响青少年外语学习的因素。本项实验为日后提出外语教学改革的建议积累了宝贵的第一手资料。

对于中学英语教学,他始终关注课堂教学的作用与效率,而效率来自明确的目标与功能定位。外语学习是一个需要大量实践和长期积累的过程,课堂讲解对学生的外语学习起到的作用十分有限。因此,课堂教学的核心任务就是培养与激发学生学习外语的兴趣,进行正确的方法指导,鼓励他们课外使用外语的积极性与自信心,解惑答疑,督促学习和检查学习效果,展示学习成绩(束定芳等,2004)。

如果说前面提到的几项中学外语教育实验倾注了束定芳对基础外语教育的热爱,那么前几年,他把精力投入到上海市基础外语教育基地的建设与研究以及担任上海外国语大学附属外国语学校校长,就更是一种情怀与追求了。

2015 年,束定芳教授牵头成功申报了上海市英语教学研究基地。这个基地是专门研究基础英语教育的。基地建设伊始,就有两个明确的目标:一是以"立德树人"为根本任务,紧密结合国家和上海市经济社会发展的需求,深度融入社会发展进程,强化英语教育的育人功能,夯实教材开发、教育评价、教师教育的重要地位;二是构建和谐的外语教学生态圈,为基础外语教育创造良好的内外部环境。

实现这两个目标,教育评价和教师教育是基础,新教材的开发是保障。通过新教材推动大面积的教改,更新教师的育人理念,落实新课标立德树人的理念,发展学生的英语学科核心素养,从而实现教学理论和实践的协同共进,沟通和建设大学中学小学外语教学一条龙体系,研究、应用、管理一条龙体系。

束定芳为了实现自己对基础教育的理解与梦想,曾担任上外附中校长三年多。当时很多人也许误解为他以一个著名学者的身份去担任中学校长,可能是因为想当官。由于我们平时交流很多,我知道他内心的真实想法。他当这个校长,一不拿任何经济待遇,二不要任何行政级别,纯粹是个"志愿者"。他是想把自己先进的理念化为人才培养的实际效果。他做的三方面的事情,我感触特别深。一是推动教师职业发展,转变教师的人才培养理念,提升教师的教书育人能力。这是一件说起来容易,做起来难上加难的事情。理念的转变是一个漫长而又复杂的过程。但束定芳老师通过举办高层次研讨会、教学展示活动等,邀请许多著名学者、特级教师和教研员们来交流最新的教学理念和方法,为老师们,特别是青年教师们创造了许多展示才华、职业发展的机会,起到了非常的好作用。二是邀请著名专家学者,如院士、诺贝尔奖获得者等来学校为学生开设讲座,开阔学生视野,激发学生更高的理想追求。三是搭建高层次的学习平台,如与中科院技术物理研究所、生命科学院和上海天文台等建立合作关系,让学生在亲身经历中成长。事实证明,这样的办学理念让上外附中迈上了历史的新高度。

五、文化交流文明互鉴初心不改

束定芳教授坚持认为,文化交流、文明互鉴是外语交际能力培养重要的内容和组成部分,并一直践行在研究与教学实际当中。

束定芳(1996,2016,2019a)一直认为,外语教学是一个文化交流、文明互鉴的双向过程。外语教学过程中既要重视目标语文化,也要重视母语文化。母语文化一方面作为与目标语文化进行对比的工具,更深刻揭示目标语文化的一些主要特征,从而也加深对母语文化本质特征的更深入的了解,另一方面通过对学生本民族文化心理的调节,培养学生对目标语文化和外语学习的积极态度,从而调动学生学习外语及其文化的积极性,增强他们的学习动机。很难想象,对目标语文化和外语学习抱有狭隘的民族主义观念的学生可以学好外语及其文化。

外语教学应该超越其工具性范畴,拓展学生的国际视野,培养学生的跨文化交际能力,理性看待异国文化及其价值观,获得国际视野,学会理解、尊重、包容不同文化传统和习俗,通晓相关专业的国际规则,具备参与国际竞争的能力,促推国家的改革开放,促进世界科技发展和人类文明进步(束定芳,2016)。

值得称道的是,他将这样的见解以教学内容的重构方式落实在教材开发上,如在他主编的《新目标大学英语》和《高中英语》(上外版)教材中。这两套系列教材充分体现了对中国文化的重视,体现出在文明互鉴中建立文化自信的追求。

英语能力不是一般的交际能力,而是"参与国际事务和国际竞争"所需的沟通能力,包含对中西方文化的深刻理解以及对相关专业知识的掌握和了解(束定芳,2016)。

当中国日益走向世界舞台中央的时候,中国不但要走向世界,更要为推动人类文明和世界的进步而贡献我们的智慧与力量。科学技术与文化交流,都离不开外语作为媒介的桥梁作用。因此他(2020)认为,由于"中国许多大型企业在承接国外大型项目、开拓海外市场时,需要大量外语能力强、有专业背景、懂国际规则的人才。中国的高新技术企业走向世界需要科技创新,特别是像华为 5G 这样能够改变世界未来的重大科技创新,而科技创新人才必定要有国际视野,有良好的外语能力和研究能力。同时,中国的文学和艺术作为世界文化的重要组成部分,应该为推动人类文明的进步作出自己的贡献。"

六、结语

束定芳教授从事外语教育 40 年,从基础外语教育到大学外语教育,从外语专业教育到公共外语教育,是坚守的 40 年,是奉献的 40 年,是春华秋实的 40 年,更是担当的 40 年。40 年矢志于中国各阶段的外语教育,实可谓始于斯,成于斯,爱于斯。

参考文献:

戴炜栋、束定芳.1994.对比分析、错误分析和中介语研究中的若干问题.《外国语》,5:1-7.

束定芳.1993.论外语交际能力及其培养.《外语学刊》,3:9-14.

束定芳.1994.其言灼灼,其理凿凿—重读《外语教育往事谈》有感.《外语界》,2:56-59.

束定芳.1995.外语学习者主体研究漫谈.《外语教学》,3:19-25.

束定芳.1996.语言与文化关系以及外语基础阶段教学中的文化导入问题.《外语界》,1:11-17.

束定芳.2004.《外语教学改革:问题与对策》.上海:上海外语教育出版社.

束定芳.2005.呼唤具有中国特色的外语教学理论.《外语界》,6：2－7.

束定芳.2006.外语课堂教学新模式刍议.《外语界》,4：21－29.

束定芳.2011a.论外语课堂教学的功能与目标.《外语与外语教学》,1：5－8.

束定芳.2011b.德国的英语教学及其对我国外语教学的启发.《中国外语》,1：4－10.

束定芳.2012.大学英语教学大赛与教师发展.《外语界》,3：34－41.

束定芳.2013a.关于我国外语教育规划与布局的思考.《外语教学与研究》,3：426－435.

束定芳.2013b.英语专业综合课目标与教师素质.《外语界》,2：43－49.

束定芳.2014a.外语课堂教学中的问题与若干研究课题.《外语教学与研究》,3：446－455.

束定芳.2014b.其言灼灼,其理凿凿——重读《外语教育往事谈》有感.《外语界》,2：56－59.

束定芳.2015.高校英语专业"复兴"之三大路径.《中国外语》,5：4－8.

束定芳.2016.对接新目标,创建新体系,适应新需求——写在"新目标大学英语系列教材"出版之际.《外语界》,2：2－9.

束定芳.2017a.社会需求与外语学科建设.《中国外语》,1：22－25.

束定芳.2017b.中国特色外语教学理论的深厚实践基础——陆谷孙先生的外语教学理念与主张.《外语界》,1：15－21.

束定芳.2019a.外语教学应在传统教学法与交际教学法之间寻求融合——李观仪先生的外语教学观及外语教学实践主张.《外语界》,2：16－23.

束定芳.2019b.中国改革开放40年与我的外语教学和研究之路.《外语教学》,1：17－20.

束定芳.2020.大学英语教学与国际化人才培养.《外国语》,5：8－20.

束定芳、安琳.2014.近年来海外学术英语导向类教材的特点与发展趋势.《国外外语教学》,4：9－18.

束定芳、陈素燕.2009.宁波诺丁汉大学英语教学的成功经验 ESP 对我国大学英语教学改革的启发.《外语界》,6：23－29.

束定芳、戴炜栋.1994.试论影响外语习得的若干重要因素.《外国语》,4：1－10.

束定芳、华维芬.2009.中国外语教学理论研究六十年：回顾与展望.《外语教学》,6：37－44.

束定芳、励哲蔚、张逸岗.2003.上海市小学英语教学情况的调查与思考.《外语界》,3：54－62.

束定芳、彭梅、程红月、王立黎、孙剑斌.2004.一次中学英语课堂教学改革的实验.《外语教学与研究》,3：229－232.

束定芳、王惠东.2004.外语课堂教学功能的重新思考与定位.《外语与外语教学》,8：19－21.

束定芳、张逸岗.2003.从一项调查看教材在外语教学过程中的地位与作用.《外语界》,2：56－64.

束定芳、张逸岗.2007.中国外语教学理论研究的宝贵财富——《外语教育往事谈(第二辑)》编后.《外语界》,6：6－11.

基础外语教育领域求真务实的践行者

华中科技大学　徐锦芬

作为我国外语界知名专家学者,束定芳教授一直关注我国外语教育事业的发展,为促进我国外语教学改革孜孜以求、不懈努力。他在外语教学、学术研究和刊物编辑等方面作出的贡献彰显了一名优秀学者的严谨治学和责任担当。束教授的教学和研究既"仰望星空"也"脚踏实地"。他一直呼吁构建具有中国特色的外语教育理论体系,基于理论研究与实践探索提出"适当推迟,缩短周期,强化训练,专业提高"的十六字方针指导外语教学改革(束定芳,2001),倡导从"本体论""实践论"和"方法论"三方面着手推动理论建设(束定芳,2005),体现出关注顶层设计和长远发展的广阔视野。他带领团队深入教学一线广泛调研,开展教学实验,促进教师培训和发展,体现出扎根教学实践和关注一线教师的踏实作风和人文关怀。束教授扎实的专业功底、强烈的使命感和在外语教育领域年复一年的耕耘与付出,使他在中国外语战略研究、外语教材编写、外语教学与评估、教师发展等诸多领域都有建树,而尤为令我感佩的是束教授为推动我国基础外语教育发展的锐意创新和持之以恒的付出。

一、扎根中国基础外语教学实践,广泛调研、大胆探索

如今越来越多的年幼学习者成为外语教学的对象,这与全世界很多国家教育政策的调整,外语教学逐渐提前的趋势分不开。尽管我国拥有广大的英语学习者群体,但对于不同年龄人群学习外语的特点和成效方面的研究并不多(徐锦芬、陈聪,2017)。我国的英语教学环境属于典型的外语环境,学习者在课堂之外很少接触目标语,课堂是主要的语言学习场所。因此基于真实课堂中的学习者尤其是年幼学习者的实证研究具有很大的价值。而束定芳教授很早就开始关注我国基础外语教育的发展状

况,并持续性有聚焦地开展相关实证研究,形成了非常具有实践参考意义的研究成果。

早在 2001 年,由束教授带领的课题组对上海市二十几所小学进行调查访问,围绕大纲或课程标准、教材使用、课程设置、师资情况、课堂教学、学生学习英语的动机与兴趣、学习方法与效果等展开访谈、进行问卷调查(束定芳、励哲蔚、张逸岗,2003)。该项调研较为全面地反映了上海市当时小学英语的实际教学情况。调查结果表明,大面积从小学一年级起开设英语课需要做大量调研、实验和准备工作,尤其是师资培养、教学目标的制定、教学内容的选择、符合小学生特点的课程设置和教学方法。无论是该项调查的初衷、调查的范围和方式,还是束教授团队对调查结果的分析与汇报都反映出他们扎根基础外语教学一线的热情和认真严谨、实事求是的研究态度。调研的结果有利于我们了解当时基础外语教学的真实面貌,也很好地支撑了束教授对于中国人学习外语的年龄、特点和规律方面的分析。可见,年幼学习者的外语教学并非易事,为了让中国学生真正受益于早期外语学习,我们需要以这个群体的认知和情感特点为出发点,把加强师资作为提高教学质量的关键环节,进行基础教育阶段外语教学的各种创新与改革,探索出合适的教学模式。值得高兴的是,这一点也反映在了束教授团队的后续实证研究中。

除了对一线教学实际情况进行调研,束教授还带领团队大胆探索,进行基础英语教学改革实验,推动中国特色外语教学模式的构建。进行教改实验时,束教授及其团队具有极强的问题意识,他们围绕基础英语教学面临的真问题探索教学新模式和新路径。例如,为突破外语课堂传统的"三 P"教学模式(即 Presentation,Practice,Production),探索"以课堂教学为轴心,课外自主学习为突破口"的教学方法,他们在上海外国语大学附属浦东外国语学校展开教学实验(束定芳等,2004)。该项实验关注学生学习兴趣和动机的变化,关注学习策略的培养,实验结果发现学生的综合语言能力和课外自主学习能力均有所提高。束教授团队在这项教学实验中的做法对基础英语教学创新提供了宝贵的参考。围绕学生自主学习能力的培养,束教授团队的另一项教改实验也值得关注。他带领的课题组在江苏某中学进行外语教改实验,探索"集中教学、自主学习"这一理念在初中阶段实施的可能性,并基于此教改实验探索中国环境下中学英语教和学的科学方法和最优方案(束定芳,2012)。课题组在该学校就需求分析、课程设计、教材编写和使用、课堂教学、教学评估方面进行了全方位的改革探索,这项教学实验所取得的成果值得肯定,是建设中国特色外语教学模式的一次有益探索。

从广泛调研深入了解教学实际,到大胆创新锐意开展教改实验,束教授及其团队所表现出来的外语教学理论功底、问题意识和研究素养令人印象深刻,他们近二十年来围绕基础外语教育所做的努力和坚持更是难能可贵。

二、引领英语教育教学研究基地,集思广益、成果丰硕

由束定芳教授担任首席专家的上海市英语教育教学研究基地很好地发挥上海高校对上海市基础教育课程改革的智力支持作用。英语基地在教材编写、课标研究和教师教育三项重点工作上都取得了丰硕的成果,产生了积极的影响力。

教材是课程教学的重要载体和依据,教材建设的重要性不言而喻。束教授带领基地编写和开发英语教材,为基础教育阶段英语教师的教学提供实际的支撑。由束教授主编,上海外语教育出版社出版的《高中英语》(上外版)通过教育部审定并列入国家课程教学用书目录。教材汇集了英语基地的研究人员与数十名上海和全国各地的外语教学研究者与一线骨干教师参与编写,教材的目标、主题、单元结构等全面对接并服务新课标提出的英语学科核心素养,教材纸质素材和数字资源立体化结合,是一项很有意义和价值的成果。

除了教材研发,束教授的团队还关注如何充分发挥课程标准的引领作用。课程标准对一线教学实践、对英语学科甚至对整个基础教育的提高都有重要影响。依托上海市英语教育教学研究基地,束教授带领课题组收集和系统梳理世界各地具有代表性的中小学英语课程标准及相关文件,形成《基础教育阶段英语课程标准国别研究报告》,为制定义务教育阶段的英语教学课程目标提供参考(束定芳、朱彦,2018)。《普通高中英语课程标准(2017版)》发布以后,英语基地举办解读系列讲座,邀请修订组核心成员为上海市各区教研员和骨干教师解读课程标准。此后,《普通高中英语课程标准(2017版)解读:理论与实践》在专家讲座基础上出版,有利于更多中小学外语教师和研究人员领会和落实课标精神,推动课程改

革(束定芳、汤青,2020)。按照 2017 版《课程标准》的要求,我国基础外语教育应在培养学生语言能力的同时,致力于提升他们的思维品质、文化意识和学习能力。可以看到我国基础教育阶段英语教学随着社会发展在教学定位、教学格局、教学理念和目标上产生以下转变:一、逐步构建了分级教学体系,关注中小学与大学英语教学的衔接;二、从以教师为主体转向以学生为中心,肯定英语课程的育人功能,倡导全人教育,从聚焦语言能力推进到培养学生的核心素养。而课标研究有助于一线教师熟悉课标内容,领会课标精神,将基础英语教学的改革落到实处。英语基地的这些举措和成果搭建起一座桥梁,有助于衔接中国特色外语教学顶层设计和一线英语教学实践。

令我尤为感动的是,束教授不仅助力教师教学实践,还非常关注教师发展。以英语基地为平台,束教授鼓励基础教育阶段的英语教师发挥才智、反思教学、教研相长。

首先,课题组对上海市基础教育阶段英语特级教师进行深度访谈,以剖析上海市基础英语教学的现状和存在的问题,征询发展意见和建议,形成《基础教育教学:现状、目标与途径——上海市英语特级教师访谈录》(束定芳、宋亚南,2018)。阅读这本访谈录,我深刻地感受到优秀教师们对基础教育事业的热爱,也惊叹于他们对英语教育的深刻理解,他们的观点必然能为对中国基础外语教育有兴趣的外语教师、研究人员、教学管理人员甚至家长们带来启发。

同时,为了充分利用上海市的优秀教师资源,发挥教师的示范和辐射作用,英语基地还向特级教师征稿,梳理他们的教学理念和特色,形成《栉风沐雨,春华秋实——上海市英语特级教师风采录》(束定芳、朱彦、吴晓燕,2018)。我认为这样一本风采录不仅展示了优秀初高中英语教师的专业成长历程,还促成了教师们的教学反思,帮助他们成长为反思型教师。事实上,教学反思是促进教师发展的关键因素和有效途径。教师既是教学的实践者又是教育理论的思考者与建构者,我们倡导教师观察自己的教学行为,评估自己的教学效果,找出问题,解决问题,把个人的实践理论化并实践个人的理论,进而了解和产生新的教学理念(徐锦芬、李斑斑,2012)。此外,作为优秀教师的代表,这些特级教师所积累的实践知识是我们构建中国特色外语教学理论和模式中一笔宝贵的财富。因为教师的实践知识以特定的实践环境和社会环境为特征,是基于实际的教学对象、课堂、学校、社会环境等发展起来的自我知识、学科内容知识、教学法知识和情境知识(Golombek,1998),对于广大的基础外语教师群体有很好的参考价值。

英语基地的另一项重要成果是在"以教促研、以研优教、教研联动"的过程中促进教师专业素质的不断提升。英语基地主编的关于基础英语教育的论文集《英语教育与教学研究》(束定芳,2017),探讨国内外外语教学新理念、新动向,聚焦我国基础外语教学存在的问题,以推动上海市乃至全国基础外语教育的全面发展。该论文集非常鲜明地展现了理论与实践融合的理念。论文集中有国内外知名学者就外语教学重大理论问题、前沿问题发表看法,也推出一线教师和教研员关于课堂教学的创新实践报告和经验总结文章。这样做一方面搭建了高校外语教学理论工作者与中小学一线外语教师交流的平台,是促进初高中教师与高校教师群体对话的一个范例,有利于基础教育与高等教育阶段外语教学的衔接,从而促进"一条龙"式外语教育落到实处。另一方面,一线教师通过这样的契机能更好地成长为"教学型的研究者"和"研究型的教学者",促进他们自身的专业发展,同时推动外语教学理论与基础外语教学实践深度融合。我一直提倡"教学课堂研究化,学术研究课堂化"的理念,而鼓励中小学外语教师总结和报告他们的创新教学实践,能够为他们的教学和科研找到一个很好的结合点,他们的思考和研究来自基础外语教学,也将服务于基础外语教学。

教师在外语教育体系中发挥重要作用,可以说是影响外语教学改革成败的关键。教师专业发展水平事关国家建设、教育改革成败以及人才培养质量。英语基地的成立为中小学外语教师搭建了一个重要的外语教育研究和实践的平台,提升他们在专业发展过程中的实践性、反思性和自主性,不仅让一线教师受益,也终将惠及整个基础外语教育体系。

束教授带领团队为构建中国特色外语教育体系作出了重要贡献,而他对基础外语教育的关切和为之付出的热情一如当初那样强烈,他一直在呼吁外语界要关注和研究基础外语教育(束定芳,2018a)。他看到了中国教育环境下基础教育体系的特色和优势,如中小学的教研员制度、名师培养机制和举措、新教师培训机制、新课标和新教材使用培训机制等等,这些都非常值得我们学习和研究。同时,虽然肯定我国基础外语教育自改革开放以来取得的巨大进步,束教授也毫不讳言基础外语教育目前仍然存在师资、课程、学校管理等诸多问题。他指出我国不同区域、不同层次的学校外语师资、教学水平和学生外语水平差距巨大,师范学院外语专业课程缺乏对未来外语教师教学理论和实践的有效培训,学校课程安排和课堂教学问题与课程标准脱节,教育行政管理部门所做的顶层设计在实际操作层面存在问题。这是束教授基于对我国基础外语教育现状的深刻理解所产生的理性认识。未来我们需要进一步加强对基础外语教育师资力量的培训,充分利用信息技术的优势,通过线上线下结合的方式为全国各地的外语教师提供资源和平台,缩小地区差距,推动课程标准在实际教学中的落实。我认为上海市英语教育教学研究基地的做法和经验是值得借鉴、发展和进一步推广的。

三、结语

我与束定芳教授相识多年,他是我生活和学术上的良师益友。应该说我的学术成长离不开他学术成果的引领。我开始关注束教授源于1993年他发表在《外语学刊》上题为"论外语交际能力及其培养"的那篇文章。束教授不仅清晰地阐释了交际能力概念以及如何在外语教学中培养学生的外语交际能力,还特别强调了外语交际能力的培养对学生整体语言能力提升的重要作用。这篇文章让当时对外语教学理论还比较懵懂的我突然意识到理论指导实践的重要意义。此后我习惯性地定期关注束教授的学术成果并从中汲取学术养分。之后在束教授来我校讲学之时有幸结识了束教授,从此便有了更多向他请教学习的机会,也有了更多一起交流学术思想的机会。对束教授了解越多越钦佩他对外语教育事业的那份热爱和为之付出的那份坚持不懈的努力。尤其是作为一名知名学者,束教授在关注高校外语教育改革的同时,对基础外语教育还倾注了那么多心血,这激励着我认真投身外语教学实践与研究,为中国特色外语教育体系的构建尽绵薄之力。束教授(2018b)在回顾自己的学术之路时将过去的努力总结为"难忘的年代,无悔的岁月",体现了他一片赤诚,他也秉持了坚定的信念,做到了"做一个坦诚的人,做一个对社会有用的人,做一个让学生看得起、也对得起学生的老师"。相信未来束教授和他的团队会为中国基础外语教学的发展作出更大的贡献!

参考文献:

Golombek,P. 1998. A study of language teachers' personal practical knowledge.

TESOL Quarterly，3：447 - 464.

束定芳.1993.论外语交际能力及其培养.《外语学刊》(黑龙江大学学报)，03：9 - 14.

束定芳.2001.我看外语教学改革.《国外外语教学》，01：8 - 11.

束定芳.2005.呼唤具有中国特色的外语教学理论.《外语界》，6：2 - 7 + 60 + 81.

束定芳.2012.中国特色外语教学模式的探索——基础阶段外语教学改革实验的一次
尝试.《外语与外语教学》，05：1 - 5.

束定芳.2017.《英语教育与教学研究》.上海：上海外语教育出版社.

束定芳.2018a.我国基础外语教育面临的若干突出问题.《外语教学与研究》，3：
426 - 427.

束定芳.2018b.难忘的年代，无悔的岁月.庄智象主编.2018.《往事历历 40 年回眸：知
名外语学者与改革开放》.上海：上海外语教育出版社.

束定芳、励哲蔚、张逸岗.2003.上海市小学英语教学情况的调查与思考.《外语界》，03：
54 - 62.

束定芳、彭梅、程红月、王立黎、孙剑斌.2004.一次中学英语课堂教学改革的实验.《外
语教学与研究》，3：229 - 232.

束定芳、宋亚南.2018.《基础教育教学：现状、目标与途径——上海市英语特级教师访
谈录》.上海：上海外语教育出版社.

束定芳、汤青.2020.《普通高中英语课程标准(2017 版)解读：理论与实践》.上海：上
海外语教育出版社.

束定芳、朱彦.2018.《基础教育阶段英语课程标准国别研究报告》.上海：上海外语教
育出版社.

束定芳、朱彦、吴晓燕.2018.《栉风沐雨，春华秋实——上海市英语特级教师风采录》.
上海：上海外语教育出版社.

徐锦芬、陈聪.2017.年幼学习者外语教学研究现状与展望.束定芳主编.2017.《英语教
育与教学研究》.上海：上海外语教育出版社.

徐锦芬、李斑斑.2012.中国高校英语教师教学反思现状调查与研究.《外语界》，4：
6 - 15.

引进与推动语言认知研究，
立足汉语特色探索理论创新

——束定芳教授的语言理论研究及其影响

上海外国语大学　田　臻

一、引言

束定芳教授是我国最早引进国外现代隐喻研究理论、并结合汉语语料试图构建隐喻理论体系的学者之一。2001 年，他与《外国语》编辑部的同事们组织召开了"首届全国认知语言学研讨会"，推动了国内的认知语言学研究。2006 年，他在"第四届全国认知语言学大会"上被推选为中国认知语言学研究会的会长。近 20 年来，他与学界同仁搭建学术交流平台，推动国际学术交流，为中国认知语言学研究与国际学术界的融合作出了重要的贡献。

二、认知语言学研究及影响

认知语言学源于 20 世纪 80 年代，借鉴了认知科学、心理学等相关学科的知识，用以解释语言现象。彼时，在国内结构主义和生成主义的语言研究占主流，认知语言学的理念并未得到充分关注。20 世纪 90 年代开始，束定芳教授将概念隐喻理论引入国内，指出"隐喻从本质上讲是一种认知活动。语言中的隐喻是人类隐喻性认知活动的工具和结果"（束定芳，1998）；"隐喻作为一种认知现象，它与人类的思维方式和思维发展过程密切相关"（束定芳，2000b）。他的隐喻研究在学界引起了很大的反响，深刻影响了国内语言学的发展。知网数据显示，他的专著《隐喻学研究》被引频次高达 8 504 次，有多篇文章的引用频次高于 500 次，例如"论隐喻的运作机制"被引 968 次，"论隐喻的本质及语义特征"被引 759 次，"论隐喻的理解过程及其特点"被引 527 次。这些研究对国内认知语言学的发展具有里程碑式的意义。

除了理论引介外,束定芳教授也非常关注隐喻的创新研究和发展,指出研究隐喻使用和发展演变的重要性,因为"对隐喻的研究不仅有助于理解和解释某一文化的概念系统的形成方式和特点,还能揭示语言创新的认知基础和发生机制"(束定芳,2018a)。在这一观点的影响下,学者们纷纷开展多方面、多角度的隐喻研究,认知语言学研究逐渐受到关注,走向繁荣。

认知语言学在发展的过程中不断得到创新,其特点和研究方法均在持续更新。束定芳教授时刻关注认知语言学的发展特点和前沿动向,发现"随着认知语言学学科的逐渐成熟,研究工作的深化和分工的细化,认知语言学研究中各种新的研究方法相继出现"(束定芳,2013),鉴于此,他撰写了专著《认知语义学》《认知语言学研究方法》以及系列文章,编著了论文集《语言的认知研究——认知语言学论文精选》等来反映不同阶段该领域发展特点,帮助同仁们更好地把握认知语言学的目标、原则和新的研究方法。2014 年束定芳教授获得国家社科重点项目,开始编写《认知语言学手册》。该手册集全国认知语言学学者之力编成,对认知语言学框架下的许多核心理论和众多热点问题进行了全面的概括和细致分析。2018年,束定芳教授还应邀组织专家为《中国大百科全书(语言文字卷)》编写有关"认知语言学"的条目,介绍该领域的核心概念和重要学者。这些成果将为认知语言学研究者或对此感兴趣的读者提供重要参考。

除科学研究外,束定芳教授还致力于学术交流平台的搭建。作为认知语言学研究会的会长,他与研究会同仁们一起组织各类学术活动和学术研讨会,邀请海外知名学者参加国内学术会议或举办学术讲座,为研究者们提供宝贵的交流机会。与此同时,束定芳教授还与上海外语教育出版社合作,策划编辑了一系列认知语言学的相关丛书。其中"国际认知语言学经典论丛"收入了 Ronald Langacker、Leonard Talmy、Dirk Geeraerts 等国际认知语言学领域顶尖学者的经典作品;"国际认知语言学前沿课题讲座"系列丛书,是通过组织国际认知语言学界知名学者在各高校做学术讲座,然后精选讲座内容编撰而成;"外教社认知语言学丛书·普及系列""外教社认知语言学丛书·应用系列"则体现了国内学界的最新研究成果。这些系列丛书集中体现了国际、国内认知语言学领域的优质研究成果,因内容权威、见解独到受到了外语界的广泛好评,扩大了认知语言学的影响，推动认知语言学研究在国内迅速发展。

三、立足汉语特色的语言创新

　　国外语言学研究在引入中国之后，为汉语研究提供了新视角，促进了国内语言学研究的长足发展。然而，西方语言学理论是基于印欧语的观察而创立的，有些研究在用这些理论解释汉语时忽视了汉语本身的特点，出现了一些"重理论、轻事实"的现象。面对这些现象，束定芳教授呼吁学界，应"通过对中国丰富的语言资源和语言事实的挖掘，不断创新，努力发现新问题，挖掘新材料，采用新方法，提出新理论，形成具有'中国特色、中国气派、中国风格'的语言学理论研究"（束定芳、刘正光、徐盛桓，2009）。他指出，"中国理论语言学的发展过程就是一个以他山之石来攻汉语之玉的过程"（束定芳，2018c），"要努力通晓自己的母语，通晓汉语研究的历史、传统、存在的问题和可能解决的途径等，解决汉语研究中的问题"（束定芳，2014）。束定芳教授从认知的视角对汉语现象（如隐喻表达、诗歌、委婉语、歇后语、复合词、特殊句式等）开展了深入的研究（束定芳，1989，2008a，2009b，2009c，2016，2017c，2018b），从汉语的语言特点入手揭示了语言现象的本质及其背后的认知机制，分析了语音、语义、语用等各种因素的相互制约和互动方式。他指出，"中国学者应该充分利用汉语，包括方言和中国境内少数民族语言多样性的优势，充分描述和对比这些语言和方言的异同及其产生的原因，为揭示语言对认知方式和文化发展的影响提供独特和更丰富的证据，同时通过认知语言学的理论主张，对汉语语法背后的认知方式和文化背景深入挖掘，真正揭示汉语语法和语用的特点，为普通语言学理论作出贡献"（束定芳，2018a）。束定芳教授鼓励博士生运用国外理论研究汉语现象，多项关于汉语的词类、构式的研究受到汉语界学者的关注和赞许。

　　在深入研究汉语现象的同时，束定芳教授也为国内的语言研究者搭建了很多交流平台，例如《外国语》编辑部举办的"青年语言学者论坛"至今已有四届，其中在湖南大学召开的第三届论坛主题便是"立足汉语特色，探索理论创新"。在论坛上学者们以不同的视角和方法来深入研究汉语现象，通过交流得到了丰富的收获。在强调立足本土语言特色进行研究的同时，束定芳教授也强调语言学研究者应关注国际语言学研究发展的趋势，加强与海外学者的交流。他特别重视将国内的研究成果推向世界,指出"只有我们对汉语的研究达到了较高的水平,能够在汉语研究的基础上对已有的西方语言学理论形成真正的挑战或冲击,或提出新的语言学研究范式,我们的语言学研究才能真正走出去,对普通语言学理论作出应有的贡献"(束定芳,2018c)。束定芳教授的语言学研究和对推动认知语言学在中国的发展得到了国际学界同行的认可,于 2015 年被推举为国际认知语言学协会委员(ICLC Board member),并担任 *Journal of Pragmatics*,*Cognitive Linguistics* 等国际核心期刊的编委。与此同时,束定芳教授通过认知语言学研究会以年会和专题研讨会等形式,与部分高校外语院系合作,并邀请国外认知语言学的重要学者发表主旨演讲,鼓励学会会员积极参加国际认知语言学大会。2004 年至 2006 年,束定芳教授邀请了大量的海外知名学者来上外讲学,如认知语法奠基人 R. Langacker 教授、概念隐喻理论奠基者 G. Lakoff 教授、隐喻转喻研究代表人物之一的 K. U. Panther 教授、法国里尔第三大学及国家科学研究中心的 M. Lemmens 教授、荷兰内梅亨大学的 A. Foolen 教授、荷兰莱顿大学的 A. Verhagen 教授等。2005 年束定芳教授与英国布莱顿大学的 Ken Turner 教授和 Kasia Jaszczolt 教授一起在上外组织召开了"第三届对比语义学与语用学国际研讨会",与会代表百余人,来自近二十个国家,议题涵盖了对比语言学的研究热点。2011 年束定芳教授与 Ken Turner 教授合编了论文集 *Contrasting Meaning in Languages of the East and West*,2019 年与同事编写的论文集 *Cognitive Linguistics and the Study of Chinese* 帮助国外学者了解中国的相关研究,得到了国际学界的广泛关注。关于 2019 年的论文集有两篇述评分别发表在国际核心刊物 *Chinese Language and Discourse* 和 *Review of Cognitive Linguistics* 上。上述成果和活动均为中国认知语言学的国际化起到了积极的推动作用。

四、语言的跨学科探索和应用

随着语言学的不断发展,当前很多前沿课题都涉及多学科知识,需要进行跨学科的交叉研究。束定芳教授 20 世纪 90 年代就非常重视语言的跨学科研究,在著述中介绍了语言与社会文化心理学和神经科学之间的关系。就人脑和语言的关系,他指出"语言学家和外语教学研究者们一直对人类大脑的结构和语言功能有着浓厚的兴趣,对大脑各种语言信息产生、接受和处理的能力及其控制区域等问题作出过种种猜测。其中令语言学家和语言教学专家们最感兴趣并为之争论不休的问题包括：1）语言学习和掌握是否有个关键期（critical period）？2）各种语言技能，如命名（naming）、阅读和写作，是否属同一个语言区域管辖？3）人的大脑是如何处理语义的？语义、句法和世界知识之间是一种什么样的关系？4）男女语言能力是否完全一致？5）什么是智力？它对语言学习有何影响？6）语言知识的运用是一种什么样的过程？"（束定芳，1994）。这些问题在当今的语言学研究中仍具有重要价值。束定芳教授指出，语言研究者应"根据国际语言学研究发展的趋势以及我国目前语言文字工作的现状和特点，高度关注时代敏感的重大课题，瞄准语言学科的前沿问题，作出创造性的学术贡献，加强诸如神经语言学、认知语言学、计算语言学、语言教学等交叉学科的研究"（束定芳、刘正光、徐盛桓，2009）。

　　除了跨学科研究外，束定芳教授也非常重视对语言使用的研究，特别是语言学理论与语言教学实践的结合。束定芳教授不仅是语言学界的知名学者，也是2016年在上海外国语大学成立的上海市英语教育教学研究基地的首席专家。他指出，中国外语教学界应该对在中国文化背景下学习外语的特点感兴趣，建立有中国特色的外语教学理论，指导我们的外语教学实践。束定芳教授一直致力于构建中国特色的外语教学理论，探索中国特色的外语教学改革与实践，其思想和成果在学界和社会上均产生了广泛的影响。语言教学实践对束定芳教授的语言思想也产生了影响，他反思了认知语言学"基于使用的语言观"（usage-based approach），提出了以"使用为导向"（use-oriented）的语言研究视角，倡导在研究中区别具有不同身份、处于不同学习阶段的语言使用者，关注其语言使用的目的，并据此对具有不同特征的语言实例进行考察。这一研究视角引导人们关注语言使用的场合、特征和使用者的认知特点，将对今后的语言学和语言教学研究产生重要影响。

五、结语

　　本文梳理了束定芳教授多年来的语言学研究成果，并以此为基础整理了他的语言研究主张及其对外语语言学学界的影响。因为篇幅原因，未能反映其全部的学术成就。尽管如此，他的研究所体现的宏观的学术视野、新颖的研究视角、细致严谨的分析为语言学研究者们树立了学习的榜样。他所提倡的具有中国特色的语言学理论创新、中国特色外语教学理论的构建将继续引导学界和社会作出更多有价值的探索。

参考文献：

束定芳.1989.委婉语新探.《外国语（上海外国语大学学报）》,3：28－34.

束定芳.1996.试论现代隐喻学的研究目标、方法和任务.《外国语（上海外国语大学学报）》,2：9－16.

束定芳.1998.论隐喻的本质及语义特征.《外国语（上海外国语大学学报）》,6：11－20.

束定芳.2000a.论隐喻的理解过程及其特点.《外语教学与研究》,4：253－260.

束定芳.2000b.论隐喻产生的认知、心理和语言原因.《外语学刊》,2：23－33.

束定芳.2000c.论隐喻的基本类型及句法和语义特征.《外国语（上海外国语大学学报）》,1：20－28.

束定芳.2000d.《隐喻学研究》.上海：上海外语教育出版社.

束定芳.2001.论隐喻的认知功能.《外语研究》,2：28－31.

束定芳.2002.论隐喻的运作机制.《外语教学与研究》,2：98－106.

束定芳.2003.语言的认知研究.《外国语言文学》,3：5－11.

束定芳.2004.《语言的认知研究——认知语言学论文精选》.上海：上海外语教育出版社.

束定芳.2005.认知语义学的基本原理、研究目标与方法.《山东外语教学》,5：3－11.

束定芳.2008.《认知语义学》.上海：上海外语教育出版社.

束定芳.2009a.中国认知语言学二十年——回顾与反思.《现代外语》,3：248－256.

束定芳.2009b.诗歌研究的认知语言学视角——以汶川地震诗歌现象为例.《外国语文》,2：1－5.

束定芳.2009c.绰号的认知语言学分析——以《水浒传》中 108 将绰号为例.《外语学刊》,2：29－32.

束定芳.2012.近 10 年来国外认知语言学最新进展与发展趋势.《外语研究》,1：36－44.

束定芳.2013.认知语言学研究方法、研究现状、目标与内容.《西华大学学报（哲学社会科学版）》,3：52－56.

束定芳.2014."国际化"与"走出去"背景下的外语界语言学研究.《中国外语》,1：10－14.

束定芳.2016."境界"与"概念化"——王国维的诗歌理论与认知语言学中的"概念化"理论.《外语教学》,4：1－6.

束定芳.2017a.隐喻研究的若干新进展.《英语研究》,2：71－79.

束定芳.2017b.语篇隐喻的结构特点与认知功能——以《百喻经》和《庄子》为例.《外

语教学与研究》,3：18－27.

束定芳.2017c.歇后语的结构与功能再探.《当代修辞学》,2：12－21.

束定芳.2018a.认知语言学在中国：引进与发展.《外语教学与研究》,6：22－24.

束定芳.2018b."有＋零度（中性）名词"结构的认知和语用阐释.《当代修辞学》,6：48－54.

束定芳.2018c.我国理论语言学研究与海外论文发表.《外语与外语教学》,3：1－6.

束定芳、黄洁.2008a.汉语反义复合词构词理据和语义变化的认知分析.《外语教学与研究》,6：418－422.

束定芳、刘正光、徐盛桓.2009.引进与借鉴：我国国外语言学研究六十年.《外语教学与研究》,6：431－437.

束定芳、张逸岗.1994.人脑科学的最新发现及其对语言学和外语教学研究的启发.《外语界》,4：60－63.

海纳百川、追求卓越、互相成就

——束定芳教授与高中英语新教材编写

同济大学　王蓓蕾

2018 年 6 月 26 日，上海市教委召开"上海市基础教育课程改革领导小组会议暨高中教材编制工作推进会"，正式启动上海高中非统编教材编写工作，会上宣读了高中教材主编名单并颁发高中教材主编聘书，任命上海外国语大学教授、上海市英语教育教学研究基地（以下简称"英语基地"）首席专家束定芳为上海市普通高中英语教材主编，基地负责两套英语教材的统筹协调工作。

其实，束定芳教授在英语基地成立之初，就明确了定位：课标研究、教材研究编写以及教师培训。束定芳教授本着服务学生、服务教师、服务上海基础外语教育的初心，把教材编写看作时代的召唤，带领上外版高中英语教材编写团队用心设计编写，悉心听取各方意见反馈，精心打磨修改，勇担重任，追求卓越，和广大师生共创上海教研的美好未来。

一、使命与责任

上海的英语教学一直走在全国的前列，这次的高中英语教材编写关系着上海 16 万高中生的英语学习走向，责任大、任务重、时间紧，时任上海市副市长翁铁慧在教材启动会上明确提出："教材是体现国家意志、落实立德树人根本任务的重要载体"，上海的教材应该体现"国家标准、国际水平、上海特色"。束定芳教授作为英语基地首席专家，义无反顾地接下了这个沉甸甸的重任，表现出强烈的使命感和责任感。

面对编写团队的担忧和焦虑，束定芳教授曾不止一次鼓励大家，"我们应该感谢市教委给我们这个机会，让我们有机会把国内外最新的教学理念通过教材体现出来，有机会通过教材编写了解和服务上海的高中英语教学，有机会把教学理论和实践联系起来。如果这件事谁都能做，谁都能轻易做好,也轮不到我们来做了。"他是这样说的,也是这样做的。从前期的准备学习到后期的打磨完善,每一阶段每一环节,束定芳教授都会及时地把最新的国内外研究成果或自己的感悟和认识跟团队成员分享,探讨该理论融入教材编写的适宜性和可行性。束定芳教授提出的十六字编写原则"量身定做、融通中外、促思赋能、学以致用"是对高中英语教材编写特色的凝练和概括,彰显了教材编写的导向、目的和作用,也贯穿了教材方案策划、编写、修订到试用各个环节。教材最终顺利通过教育部审定,列入《2020 年普通高中国家课程教学用书目录》。

二、磨砺与成长

1. 科研先导,海纳百川

(1) 课标引领,量身定做

束定芳教授在教材研究和编写工作伊始就明确提出,教材编写必须严格对接党和国家的教育方针,确立学科育人的基本指导思想,即以教材为载体,在高中英语学科教育中落实"立德树人"的根本任务,全面落实《普通高中英语课程标准(2017 年版)》(以下简称"新课标"),服务教师教学观念的转变,服务学生学科素养的发展,培养担当民族复兴大任的社会主义建设者和接班人。编写团队结合市教委的指导性建议,确定了三条基本指导原则,即基于国家标准,体现新课标要求;把握国际趋势,展现国际水平;立足本国实际,突出上海特色,以及四项编写原则:坚持立德树人的育人观,坚持英语学科核心素养观,坚持六要素整合的英语学习活动观以及坚持传统特色与现代教学理念融合的继承发展观。

课标研究是英语基地成立以来工作重心之一,在新课标落地前,束定芳教授就召集英语基地研究人员即教材编写核心成员协助市教委统计分析了上海各方对新课标征求意见稿的数据,提交了新课标反馈报告。除了研究国内的新课标,编写组核心成员还分析比较了国外英语课程标准(束定芳、朱彦,2018)以及前一版的全国和上海英语课标以及二期课改的主要特点和成果,以便更好地理解新课标的理念和特色。2018 年 1 月新课标刚颁布,束定芳教授就以英语基地首席专家的身份策划组织了全国首次新课标系列专题讲座,先后邀请全国课标修订组组长梅德明、王蔷和核心成员王守仁、程晓堂以及上海市高中英语教研员汤青五位专家来到上海外国语大学面向高校教师、出版社编辑和上海各区教研员及骨干教师开设讲座,从课标的育人价值、课程结构与内容、课堂教学、学业质量标准和课标的本土化实施举措等五个方面深入解读课标。专题培训采用互动形式,每位专家在最后环节基于讲座内容布置课后思考题,英语基地在讲座后遴选一线教师的优秀反思及案例分享到基地的微信公众号,将课标理念和教学实践有效结合。在系列讲座的基础上,束定芳教授和汤青老师组织编写了《普通高中英语课程标准(2017 版)解读:理论与实践》(束定芳、汤青,2020),为教材编写和教材使用做好前期准备工作。高中英语教材从框架构建、语篇选择、活动设计到配套资源都基于新课标量身定做,承载新课标落地的基本任务。

(2)博采众长,见贤思齐

"博采众长"是束定芳教授一直以来的治学理念,也是本次高中英语教材编写的指导思想之一。他从核心编写团队组建开始就要求"博采众家之长",吸纳国内外教学和教材专家的理论研究成果,学习借鉴国内外优秀教材的内容、特色,将"立德树人""核心素养"等概念落到实处。为此,英语基地前后购买了大量的国内外教材,例如 *Milestones*(*International Student Edition*),*Unlock*,*Headway*,*Focus*,*Wonders*,*Complete First Language English for Cambridge IGCSE*,*Reading Explorer*,*World English*,*Upstream* 等。自 2018 年开始英语基地还承担了上海市教委的"国际课程试点学校涉外教材自查培训与指导"项目,研制境外教材评价标准、自查流程和使用方式,采用自查报告审核和进校抽查的方式规范 20 所国际课程试点学校境外教材的选用,并形成相关的报告。编写组成员因此有机会接触了大量鲜活的教材,特别是对优秀教材有了直观的认识和理解。束定芳教授要求编写组成员从不同的教材中获取灵感,形成符合中国教学实际的教材,并在教材研讨出现争议的时候指点和启发大家从国内外优秀教材中寻求答案。为了提升广大教师和编写组成员的教材选用、编写和研究意识,2018 年 6 月,英语基地联合国际教材开发协会(MATSDA:Materials Development Association)举办了"国际教材开发研究会议",20 多个国家的 130 多位专家参加了会议。大会的主题是"外语教材开发和教师发展",会上国际教材领域的知名专家和我国知名学者共聚一堂,就教材编写和教师发展的多个主题开展深入研讨。此外,教材从方案设计、选文到试用举办了数十次美国、英国、法国、澳大利亚、新西兰、德国、中国香港等大型专家咨询会议,广泛征询国内外专家意见。束定芳教授还常在各种教材编写群分享最新的理论成果和讲座信息等,鼓励编写团队成员与时俱进,研读国外教材理论和优秀教材,不断提升自己的理论或实践能力,形成教材学习研究共同体,为编写"既能吸引人,又能培养人的好教材"做好准备。

2. 兼容并蓄,追求卓越

(1)继承传统,与时俱进

束定芳教授呼唤建设有中国特色的外语教学理论和外语教材,主张在吸收新的理念、方法和技术的同时,还应该保持优秀的传统做法(束定芳,2005;2019)。新教材编写继承了中国传统外语教学中的优点和特色,如语言知识的系统化;继承了二期课改中取得的宝贵经验和长期积累的英语教学优势,特别是听说能力的培养,语篇和单元教学的课堂教学方法;继承了原有国内高中英语教材的经验和成功做法,确保学科教学和教材编写的有效衔接和连贯性;继承了丹阳教改教材编写中的经验(束定芳,2012),构建体系,采用多模态形式,设计符合学生需求的活动。同时,针对原有教材存在的问题,在设计理念、体系框架、选文标准和活动设计上根据国家课标,融合认知语言学、内容依托式教学、项目学习法、多模态教学等新的教学理论,借鉴国内外优秀教材完善与创新,凸显课标的主题语境和文本类型多元化,兼顾语篇的经典性、时代性和多模态;在语言知识板块体现形式、意义和使用的三维动态语法观,基于使用的理论;增设综合运用、思辨训练、项目探究等综合性、关联性、实践性的指向学科核心素养发展的学习活动。

(2)凝练特色,精打细磨

如何基于新课标打造新教材?新教材如何对接国家标准,反应国际水平,体现上海特色?教材编写组从一开始就致力于打造高水平、有特色的教材,束定芳教授不止一次引用高中数学教材主编、复旦大学教授李大潜院士在 2018 年 8 月一次市教委教材例会上所说的话——"教材编写是一项艰巨的任务,稍有不慎出了差错就会被钉在历史的耻辱柱上"——以此来严格要求自我,也要求编写团队认真把好教材编写的每一道关。

早在 2017 年 6 月教材编写前期准备阶段的选文会议上,束定芳教授就提及,"需要根据新课标的要求,思考修订编写过程中保留和创新的度,力争做到让人有耳目一新的感觉"。从最初"传承中国文化、对接核心素养、培养创新思维、拓展国际视野、融合网络技术"到 2020 年的"量身定做、融通中外、促思赋能、学以致用",教材的特色打磨不仅仅体现在定位和措辞上的调整,而且是内容上的精打细磨,版面设计上的精益求精。比如,为了体现"融通中外"中的中国和上海特色,编写团队把所有单元的主题罗列出来,一次次研讨如何在教材中引导学生讲中国故事,树立文化自信。在 2019 年 7 月 10 日的研讨会上,束定芳教授要求编写组"明确各册、各个部分的目标,互相审读,互相借鉴其他册的优点和好处",仅在 2019 年 7 月和 8 月的封闭研讨期间有关中国特色的内容就前后修改了十余稿。

在过去的近三年时间里,束定芳教授带着团队奋力拼搏,从教材编写、试用试教、教材论文撰写、骨干教师培训、市区教材使用培训到教学平台资源建设,每一次的方案撰写、修改和实施都体现了对教材特色的思考、凝练和呈现。每次的研讨和修改都是一个不断否定、修改、再否定、再修改的过程,各种争论、批评和鼓励混杂在一起,引发思维火花的碰撞,是对教材修改意见的总结,也是新一轮教材修改的起点。

(3)虚心求教,闻过则喜

束定芳教授认为好的教材是打磨出来的。在整个编写过程中,不仅多次组织国内外专家论证教材框架和方案,还在教材初稿完成后认真听取教育部、市教委组织的专家反馈,多次自行组织征询国内外教材研究专家、教研员、一线教师和学生的使用反馈和意见。

在教材编写过程中,市教委组织了两轮专家反馈,一轮试用试教,教育部组织了两轮专家反馈。2018 年 10 月到 2019 年 6 月期间上海市教委对本套教材编制工作非常重视,自初稿完成迄今先后组织了两轮专家反馈,分别由学科组、综合组和思政组专家从不同的角度对必修三册和选择性必修四册通过"反馈—回应—研讨"的方式以及各学科教材编写研讨会的帮助编写组提升教材编写质量。

为了更好地了解教学实际和师生需求,编写组前后组织了两轮教材调研,第一轮调研由编写组内在一线教师在所在学校试教反馈,第二轮调研是在上海市教委教研室的支持下,来到各区调研师生反馈。以 2019 年 3 月到 6 月期间的第二轮调研为例,教材编写核心成员到全市各区 28 所不同层次的高中调研,采用课堂观摩、研讨、问卷调查和座谈等形式深入了解一线教师和学生的反馈。参与本次调研的教研员达 30 人,每所学校直接参与调研的教师 4 到 10 位,参与本次问卷调研的学生达 2 674 人次,平均每所学校组织 6 次研讨。在 6 月 26 日的调研座谈上,束定芳教授特别感谢了参加教材调研的各区教研员和教师,表示"上海市英语教育教学研究基地一定会协同上海市市、区教研员和一线教师,把集体智慧很好地体现在此次教材编写过程中"，并表示"教材编写组会悉心听取各位教研员和一线教师的意见和建议，一切从实际出发，服务学生发展需要，闻过则喜，对教材不断进行修改和完善。"在 2019 年 12 月 12 日的骨干教师培训启动会上，束定芳教授再次强调了基地的宗旨，即"服务上海市的基础外语教育"，提出"为了更好地试用和推广本套教材，希望大家能够积极参与，多提建议和要求，多发现问题，更好地完善本套教材"。

　　教材编写方案从 2017 年前期教材分析和需求分析的基础上的编写框架初稿，到 2018 年 8 月提交到上海市教委的编写方案，该编写方案几易其稿，在修订再修订的过程中不断完善。8 月 11 日在华东师大召开的市教委各学科教材会议上，束定芳教授团队的样课单元和教材编制方案得到了专家的一致认可。8 月 25、26 日上海市教委在奉贤举行各学科封闭研讨会，会上修订版的样课和编制方案再次得到了教研员和特级教师的肯定，束定芳教授应邀作为教材主编代表向与会的各学科主编、核心编写人员、出版社负责人、责编等报告教材编写经验。此后的一年，编写组再接再厉，根据国内外专家反馈多次调整选文、活动设计和编排。教材编写组前后组织了 9 次为期一周左右的封闭研讨，并于 2018 年 9 月开始形成了每周一次的常规研讨机制。自 2019 年 9 月教材及编写方案第一次送教育部审读到 2020 年 7 月教育部正式发文宣布《高中英语》(上外版)列入《2020 年普通高中国家课程教学用书目录》，编写组前后组织了十余次大规模的修改。令人欣慰的是，最终这套教材在 2020 年 7 月 10 日的教材选用会议上得到了广泛的认同，教材编写团队在束定芳教授的带动下，又离学校、离基础教育领域近了一步，更好地践行了服务师生、服务教育的理念。

　　3. 学做结合，互相成就

　　束定芳教授曾在各种场合多次提及："教材编写是做中学、学中做的最好方式和机会。教材编写的大小团队就是教材研究的共同体，可以有意识地进行分工，有意识地组织相关学习和研讨。"在教材编写的过程中，束定芳教授带领编写组成员反复打磨编写方案、样课，组织各种形式的研讨、咨询，定期汇总整理国内外专家不同角度的反馈，再到组织每一册的研讨，逐个单元逐条意见确定修改的意见和回应的方式，从整体到局部，从选文、自评、词汇活动设计等的大调整到语言表述、拼写到插图和排版疏密的小细节，方方面面的问题。每一位编写组成员经过教材编写以及一轮又一轮的修订反馈练就了火眼金睛，全方位提升了各项能力。

（1）研究能力

在教材的编写过程中，每一位编写组成员都把课标作为教材编写最重要的指导性文件，努力理解但又不盲从，而是结合国内外的语言学、教育学、心理学、外语教学等理论，融会贯通，并借助于教材将其具体化、实践化。自 2017 年以来，英语基地组织了两次大规模国际会议，平均每月至少组织了两次讲座或教研活动，包括国际教材编写专家 Brian Tomlinson 的教材专题讲座、课标系列讲座以及课程设计、教学信息化讲座，开拓了教材编写者的视野，提升他们的教学理论水平。束定芳教授曾说："基地主要提供学术引领和支撑，举上外、上海、全国和国际专家之力，使教材达到'国家标准、国际水平、上海特色'的要求。"

国内外专家对教材选文、初稿和修改稿的多轮审读反馈，也从理论和实践上给教材编写者提供了明确的指导。以自评板块为例，从最初核心素养不同维度的分列，到对应单元板块的条目，从最初的四维图表形式到等级自评式再到问题启发式，编写组采用专家咨询、专项研讨和集中研讨等多种方式不断改进。

在编写方案、编写说明、适宜性报告等材料的撰写中，以及板块论文、单元内容与要求的编写过程中，编写组成员分析、总结和提炼教材各项内容的理念、框架和特点，将教材研究和教材编写有机结合，给教师提供教学建议，帮助教师用好教材。教材板块介绍系列视频已于 2020 年 8 月发布在上海外语教育出版社 K12 教学平台，教材介绍系列论文也即将发表在 2020 年《英语教育与教学研究》第四辑。

（2）语言能力

在教材编写过程中，编写组成员研读了大量国内外教材，接触了国内外书刊原文，在不知不觉中提升了英语的听、看、读的能力，而教材编写又是一个语言输出的过程，需要确保表述的清晰准确。

教材的研究、选文和编写给编写团队提供了大量的语言输入和输出的实践机会。2017 年 4 月初步确立编写框架后就启动了教材选文，教材的前后历经五轮大规模的选文，从语篇海选、精选到重选替换，每篇选文都请一线教师、国内外专家以研讨座谈或书面形式反馈，部分选文还征求了学生意见，请外教适度改编润色。在 2017 年 6 月的选文会议上，束定芳教授指出，"在修订编写教材中，选材是一个重要方面。首先，材料本身必须具有足够的吸引力；其次选材需要切实以学生为本，结合高中生的兴趣、知识背景和需求,考虑到教材在未来使用过程中的适用程度。"2017 年 8 月到 2018 年 8 月选文前后进行了 3 轮大规模调整,根据国内外专家、市教委反馈和市教委专家反馈细化和调整选文标准,尤其是根据难度、篇幅和意识形态等角度重新替换,更新了四分之三的选文,个别单元主题及选文在 2019 年还进行了更新。2018 年到 2019 年两年期间,除了在暑期集中编写和研讨工作以外,在学期中坚持每周或每两周一次的全体成员研讨,集体组织教材初稿、修改稿讨论。必修前后选取了 3 个不同的单元打磨样课,选择性必修前后选取了 2 个单元打磨样课。仅以 2018 年 8 月上旬为例,教材编写核心成员和责编一起修改了两个单元各二十几稿样课,几次在基地办公室研讨工作到半夜,最终样课在市教委 8 月 11 日在华师大举办的高中教材编制工作推进会上得到了与会专家的一致好评。

2018 年 7 月开始编写组先后请英国、美国、德国、加拿大、新加坡的多位外教润色语言,保证选文的语言地道性和难度。国外专家对于选文中外国文化相关内容的深入解读和剖析也加深了编写团队对不同文化的理解,对指令语以及教材活动设计中语言的审校反馈,有助于提升语言的地道性,也增加了编写团队对语言使用的敏感性,在潜移默化中提升编者的语言能力。

(3)教学创新能力

束定芳教授在教材研讨中不止一次强调"新教材的编写及使用要有目标意识,要不断更新理念,并鼓励教师进行教学创新"。束定芳教授要求教材编写者研究国内外教材以及教材背后的教学理念,希望教材编写能走出经验主义的老路,用新的理念来引领新教材的编写和新一轮教学改革,他曾在微信群交流中指出"大面积的教改需要体现新理念的新教材来实现;新教材参考国内外课标,是新理念的凝练;严格对标新课标,有助于教师对新理念进行实践"。从新课标的理论学习和课例分享,到新教材的试用试教、展示教研、市区培训和教材配套资源的建设中,编写团队成员通过线上线下研讨、个性化批注反馈等形式和一线教师不断沟通交流,也感受到了优秀教师们在教学设计上的创新,从而实现了教学理论和实践的协同共进。编写团队和一线优秀教师合力打造的课型课例于 2020 年 8 月在外教社 K12 平台上线,这些课型课例直观地呈现了新教材在传统课型优化和特色课型打造中的新理念、新教法。

(4)组织协调能力

本套教材编写和修订先后采用了不同的体系,从最初的高校教师和一线教师间互相配合的单元编者负责制、到分册主编负责制再到板块负责人审读制和主编整体负责制,从编写组内部的研讨协调、到和编辑们的沟通和国内外专家的联系,寒暑假期间的各种联络更加频繁,每天几个小时的语音,上百条的微信互动曾经是编写过程中的常态,编写团队互相配合、互相支持,建立了数十个大大小小的微信群,各册各单元各组每周数十次线上研讨协商,提出问题,解决问题,"教材"成了编写团队每一个成员这两年生活的热词。

从 2017 年编写团队的组建,到 2018 年 7 月编写人员的扩充调整,所有编写人员开始工作迄今,除了在暑期集中编写和研讨工作以外,在学期中坚持每周或每两周一次的全体成员研讨,组织教材初稿、修改稿集体讨论,形成了单元、册、套的横向负责制,和各板块体系的纵向负责制,交叉负责审读,从而确保同册不同单元以及不同册内容之间的前后关联和梯度。在教材编写的过程中,编写组成员互相鼓励,互相支持,本着严谨求实的态度和精诚合作的精神推敲每一个语篇,打磨每一项活动,完善每一个单元。每位编者不仅要负责好自己的内容还要互相协调沟通,一次次的研讨不仅提升了组织者的协调沟通能力,还提升了整个团队的凝聚力,向共同的目标奋进。

(5)迁移拓展能力

教材编写者不少来自高校,在教材编写前对于中学教学情况缺少深入的了解,正是教材编写给这些编写者提供了一个全新的平台和学习机会。他们通过最初的需要分析,编写过程中的深入学校调研,教材样课展示主题活动"建设教师理解的课程"以及全市的其他各种大规模教研活动,对上海基础教育现状有了更加深入的了解。在教材活动的设计中不仅对接课标,体现新的教学理念,还通过和师生的沟通确保选文和活动设计符合学生的认知特点,具有可操作性和可复制性。而参与教材编写的一线教师也在整个过程中开拓了视野,对课标有了更深层次的理解,在科研方面有了更高更远的追求。在这个过程中,有些老师基于教材案例撰写了论文投稿发表,有些老师随着教材的出版评上了职称,有些老师选取教材的某一方面特色作为研究课题,还有些老师将高中教材编写经验迁移到初中、小学以及大学的教材选编,是他们的努力和投入使得教材编写得以顺利完成,也是教材编写工作使他们各方面的能力得到了提升。不少教材编写团队成员还在教材编写的过程中结下了深厚的友谊,不仅在教学上、在科研上,还在生活中互助互爱、同行共进、相互成就。

三、合作与愿景

（1）建设外语教学一条龙体系

英语基地的成立是上海市打通高等教育和基础教育，建设外语教学一条龙体系的重要举措。高中英语教材的编写以教材为载体，促使高校的编写团队成员，从理论研究出发，走进中学课堂、了解教研信息、参加教研活动，和上海市教委教研室合作组织教研活动，打通了教学研究、理论应用和教学管理等不同的环节，真正走进学校，走向学生，倾听他们的心声，了解他们的需求。2018 年迄今，英语基地和上海市教委教研室已多次成功合作组织系列讲座、教材公开课展示活动、教材调研活动、教材试用试教以及新教材展示活动（详见"英语基地大事记"）。

高中英语教材的编写加强了英语基地和市、区教研员及一线教师的联系，促使英语基地和教材编写团队提前准备教师培训的工作。束定芳教授在 2019 年 12 月 12 日的骨干教师培训启动会议上曾指出，"未来教育的学习方式、教学方式都将发生巨大的改变，此次新课标也是为未来教育做了一次准备：学生要在实际生活中、社会生活中进行学习，因而语言课堂越真实越好。本套教材想要传达的新理念，首先要教师们先理解这些新理念。"束定芳教授希望参加培训的老师们都可以在自己擅长的领域发挥作用，和出版社、基地一起，把上海市的英语教研推到新高度。在 2020 年 7 月和 8 月教材编写团队和这些骨干教师协力合作，配合上海市教委师培中心成功组织两轮新教材市级培训和一次新教材答疑活动，传递新教材理念、了解教师需求、解答教师疑惑。相信随着义务教育阶段英语新课标的落地，随着小学和初中教材编写工作的启动，在不远的未来，小、初、高一体化的教材体系和教学体系将逐步形成，教改方向将更为明确、科学，上海的英语教研也将走上一个新的台阶。

（2）构建和谐的外语教学生态圈

教材和教材配套资料作为外语教学课改的载体，在编写过程中有教育部、上海市政府的领导，有研究者、学校、教师、教研员、出版社的投入，在教材使用前后还有师资培训部门、考试院、家庭、社会培训机构的参与和影响。高中英语新教材的编写和培训对高中英语教与学产生了直接的影响。编写团队参加本学期新教材每月一研活动时，在感叹老师们的教学创新能力之余，也感受到了他们对教材编写理念的感悟、理解和运用。

相信在新教材的使用过程中,上海3 500名高中英语老师中将有更多的老师以新教材为载体加入到教学改革和教学创新的队伍中,16万高中生的英语学习方式也将随之改变,进而推动高等教育和基础教育的进一步合作共进,各部门各学科之间的良性沟通,促进和谐的外语教学生态圈的构建。

在2019年的一次教材座谈会上,束定芳教授强调:"本套教材因课标的调整,更加注重育人价值的体现,因此老师们对教材中的活动还需要一定的适应。但正是因为教材与学生实际的这个距离,才能使老师和学生在原有基础上进行大幅度提高。老师们也不用为此感到压力,我们会为老师们提供更广阔的交流平台,建设资源库,也会不断更新资源供老师们使用。"因此,作为教材编写团队成员,高中英语教材的出版只是走出了万里长征的第一步。教材编写工作的顺利完成既是对英语基地和编写团队已有工作的肯定,也对后续工作提出了新的要求和挑战,意味着教材使用、教材修订和教材资源建设的刚刚起步,需要各方明确分工和责任,为新的目标和使命继续紧密合作,努力拼搏。前行的路还很长很远,幸亏一路有人指引、有人同行、有人共勉。

在2020年5月30日的高中英语教材骨干教师培训研讨会上,束定芳教授作为前行的指路人曾这样描绘教材培训和使用的蓝图:"教师通过参与编写和使用新教材和配套学习资源提升了能力,在教学实践和研究中获得达到自我实现的目标;出版社在提供产品和服务的同时实现其社会价值,获得经济效益,良好的经济效益能够更好地提升其服务社会的能力和水平。基地则在三者的互动中提升其学术影响力和研究能力,实现其学术研究和服务社会的价值。"相信束定芳教授所展望的不仅是三方共赢的前景,而是多方共赢的美好愿景,英语基地或将继续本着服务英语教学的理念,凝聚各方力量,配合上海市教委、打通高校和基础教育的壁垒,致力于构建上至国家政府,下到家校师生的和谐健康的外语教学生态圈。此行可待,未来可期。

近三年来,束定芳教授作为高中英语新教材的主编,带领编写团队以新课标为依据,博采众长,将传统与现代融合,从教学实际出发,将理论和实践结合,以服务师生、服务教育为宗旨,打造了一套"量身定做、融通中外、促思赋能、学以致用"的高中英语教材,并将以教材为载体,以英语基地为平台,为构建和谐的外语教学生态圈继续努力前行。

参考文献：

束定芳.2005.呼唤具有中国特色的外语教学理论.《外语界》,6：2 - 7,60,81.

束定芳.2012.《中国特色外语教学改革探索：江苏华南实验学校英语教学改革实验纪实》.上海：上海外语教育出版社.

束定芳.2019.外语教学应在传统教学法与交际教学法之间寻求融合——李观仪先生的外语教学观及外语教学实践主张.《外语界》,2：16 - 23.

束定芳、汤青.2020.《〈普通高中英语课程标准（2017 版）〉解读：理论与实践》.上海：上海外语教育出版社.

束定芳、朱彦.2018.《基础教育阶段英语课程标准国别研究报告》.上海：上海外语教育出版社.

搭建大平台,构建新生态

——束定芳教授与上海市英语教育教学研究基地创建特色之路

复旦大学 朱 彦

一、引言

2015 年底,上海市教委发出通知,决定在上海市的高校增设数学、英语、艺术等学科的"立德树人"人文社科重点研究基地,旨在充分发挥高校在人文社科研究方面的优势,引导高校的研究力量投入到课程标准制定与实施、教材开发、教师教育等基础教育教学的重要工作中来。机会总是垂青有准备的人,在上海外国语大学领导和学界专家学者的大力支持下,经过专家和一线教师评审和现场答辩,束定芳教授领衔的团队在异常激烈的竞争中脱颖而出,上海市英语教育教学研究基地(以下简称"英语基地")落户上海外国语大学。

作为英语基地的首席专家,束定芳教授在第一个五年建设周期中虚心学习,团结协作,不辞劳苦,勇挑重担,率领团队走出了一条外语界学者科研报国,服务实践的特色之路。

二、束定芳教授创建英语基地的特色之路

1. 潜心问道,构建中国特色外语教学理论体系

早在 1993 年,束定芳和庄智象两位学者即撰文指出我国外语教学理论研究"缺乏从哲学高度对外语教学的本质和方法等重大理论问题的探讨和研究",两位学者表达出对这一现象的深刻担忧,并强调"这对提高我国外语教学的整体水平,对提高我国外语教学理论研究水平在国际上的地位显然是极其不利的"(庄智象、束定芳,1993)。在构建中国特色外语

教学理论体系的事业中，束定芳教授既心怀忧患，又率先垂范。1996 年束定芳和庄智象合著《现代外语教学——理论、实践与方法》，这本著作从本体论、实践论、方法论三个层次系统地阐述了外语教学理论研究的内涵。值得一提的是，两位作者能够"充分认识到传统外语教学研究的困难，认为外语教学研究中的重点不是设计大纲、编写教材来教什么内容，而是了解促进外语学习的条件且在课堂上创造出这些条件"（戴曼纯、刘正光，1997）。这本专著的出版在外语界引发了强烈反响，好评如潮，一版再版。直至今日，这本书依然是很多学校外语教学方向研究生课程的必读书目。

2004 年，束定芳教授出版著作《外语教学改革：问题与对策》，根据中国人学习外语的特殊语言环境、特殊规律和教学条件，以及国内外最新的外语教学理论成果，对我国外语教学的课程设计、大纲制定、教材编写和选用、课堂教学、教学评估等方面存在的问题进行了客观的分析，提出了一系列的改进意见及建议。这本书的出版受到国内外学界广泛关注和好评，国际外语教学研究的顶尖刊物 *Applied Linguistics* 刊登书评文章对其进行推介，赞其是"令人不忍释卷之作"（a fascinating read）（Xu，2006）。国内外语界老前辈王宗炎先生以 90 岁高龄亲自撰文《为开路先锋喝彩》，高度评价此书（王宗炎，2005）。

在英语基地的第一个五年建设周期内，束定芳教授继续坚持科研先行，扎根中国大地走理论指导实践的路子。在他的带领下，英语基地发布《基础教育阶段英语课程标准国别研究报告》（束定芳、朱彦，2018），该报告分析了亚洲、欧洲、美洲和大洋洲有代表意义的 9 个国家和我国港台地区的共 105 部中小学英语课程标准及其相关文件，梳理了这些课标出台背后的课程改革背景，评述了其基本理念、学科核心素养与课程目标、课程内容、学业质量标准、教学实施，以及包括资源、政策支撑和师资培训等方面的支持措施。通过放眼世界，充分比较中国和其他发达国家和地区的教育实践，借鉴其他国家和地区的经验，以保证我国的课程改革工作对接国家标准，融入国际潮流。2018 年，教育部颁布《普通高中英语课程标准（2017 版）》，为了推动落实新课标的理念，保障基于新课标的教材编写工作顺利进行，束定芳教授组织专家团队编写《普通高中英语课程标准（2017 版）解读：理论与实践》（束定芳、汤青、王蓓蕾，2020），从课程标准的育人观、课程结构内容、课堂教学、教学评价和课程标准的本地化实施途径五个不同的角度为教研员和骨干教师解读课程标准，从而保障国家课程标准在上海的顺利实施。

在束定芳教授的带领下,英语基地还在中国青少年英语语料库、青少年英语水平测试、ICT 技术在青少年外语教学中的运用、儿童二语习得机制等涉及外语教学的关键领域布局科研项目,紧锣密鼓地推进研究工作。正如王宗炎教授所述,"束先生是个开路先锋;他让我们开阔眼界,坚定而审慎地往前走"(王宗炎,2005)。

2. 凝智聚力,将开门问计和顶层设计相结合

束定芳教授一向主张要多听意见,听得进意见。束教授治学严谨,虚怀若谷,每次写好文章、书稿等,总是第一时间请学生和同行帮忙提修改意见。在生活中,束教授也十分善于听取和采纳建议,不论提建议的人是谁,学生也好,晚辈也罢,只要是合理的建议他都非常认真地倾听并接受。在谋划事业发展上,束教授更是特别注重开门问计,注重凝聚集体智慧,坚持将集思广益和顶层设计相结合。

2016 年英语基地成立之初,束定芳教授做的第一件事情就是召开教研员和特级教师座谈会,就英语基地的建设广泛地向老师们征求意见。随后,在束定芳教授的积极联络下,英语基地成立专家委员会和咨询委员会,聘请国内权威专家为英语基地的重大决策建言献策。

2018 年,束定芳教授策划并编撰《基础英语教学:现状、目标与途径——上海英语特级教师访谈录》(束定芳、宋亚南,2018),记录了上海市英语教育教学研究基地对上海市小学、初中、高中三个学段的 20 位英语特级教师的访谈,深入剖析上海市基础英语教学的现状和存在的问题,征询特级教师们对新时期外语教学改革与发展的意见和建议,涉及话题包括课程标准、教学材料、课堂教学、课程评价、教师培训等。束定芳教授策划并编撰的《栉风沐雨,春华秋实——上海市英语特级教师风采录》(束定芳、朱彦、吴晓燕,2018),由束教授的团队寻访了 16 位上海英语特级教师,请他们撰写文章介绍自己学习外语的经历,介绍自己成为外语教学名师的成长过程,梳理、总结自己的外语教学理念和教学特色,并汇编成册。这两本书的出版充分体现了英语基地对上海经验、上海名师和一线智慧的尊重。

2018 年 1 月,教育部发布《普通高中英语课程标准(2017 年版)》,当年夏天,英语基地启动高中英语新教材的编写工作,在编写时间非常紧迫的情况下,束定芳教授领衔的编写团队依然坚持对所有重大事项充分听取意见,反复论证,召开各类意见征询会近百场。五年来,英语基地的所有重大项目都能做到开题有论证会,中期有交流会,结项有汇报会,充分

做到在广泛听取意见中推进事业发展。

3. 服务社会，践行外语学者的初心使命和报国情怀

束定芳教授曾在多个场合表示，"外语学术研究应该'顶天立地'，既要解决理论问题，更要解决实际问题"（束定芳，2015）。在强调并致力于构建中国特色外语理论体系的同时，束教授也十分重视理论联系实际，特别是针对教育改革中的关键问题深入教学一线开展调查研究和实践探索。在国家和地区外语战略发展规划的关键时间节点，束定芳教授总能以强烈的社会责任感站出来，为教育教学发声，为人才培养发声，为关乎社会和大众公共利益的重大社会事件发声。

2001 年，教育部颁布《全日制义务教育英语课程标准（实验稿）》，国家课程要求从小学三年级起开设英语课程，也允许英语教育基础和条件较好的地区和学校从一年级起开设英语课程。同年，上海市教委颁布《关于进一步加强本市中小学外语教学的实施意见（试行）》，提出到 2003 年在上海全面铺开从小学一年级起开设英语课。在当时的历史条件下，上海在小学英语教学改革上的步子无疑是迈得比较大的，也亟需广泛深入的专业研究为教育政策的制定和实施提供依据。2001—2002 年，束定芳教授率领课题组深入上海市虹口、黄浦等区的二十几所小学开展调查，通过访谈、问卷调查、课堂观察等方式对课程大纲或标准、教材、课程设置、师资、课堂教学、评估、学生学习英语的动机与兴趣、学习方法与效果等方面。2002 年 9 月至 2003 年 6 月，束定芳教授带队深入上海外国语大学附属浦东外国语学校，在初中预备年级和高中一年级开展为期一年的教学实验，探索采用"以课堂教学为轴心，课外自主学习为突破口"的外语教学方法，取得了一定的成效（束定芳等，2004）。

2012 年教育部颁布《义务教育英语课程标准（2011 版）》，在 2001 版课程标准的基础上提出了新的要求和理念。2011 年 9 月至 2015 年 1 月，束定芳教授领衔的团队在江苏丹阳华南实验学校的初中部开展"集中教学、自主学习"外语教改项目，旨在通过实施在课程设置、教材开发、教学方式、评价方式上的一揽子创新手段促进参与项目教师的专业发展，落实新课标理念，进而提升参与项目班级外语教学的有效性（束定芳等，2012；Zhu & Shu，2017a；Zhu，2018）。丹阳项目是我国外语界高校与中学合作最深入、最系统、最有成效的项目之一，它不仅在外语教学改革理论上提供了完整详实的人种志研究范本，更重要的是在开展项目研究的过程中给项目学校培养了一批优秀的教师、开发了一套优秀的实验教材、开

创了一套教学和评价的方法,给学校师生带来实实在在的好处。该实验学校学生英语综合能力大幅提升,学校因此获得多项教学成果奖,多位参与实验的老师在专业和职业发展上取得了丰硕的成果。

2013—2014 年,有关外语高考改革"一年多考""英语分值减少""采用社会化考试方案"等传言曾一度引发社会热议,在媒体的推波助澜下更是甚嚣尘上,引得外语界一度集体失语。是束定芳教授率先站出来,联合国内十余名顶尖专家向教育部建言献策,强调公民外语素养对提升国家实力的重要性,强调外语教育在国民教育体系中不可或缺的地位,获国务院领导批示,有效地澄清了社会舆论对外语教育价值的误解。

英语基地的第一个五年建设期也是束定芳教授的团队密切联系一线、服务社会的五年。英语基地实施"驻校研究员机制",通过高校教师和科研团队长期扎根合作学校推进教改项目,实现以科研服务社会,以合作促进发展。

2015 年 9 月,束定芳教授领衔的团队与浦东新区海桐小学合作启动教学改革项目(Zhu & Shu,2017b),海桐项目聚焦交际型任务在儿童语言课程中的设计与实施,包括课堂内的聚焦型任务(focused task)和课堂外的非聚焦型任务(unfocused task),实现任务的课程载体包括常规的英语课程、拓展型课程"英语拓展阅读"和内容语言融合教学(CLIL)课程"英语话中华",经项目建设后的海桐英语课程获评上海市基础教育教学成果一等奖。海桐项目不仅给学校留下了全套先进的英语课程体系,更培养了如虞晴梅、钱惠娟等一批肯钻研、能开拓的教学名师,切实为服务教学一线作出了贡献。

和英语基地建立类似合作关系的学校还有上海外国语大学附属外国语学校、复兴中学、北郊中学、观澜小学和上海外国语大学附属浦东外国语小学等。驻校研究员所到之处都有新理念入人心,有新课程进课表,有新名师站讲台。与基地合作过的学校成为辐射区域教育的重要力量,成为英语教学改革实践的示范和标杆。

4. 放眼国际,坚持多层次、宽领域合作交流

在立足本土实践开展研究的同时,束定芳教授向来十分重视国际合作与交流。在人才培养方面,束定芳教授强调外语界应"对接国家发展战略,培养国际化人才"(束定芳,2013)。在束教授的积极联络和努力推动下,国际应用语言学研究的知名专家 Rod Ellis 教授已连续十余年在上海外国语大学担任讲座教授,为研究生开设应用语言学系列课程,与束教授

合作开展研究项目，联合指导博士生，在人才培养方面取得了丰硕的成果。

2011年，笔者有幸成为束定芳教授和Rod Ellis教授联合指导的博士生，深感两位教授对研究生培养方面的精诚合作所带来的强大效应。由于本人的博士论文做的是人种志研究，需要长期深入合作学校长期观察该校教师对新课程理念的认知和行为变化，束教授不仅亲自带我和项目组的博士生去合作学校和校长、老师们沟通交流，还邀请Ellis教授在到访上海期间赴江苏丹阳的合作学校做教师培训。在后阶段的论文写作和发表的过程中，两位教授更是兢兢业业，给予我莫大的支持。博士毕业后，在两位恩师的鼓励下，我基于博士项目的英文论文在SSCI期刊 *System* 上发表（Zhu & Shu, 2017a），英文专著在国际知名出版社Springer出版（Zhu, 2018）。回顾自己攻读博士学位的经历，我深感中外教授的合作指导有助于培养研究生的"中国意识"，包括发现问题的敏锐性、分析问题的洞察力和解决问题的执行力；也有助于培养研究生的"国际理解"，包括国际交流沟通、国际学术规范和国际合作研究的素养。束定芳教授倡导并笃行的国际合作研究生联合培养模式为学生的学术生涯发展奠定了坚实的基础，该模式实施多年来，培养了一批优秀的硕士、博士，如英语基地的核心成员和上海市高中英语教材项目的核心成员王蓓蕾、安琳等，为基础外语教育界储备和培养人才作出了重要贡献。

早在英语基地成立之初，束定芳教授就为其绘就了国际合作与交流的蓝图。在继续引进海外顶尖专家以基地为平台助力研究生培养的基础上，束定芳教授创办了国际上第一本专注于青少年语言教育的英文期刊 *Language Teaching for Young Learners*。该期刊由束定芳教授和Rod Ellis教授联合担任主编，邀请到英国伦敦国王学院的Janet Enever教授、新西兰惠灵顿维多利亚大学的Jonathan Newton副教授、西班牙巴斯克大学的María del Pilar García Mayo、美国宾夕法尼亚大学的Yoko Butler教授、英国华威大学的Annamaria Pinter副教授等来自全球8个国家26所高校的专家担任编委，由国际知名出版社John Benjamins Publishing Company出版。该期刊创办以来得到了国际学术界的广泛关注与好评，为促进青少年语言教学方面的学术交流发挥了积极作用。

2019年，在束定芳教授的协调和推动下，英语基地成功举办了"首届青少年外语教学国际研讨双年会（SCRELE Biennial Conference）"，首届研讨会的主题为"Language Teaching for Young Learners（青少年语言教学)"。这次会议开设 4 场会前工作坊,邀请到美国宾夕法尼亚大学 Yuko Butler 教授、中国教育科学院龚亚夫教授等专家作大会发言 8 场,吸引国内外 200 余位专家学者参会并宣读论文。大会还设立书展专区,由上海外语教育出版社、牛津大学出版社、Multilingual Matters 出版社和 John Benjamins 出版社开设青少年外语教育理论与实践专题书展。英语基地创办的国际双年会为国内外致力于青少年语言教育的研究者和实践者搭建了沟通与交流的平台,上海外国语大学姜锋书记在大会致辞中指出,本次大会对推动青少年外语教学研究、改善中国基础教育阶段的外语教学实践具有突出意义。

除此之外,英语基地还与国际教材开发协会联合举办了"国际教材开发研究会议"(2018 年 6 月 9—10 日),该会议是英语基地首次主办的国际大会,主题为"外语教材开发和教师发展"(L2 Teacher Development Through Materials Development),邀请了 Brian Tomlinson、Rod Ellis、Alan Maley、Hitomi Masuhara、文秋芳等国内外知名专家做主旨发言。约 130 位来自世界各地的学者前来参会。这次会议为中外学者提供了良好的平台,充分地探讨了外语教材开发领域最新的理念与实践探索。

英语基地的国际合作坚持"引进来"和"走出去"相结合的路子。近五年来,在束定芳教授的力邀下,顶尖海外专家定期进入中小学校园开展课堂观摩、项目研讨等教研活动,"海外专家进校园"系列活动渐成气候,深受好评。Rod Ellis 教授曾到访浦东新区海桐小学、上海中学、世界外国语中学、宝山区长江路小学、虹口区北郊学校、普陀区金鼎学校等开展教研活动共计十余场,参加过该系列活动的海外专家还包括新西兰惠灵顿维多利亚大学的 Jonathan Newton 副教授、英国华威大学的 Keith Richards 教授、英国利物浦大学的 Brian Tomlinson 教授、新西兰理工学院的 Hayo Reinders 教授、美国加州圣地亚哥州立大学的王敏娟教授、韩国春川教育大学的尹泽南副教授等十余位专家学者。

"海外专家进校园"活动让合作校教师能够在不出国门,不打乱正常教学计划的情况下获得高质量的教研机会,也让上海的一线教师能够在自己的课堂上充分展示风采。Jonathan Newton 在海桐小学观摩了周忠杰老师的任务型教学公开课后,将这堂课的视频带回新西兰维多利亚大学,作为该校 TESOL 专业硕士生的教学示范学习材料。韩国小学英语教师协会的代表尹泽南副教授和秋星烨老师在普陀区和普陀区曹杨实验小学和真如文英小学的师生交流后对上课小学英语的课程设置、教师授课和学生的英语水平赞叹不已。

在"引进来"的同时，英语基地也为专兼职研究员和合作校师生积极提供"走出去"的机会。五年来，英语基地的研究人员活跃在国际学术交流的平台上，先后以参加高水平国际会议发言、受邀赴海外大学讲座、受邀开展国际合作科研项目等形式进行国际交流。值得一提的是，2020年9月，英语基地的兼职研究员、普陀区小学教研员吴成芳老师受邀在韩国小学英语教师协会年会上作主题发言，介绍了上海市在英语新手教师培训方面的经验，获高度好评。束定芳教授倡导推进的国际合作模式让师生在交流中成长，在合作中共赢。

三、结语

在高校设立"立德树人"人文社科重点基地，以高校的理论研究成果服务基础阶段的教育教学，这是上海市推进深化教育改革极具智慧和魄力的创举。改革需要排头兵，更需要领头雁。英语基地幸得束定芳教授为其首席专家，他带领团队担责任、谋发展、干事业、见成效，走出了一条特色之路。

参考文献

Xu X. 2006. Dingfang Shu：FLT in China：Problems and suggested solutions. *Applied Linguistics*，27(4)：754 – 757.

Zhu，Y. & Shu. D. 2017a. Implementing foreign language curriculum innovation in a Chinese secondary school：An ethnographic study on teacher cognition and classroom practices. *System*，66：100 – 112.

Zhu，Y. & Shu，D. 2017b. The Haitong Project：Exploring a collaborative approach to implement TBLT in primary classrooms in China. *Language Teaching*，50 (4)：579 – 585.

Zhu，Y. 2018. *Language Curriculum Innovation in a Chinese Secondary School: A Study of Teacher Cognition and Classroom Practices*. Berlin：Springer.

戴曼纯、刘正光.1997. 介绍《现代外语教学——理论、实践与方法》.《外语教学与研究》，4：76.

教育部.2001.全日制义务教育英语课程标准(实验稿).

束定芳.1996.《现代外语教学：理论、实践与方法》.上海：上海外语教育出版社.

束定芳.2004.《外语教学改革：问题与对策》.上海：上海外语教育出版社.

束定芳.2005.呼唤具有中国特色的外语教学理论.《外语界》,6：2-7+60+81.

束定芳.2012.《中国特色外语教学改革探索：江苏华南实验学校英语教学改革实验纪实》.上海：上海外语教育出版社.

束定芳.2013.对接国家发展战略,培养国际化人才——新形势下大学英语教学改革与重新定位思考.《外语学刊》,6：90-96.

束定芳.2015.外语学术研究应关注应用.《外语教学理论与实践》,3：1-5+94.

束定芳、励哲蔚、张逸岗.2003.上海市小学英语教学情况的调查与思考.《外语界》,3：54-62.

束定芳、彭梅、程红月、王立黎、孙剑斌.2004.一次中学英语课堂教学改革的实验.《外语教学与研究》,3：229-232.

束定芳、宋亚南.2018.《基础教育教学：现状、目标与途径——上海市英语特级教师访谈录》.上海：上海外语教育出版社.

束定芳、汤青、王蓓蕾.2020.《普通高中英语课程标准(2017版)解读：理论与实践》.上海：上海外语教育出版社.

束定芳,朱彦.2018.《基础教育阶段英语课程标准国别研究报告》.上海：上海外语教育出版社.

束定芳、朱彦、吴晓燕.2018.《栉风沐雨,春华秋实——上海市英语特级教师风采录》.上海：上海外语教育出版社.

王宗炎.2005.为开路先锋喝彩.《外语界》,2：78-80.

庄智象、束定芳.1993.论外语教学研究的三个层次.《外语界》,3：16-20.

做中学、学中做

——束定芳教授的博士生培养理念

上海外国语大学　安　琳

2009 年 5 月 1 日,在得知自己幸运地成为束老师门下一名博士研究生之后没多久,我收到了来自导师的第一封电子邮件,附件中有一份便是后来对我个人成长影响巨大的江苏丹阳中学英语教改实验(以下简称"丹阳实验")的计划初稿。导师对我和两位同届入门的博士生提出了几点要求:阅读、思考、分工列计划。

彼时的我浏览着这份题为"'集中学习、强化训练'英语教学模式实验"[①]的文件内容,有些兴奋,有些迷茫,也有些忐忑不安。兴奋的是,马上可以接触真正的外语教学实践研究了,作为一名即将开始外语教学法方向研究的博士生,机会难得;迷茫的是,中学英语教改实验究竟要如何下手,作为一名只有两年教龄的大学英语教师,着实找不到切入点;忐忑不安的是,考博前的个人积累,似乎并不能让我看到自己在这一项目中的用武之地,而博士学习似乎还未开始,就迎来了如此大的挑战,使得我在以往求学和教学中获得的自信莫名地大打折扣。我的两位同学也都或多或少和我有着类似的困惑。入门伊始,针对大家的疑问,束老师明确了我们博士学习应"从做中学"(learning by doing),丹阳项目就是我们的练兵场、修行地。现在回想起来,也是从那一刻起,恩师为我们打开了外语教学研究的奇妙世界大门,我的博士生涯也便和丹阳实验紧密地联系在了一起。

一、"六个意识"

实验之初,束老师对所有项目组成员提出要求,要求大家要有五个意

---

① 实验后期更名为"集中教学、自主学习"中学外语教学改革实验。

识：档案意识、创新意识、理论意识、精品意识、合作意识。加上他平时一直提点我们要具备的"问题意识"，这成为我博士学习期间不断用于反思自身做法的"六个意识"。

1. 问题意识

促使束老师设计和实施丹阳实验的原因之一是外语界的一个共识：中国的外语教学存在很多问题，但归根结底在中学。中国外语教学要取得突破，中学外语教改是关键（束定芳，2012a）。束老师一开始就在丹阳实验的宗旨中提到："我们实验的目的之一，是要发现'中学英语教学改革中可能遇到的问题和解决的方案'，我们是带着问题开始这项实验的：如何突破传统的'应试教学'的魔咒？ 如何改革既有的课堂教学模式，实现语言学习的课内外打通？ 如何提高学生的学习动机，自主学习能力和综合语言应用能力？ 如何帮助外语教师自主、创新，实现专业化发展？"（束定芳，2012b）循着实验目的、带着问题思考、阅读、讨论让我们高效地吸收理论知识，反思实践，快速成长，真正实现"做中学"。

束老师鼓励博士生深入了解中学英语教学现状，并敏锐地发现其中存在的问题。他常说，实验过程中必然会出现一些困难，甚至意想不到的问题，这些都很正常，但只要我们能找到产生问题的原因，及时校正，及时化解和解决问题，我们的尝试就有价值，我们就能进步。

2. 档案意识

在我读博期间，束老师不厌其烦地提醒我们要有档案意识，丹阳实验过程中的每一次进校、每一次活动、每一场研讨、每一次线上交流、每一次调研，都要落在笔头、留下记录。为此，我们建立了实验工作日历，分工撰写活动纪要，将实验相关文档和活动照片按日期排序归档，保留一手的实验语料和数据，定期撰写工作总结与反思……这些一点一滴的记录，不仅帮助我们更好地把握实验的进展，反思实验过程中出现的问题，做好对比和研究，还见证了实验的从无到有，逐渐累积成为我们成长进步的阶梯。从实验中养成的档案意识让我们的学习工作更加条理、高效。

老师说过："我们不是为了写论文、写书而实验，而是为了实验的成功而全力以赴，但同时，我们通过全程详细而科学的记录，为即时研究、改进以及以后深入、系统的研究留下资料。"

3. 创新意识

丹阳实验的实验目的之二是探索中国环境下中学英语教和学的科学方法和最优方案。束老师提出，我们的实验目标和内容以及实际操作过程中,要强调一个概念,就是"赋能"(empowering)。我们要赋予学生自主学习的能力,赋予教师创造性开展教学的能力,赋予学校管理人员高效管理和提供服务的能力,赋予研究者真实展现教学现状并通情达理地提供支持与帮助的能力(to empower the students to learn autonomously, to empower the teachers to teach innovatively, to empower the administrator to manage and service effectively and to empower the researcher to reveal and help understandingly)。这要求我们要加强创新意识,时时处处想在老师前面,主动去做,主动去思考。我们在丹阳实验中尝试创新课堂教学模式(课内外打通,学生展示),改革中学英语教学的课程设计(推行"集中教学"理念,打造展示课等特色课型,引入英语主题月等理念),探索编写和使用校本英语教材的方法(自编一套初中英语教材和配套材料),改革中学外语教学评估体系(形成性评估体系和口试机制),探索中学英语教师在职培训的路子(驻校研究员机制,教学反思与反馈,以教材使用为抓手引入课堂教学新理念等),这些都极大地锻炼和提升了我们的创新意识。

4. 理论意识

束老师鼓励我们在做教改实验的过程中,有意识地将中国特色的外语教学现实和经验教训与国际最新的外语教学理念和理论相结合。他指出,外语教学理论研究光纸上谈兵不行,需要把理论与实践结合起来。我们的教学实践需要理论的指导,如果我们的理论研究不能对外语教学实践起到实质性的引导或推进作用,不管是直接的还是间接的,都说明我们的理论研究出现了偏差,其实际价值就值得怀疑。如果我们教学一线的老师不懂理论,甚至排斥理论,那么这样的实践是盲目的实践,不但不会有进步,反而很有可能离我们的期望和理想愈来愈远,甚至背道而驰。理论和实践应该是相辅相成的。我们应该学习理论,让理论发挥指导实践的作用,同时,我们教学过程中被实践证明是好的或有效的东西需要升华到理论高度,成为推广和发扬的对象,不好的东西通过理论研究来批判和抛弃。而且,也应该通过实践,来检验我们所学习、引进的国外的相关理论或者是我们自己提出的理论是否适合中国外语教学的实际情况,我们自己能否根据我们的实践和探索为国外的同行们贡献一些中国的成功经验(束定芳,2012a)。所以,老师常要求我们广泛阅读,寻找方案理据,有章可循地开展实践创新,他也会经常和我们分享一些前沿的学术研究成果,给我们启发,开拓思维和视野。

5. 精品意识

"要么不做，要做就竭尽所能做到最好，做出精品。"这是束老师常教导我们的话。他鼓励并创造机会让我们向国内外顶尖学者请教，听取各方专家的意见和建议。丹阳实验期间，我们实验团队先后邀请了国际知名二语习得研究专家 Rod Ellis 教授、北京师范大学的程晓堂教授和上海外国语大学的庄智象教授等外语教学领域知名专家学者到访丹阳华校，为实验提供咨询建议。多次举办江苏省、镇江市、丹阳市等各个层级的教研活动，介绍实验，听取同行专家的建议。并邀请其他省份的中学教研团队到华校参加实验推广活动。

2011 年 11 月的一次丹阳教改实验观摩交流会上，湖南师范大学的白解红教授在听了两节实验班公开课和实验团队汇报后，这样评价了实验的阶段成果：

> 第一，感谢束老师及其团队，感谢华南实验学校的领导，有着中国未来教育的眼光和责任心来进行英语教学的实验。如果不从未来发展的角度讲，不从后代的未来考虑，不本着这样的责任心，可以不花力气、不费精力去找这样的麻烦。这个团队令人钦佩，张校长也很有眼光，老师们一定经历了非常艰难的内心挣扎，也经历了脱胎换骨的变化。整个过程肯定非常艰苦。这个模式我们以后很多地方都可以学习，这一经验也可以推广。在应试教育仍然猖獗和盛行的今天，学校能够这样做，非常了不起，领导们很有眼光。第二，很感叹。两年来，实验取得了非常明显的阶段性成果。今天听了两堂课，感觉基本上是我所想的应该改的那种成效，体现了自主学习的理念，可以看出课堂都是在一定的理念指导下，在教师的有效指导下，师生相互协作，共同做好的。实验班的课堂与课标的基本理念相吻合。

2010 年 12 月，丹阳实验的部分成果获教育部"基础教育课程改革教学研究优秀成果二等奖"，为外语理论界、中小学外语教学界提供了一个研究案例。

6. 合作意识

在我读书的三年期间，与我（2009 级，负责教材编写）一同全身心投入在丹阳实验当中的"战友"同学共有五位，她们分别是王蓓蕾（2009 级，负责教学评估）、耿菲（2009 级，负责课程设计）、袁燕华（2010 级，负责教师培训)、朱彦(2011级,负责课堂教学)、蒙诗茜(2011级,负责教师发展)。我们在各自负责的板块要做好统筹规划、组织协调、实施记录等工作,同时要彼此配合,协同推进项目。由于丹阳实验涉及面广、头绪多、工作量大,我们在正常的学习任务之外,要同时参与实验的设计、资料收集、实施、监督和教材编写等工作,因此,团队内部通畅的积极沟通、相互之间的默契、责任心和同理心都必不可少。在实验的不同阶段,团队中也会有对实验感兴趣的其他研究者加入或退出,我们几个博士生则一直频繁奔走在上海—丹阳之间的高铁上,面对不断蹦现出的问题,合作"打地鼠",接力批注教师日志和反思,合作编教材,分头访谈调研做记录……互相打气、倾诉倾听、缓解压力。除此之外,我们还要与实验教师合作应对实验中的方方面面,与实验学校的领导、老师、学生在重大活动、调研评估、校际交流等方面沟通合作。整个实验过程中,难以避免地会出现这样那样的小摩擦、小误会,也会有不理解和不开心的事,但是这样为了同一个目标奔波忙碌、苦思冥想、夜以继日的日子,不知不觉中锻炼了我们的意志,开阔了我们的心胸,强化了彼此的合作意识,也收获了人生路上的莫逆之交。这也离不开导师循循善诱的开导协调和宽以待人的榜样力量,帮助我们体会做事的意义和价值,平衡小我和大我、个体和团队之间的关系。

二、育苗法宝:尊重兴趣、以身为范、搭建平台、打磨历练、谆谆教诲

我想可以尝试把束老师在博士生培养上面的做法比作"育苗"。

首先,他在"选种子"方面有严苛的标准,经过上外博士生选拔考试和专业面试的层层筛选后,不论选出来的"种子"是"粮食""蔬果"还是"花草",他都会尊重学生的天性和选择,支持学生根据个人研究兴趣选择博士期间的研究方向,鼓励学生做好学习和研究的长短期规划,并提供支持、建议和指导。他这种包容大气、尊重学生的个性化发展的教育理念给了学生自由成长的空间,也更有利于鼓励创新。

特别感恩的是束老师的包容大度,尊重并支持学生的研究兴趣。记得我博士后进站的开题答辩时,我的选题是《认知语言学哲学基础的批判研究》,对当时势头正盛的认知语言学的哲学基础——具身哲学提出了反思和批判。答辩时,有些专家持有不同意见,建议我把研究重心放在具体

语言问题上,而不是哲学问题。束老师看到我在博士期间已在哲学界的权威期刊《自然辩证法通讯》上发表过论文,并且也比较认可我的开题报告。于是在答辩会上,他说:"对认知语言学的哲学基础的反思和批判还是有意义的,并且这也是她的研究兴趣。我认为还是应该尊重她的研究兴趣。"我的开题答辩最终还是顺利通过。所幸的是,我在上外的两年的博士后期间,不仅获批了中国博士后基金项目,还发表了 3 篇 CSSCI 期刊论文,其中"再论语言、思维和实在三者关系——基于科学实在论的立场"发表在科学哲学的权威期刊《科学技术哲学研究》上,该文还被《中国社会科学文摘》转载。束老师这种包容大气、尊重学生的个性化发展的教育理念不仅让我心存感激,也是我学习的榜样!(2009 级博士后 周频)

其次,束老师的专业引领是我们所追随的"阳光",他本人高屋建瓴的学术视野、对语言研究和外语教育事业所怀有的热爱和强烈的责任感以及他作为我国外语教学改革领域的"开路先锋"所肩负的使命感,激励我们不断前行,为我们树立了高远的学术目标。如若说博士学习离不开"坚持不懈"这四个字,那么,能够让我们咬牙坚持下来的最大的牵引力便是来自于导师榜样的力量。

导师为我们搭建了和世界顶尖学者交流的平台,为我们提供和国内优秀学者面对面学习的机会;导师将我国的语言研究和外语教育放在心中,博学广识,高瞻远瞩,脚踏实地!作为导师 2007 级的博士生,我为自己取得的进步自豪,又因努力和天赋不够惭愧;幸运的是,导师作为我们的灯塔,一直在,我们可以追不上,但是不迷路,一直追……(2007 级博士生 唐树华)

同时,束老师会为不同的"小苗"选择合适的、肥沃的"土壤",并安排一些"风雨考验"。老师常常为学生创造接触国际一流学者的机会,一是面对面请教的机会,二是研读讨论他们的代表作的机会。鼓励大家"经风雨,见世面"(束定芳,2019)。束老师自 2004 年开始招收博士生,主要的专业课就是与学生一起研读语言学或外语教学的经典作品,结合语言学或外语教学现实问题进行研讨。老师还利用经常组织学术活动的优势为我们创造了许多近距离接触国内外一流学者的机会,让我们从中获取学术前沿讯息,学习做研究的方法,体会做学问的门道。这为我们的成长起到了积极的作用。束老师还会为学生搭建"做事"和"将理论付诸实践"的平台。2003 年的浦东外国语学校英语教改实验、2009 年的丹阳实验、2010 年的华东六省一市大调研都是老师为外语教学方向的博士生提供的一次次难得的亲身参与实验项目和深入一线教学的机会，让"教改实验"助力博士生的学习和成长。到目前为止，束老师指导毕业的博士生已超过30人，其中大部分都获得过国家社科或教育部的科研项目。尤其值得一提的是我的师姐田臻，她的博士学位论文在2012年被评为"全国百篇优秀博士学位论文"，这是外语语言学领域的第一篇也是唯一一篇，非常难得。

束老师以严谨的治学态度、渊博的专业知识、新颖的学术观点和科学的研究方法为我们营造了良好的学术氛围，帮助我们在潜移默化中树立较高的学术目标，掌握科学的思维方式和研究方法。这些都是宝贵的财富，使我们在学术道路上受益终身。（2006级博士生 田臻）

翻看邮箱里束老师在我读博期间就丹阳项目和博士学习给我和同学发的几百封邮件，再回忆起当时在课堂、在导师办公室、在食堂、在路上，导师对我们的指点、敦促与鼓励，才意识到，导师平日里的谆谆教诲竟是最让人受益于无形的每日"灌溉"。很多话，时间越久，越能引起共鸣。

老师经常对我们说，"做科研要耐得住寂寞，板凳要坐十年冷，功夫要做十年深。要把科研作为生活的一部分，点滴积累水滴石穿"。我也一直记得他在我感到压力山大的时候对我的温暖鼓励，他说，"困难总是会过去的，再坚持一下不要放弃，向前看向前走，就会达到成功"。我永远感谢感激恩师的教诲，师恩如海，让我受益终身。高山仰止，景行行止。（2006级博士生 陈佳）

三、"做中学、学中做"

一直以来，束老师对外语教学法方向的博士生培养采用的是"做中学"和"学中做"的方法。他认为，做外语教学方面的研究，不接触实际的外语教学，不跟一线的老师和学生打交道是不可能产生有价值的成果的。因此，从2003年安排学生到浦东外国语学校调研、上课开始，束老师一直坚持带领教学理论研究方向的研究生深入学校，调查和参与外语教学改革（束定芳，2019）。

始于2009年的丹阳实验推进得不算一帆风顺，中间遇到了很多困难，但包括我在内的八名博士生（王蓓蕾、安琳、耿菲、袁燕华、朱彦、蒙诗茜、杨红燕、米保富）和四名实验教师（张迎春、周文君、李明迪、陈辉俊）都从中得到了锻炼，用"脱胎换骨"来形容也不为过。我们不仅要在短时间内根据实验目标分工开展实验设计,充当方案制定者,还要将理论知识和方案计划糅合起来,在教师集中培训中充当教师培训讲师,需要设计多种调研工具(调研问卷、访谈提纲、课堂观摩记录表、研讨记录表等),深入一线做调研员和记录者,我们要观摩课堂,做听课人和反馈者,需要即时反馈教师教学反思,充当咨询指导员,还要编写全新的一套初中英语教材,充当教材编写者、编辑、排版等角色,我们要设计各种评价工具(自评、互评量表,学生档案夹,多套口试试题,项目评估方案等),做好方案的实施者、教师培训者、监考、阅卷人和评估者,我们需要经常转录、分析数据,做数据分析员,此外还要在各种正式和非正式场合,介绍实验,做好展示者和推介人,我们需要定期进校,深入一线,做好驻校研究员和联络员,我们还要定期撰写个人反思与小结,阅读和开展研究……束老师常说:"人都是逼出来的。"我们在多重任务的历练下,短期内迅速成长起来,几乎每个人都成了多线任务小能手(Multi-tasker)。

三年学习,说长不长,说短不短,见证那些时刻紧绷一根弦、紧锣密鼓、苦中作乐的日子的,是密密麻麻的实验日历,是厚厚一叠上海—丹阳的高铁车票,是一百多 G 的实验材料,是五本如新生儿般宝贝的实验教材,是用废的电脑、录音笔,是一张张捕捉到实验某个瞬间的照片……是自己不知不觉中的成长。

参加实验项目的八名博士生中有五人的博士学位论文与该项目有关。其中朱彦的论文后来在 Springer 出版社出版,获得专家的好评。国际二语习得领域著名学者 Rod Ellis 教授也参与了丹阳的项目,还与奥克兰大学的李少锋博士和朱彦合作在实验学校进行了"任务型教学"的实验,在国际权威刊物上发表了相关论文,丹阳项目产生了积极的国际影响。2012 年,我们根据实验开展一年多以来的工作,出版了《中国特色外语教学改革探索——江苏华南实验学校英语教学改革实验纪实(2009.5—2011.1)》,详细记录了这次实验的设计、实施、存在的问题等,为外语理论界和中小学外语教学界提供了一个研究的案例。该成果得到了业内许多专家的高度评价。同年,《外语与外语教学》第五期的专栏"外语教育教学研究"刊登了束老师和我们博士生团队围绕丹阳实验项目撰写的五篇系列论文,完整呈现了课题组在丹阳华南实验学校就需求分析、课程设计、教材编写和使用、课堂教学、教学评估、教师发展这几方面进行的改革探索,所取得的一些初步成果,以及积累的经验和教训。

当年参与这项实验的几位中坚力量,如今也成为束老师创立的上海市英语教育教学研究基地的兼职研究员,其中,王蓓蕾负责高中学段的工作,安琳负责初中学段的工作,朱彦负责小学学段的工作。我们仍旧跟随着导师的脚步,仍在默契地配合着开展基地的各项工作,仍然奋斗在基础英语教学领域,用我们微薄的力量,践行着当初的使命:为我国的外语教育事业做一些有意义的事。

　　就像束老师讲的,"用自己的知识和行动,帮助一些有需要的人,做一些有意义的事,在专业领域作一些贡献"。

参考文献:

Li,S.,Ellis,R.,& Zhu,Y. 2016. Task-based versus task-supported language instruction:An experimental study. *Annual Review of Applied Linguistics*,36:205 - 229.

Li,S.,Zhu,Y.,& Ellis,R. 2016. The effects of the timing of corrective feedback on the acquisition of a new linguistic structure. *The Modern Language Journal*,100:276 - 295.

Zhu,Y. & Shu. D. 2017. Implementing foreign language curriculum innovation in a Chinese secondary school:An ethnographic study on teacher cognition and classroom practices. *System*,66:100 - 112.

Zhu,Y. 2018. *Language Curriculum Innovation in a Chinese Secondary School: A Study of Teacher Cognition and Classroom Practices*. Springer.

安琳.2012a.基础阶段英语教学改革中的校本教材开发实践探索.《外语与外语教学》,5:10 - 14.

安琳.2012b.教材对教师信念和教学行为的影响研究.上海外国语大学.

耿菲.2012a.中学英语课堂中学习者学习自主性培养的实证研究.《外语与外语教学》,5:6 - 9.

耿菲.2012b.通过口语展示课发展中学生自主学习能力的实践探索.上海外国语大学.

束定芳.2012a.《中国特色外语教学改革探索——江苏华南实验学校英语教学改革实验纪实》.上海:上海外语教育出版社.

束定芳.2012b.中国特色外语教学模式的探索——基础阶段外语教学改革实验的一次尝试.《外语与外语教学》,5:1 - 5.

束定芳.2019.中国改革开放 40 年与我的外语教学和研究之路.《外语教学》,1:17 - 20.

王蓓蕾.2012a.基于学习档案的基础阶段英语学习评估机制探索.《外语与外语教学》,

　　　5：15－19.

王蓓蕾.2012b.基于学习档案的英语学习者自主能力培养研究.上海外国语大学.

袁燕华.2012.校际合作、准确定位——我国外语教师培训的有效途径.《外语与外语
　　　教学》,5：20－23.

袁燕华.2013.多元互动英语教师校本教育模式：理论与实践.上海外国语大学.

朱彦.2014.课程改革下中国初中外语教师认知与课堂教学行为的人种志研究.上海
　　　外国语大学.

第四期"上海市普教系统名校长名师培养工程"高峰论坛：构建基础外语教育新生态

——束定芳外语"高峰计划"项目论坛综述

华中科技大学　　陈　　西

2020年12月16日上午,由上海市教委人事处和华东师范大学教师教育学院联合主办、上海市英语教育教学研究基地承办的第四期"上海市普教系统名校长名师培养工程"高峰论坛：构建基础外语教育新生态——束定芳外语"高峰计划"项目论坛在上海外国语大学举办。出席活动的有来自全国高校的知名外语教学专家,上海外国语大学领导,华东师范大学教师教育学院代表,全国师范大学外语学院院长或主持基础教育工作的负责人,来自上海的外语名师、教研员、特级教师和双名工程主持人,部分江苏、浙江的教研员、英语教学名师,上海外语教育出版社领导和部门负责人,上海市英语教育教学研究基地的专兼职人员等百余人。

论坛开幕前,上海市英语教育教学研究基地吕晶晶副教授介绍参加会议的嘉宾并向与会者表示热烈的欢迎。论坛由华东师范大学教师教育学院程晓副教授主持,分为束定芳外语教育思想研究述评、束定芳教授关于"构建外语教育教学的新生态"的发言、上海外国语大学领导致辞、专家代表研讨、论坛总结等五个环节。

一、从学者到参与者、引领者——束定芳教授外语教育思想研究述评

华东师范大学教师教育学院郭宝仙教授首先作了题为《从学者到参与者、引领者——束定芳教授外语教育思想研究述评》的报告,包括研究背景、束定芳教授的外语教育研究与实践、束定芳教授的外语教育理念与

主张、思考与感悟等四个主要部分。郭教授介绍,此次论坛是华东师范大学教师教育学院承担的上海市教委第四期"双名工程"高峰计划:"上海名师教学思想提炼计划"的一项工作。该项目主要有两个目标:一是提炼、传播名师重要思想;二是探索名师的专业成长规律。她带领的华东师范大学项目组通过对束定芳教授的论著和教材等成果的阅读分析和对束定芳教授本人、一线教师、英语教研员、特级教师等的访谈,形成了包括访谈录和思想提炼初稿等阶段性成果。

　　郭宝仙教授从四个方面阐述了束定芳教授的外语教育研究和实践,包括研究概况、外语教育调研与实验、教材编写和上海基础外语教育改革实践。郭教授基于文献分析指出,束定芳教授的研究领域跨越语言学和语言教学两个领域,其中语言教学领域研究成果更为丰富,其论文与著作被引用和被下载频率之高在文科领域也比较少见。束教授不仅理论研究成果丰硕,还开展了大量的外语教育调研与实验,涉及中国人外语学习规律,大、中、小学外语教学的重要方面,如中国外语学习者关键期研究、大学生英语自主学习实验、宁波诺丁汉大学英语教改实验、小学英语课开设情况调查、上海市双语教学情况调查、上外附中双外语和多语学习调研等。束教授还主持编写了多套大、中、小学英语教材和学习资料,如"新世纪大学英语系列教材"、《高中英语》(上外版)等。束教授担任上海市英语教育教学基地首席专家后,依托基地在上海基础英语教育领域开展了一系列教改研究与实践活动,如建立基地联系学校开展教学改革研究、提供高质量教师培训活动、创办基础英语教育刊物(包括国际刊物 *Language Teaching for Young Learners*、中文刊物《英语教学与研究》)。

　　郭教授指出,束定芳教授的多元身份(学者、中学校长、学刊主编、教材主编等)、专业领域(语言学、语言教学等)和研究学段(大学、中小学)使他对我国的外语教育有着多视角、多层面的研究与实践,这是他作为名师的独特性特征。束教授的外语教育理念与主张内涵丰富,例如,中国人外语学习特点和规律、外语教学改革"十六字方针"、外语教育规划与科学定位、整合性课程观、学生中心的教材观等等。郭教授认为,从束教授及其外语教育研究中,我们至少可以获得两方面的启迪:一是束教授所倡导和践行的外语教育研究与改革的路径,包括顶天立地,开展研究、继承与发展,理论联系实践和多元融合等四个方面;二是束教授的个性品质,如强烈的责任感与使命感、坚定的信念、坚持不懈的精神,实事求是、敢说真话、谦和儒雅与团结合作等在他的专业发展中发挥了重要的作用。

二、构建外语教育教学的新生态

上海外国语大学教授、上海市英语教育教学研究基地首席专家、上海市"双名工程"英语学科高峰计划主持人束定芳教授做了题为"构建外语教育教学的新生态"的发言。束定芳教授首先感谢了上海市教委、上海外国语大学领导和有关部门、所有与会人员对英语基地和他本人的支持。束教授认为外语教育教学是一个由政府系统、社会系统、家庭系统、学校系统、个人系统构成的生态系统。该系统涉及国家层面的语言政策、社会层面的外语意识、教育教学资源，学校层面的教学管理，家庭层面的外语学习支持，以及学习者个人层面的学习动机、学习付出和学习方法等。只有外语教育生态体系中各参与方各尽其责、协同合作，外语教育教学才能不断优化、不断进步。束教授通过分析上外附中、曹杨二中、上海市高中英语新教材编写等三个外语教育教学的成功案例，阐释了构建外语教育教学的生态体系的重要性和可行性。

束教授表示，根据上海市教委对学科基地的定位，英语基地做的工作需要"顶天立地"："顶天"指的是对接国家需求、国家标准、国际水平；"立地"指的是扎根教学实践，对接学校一线教师需求，对接学生实际情况和实际需求。英语基地为上海的基础外语教育教学生态体系注入了新元素和活力，产生了积极的影响，也将进一步影响中国外语界外语教学理论研究的取向，影响外语教学实践，进而影响中国的教育，影响中国的未来。

三、上海外国语大学领导致辞

上海外国语大学党委书记姜锋在致辞中指出，当下学习外语已经从一个现象级的学习进入到一种系统的学习、生态的学习。姜锋书记回忆多年前在教育部外语处的工作经历，感叹外语顶尖人才的稀少，希望能有中国特色的外语教学理论来指导外语教育实践，提高国人外语学习的效率。姜锋书记指出，高素质外语人才培养不仅是个人和家庭层面的需求，也是国家整体的战略需求。我国目前外语教学实践丰富，但是抽象到理论层面的研究比较欠缺，这也说明上海市"双名工程"高峰计划在凝练优秀外语教学理论方面具有重要作用，体现出其对教育学的规律，以及教师、研究者、实践者的尊重。

　　姜锋书记强调，目前中国已经到了一个新阶段，进入世界舞台的中央，我们的外语教育应着力培养能适应、参与甚至是主导国际事务的人才。姜锋书记援引习近平主席关于学外语和全球治理之间关系的讲话，提出未来学校应该努力培养具备规则制定、议程设置、理论宣传、统筹协调四个方面能力的人才，并分析了外语教育应该如何培养学生这四个方面的能力。姜锋书记指出，今天的活动虽然冠以束老师的名字，但代表的是在座的各位学者和各位一线的老师们辛勤的探索，整个外语教育就是一个事业、一个生态，在座的各位同仁都是这个生态里的一部分。

四、专家代表研讨

　　在随后的专家代表研讨环节，上海外国语大学教授、上海外语教育出版社原社长庄智象在发言中指出，束定芳教授外语教学研究最大的特点是把学术研究扎根在中国大地上，把论文写在中小学外语教育教学的土地上。庄智象教授指出，中国有最大的外语学习人口，但是理论研究缺乏总结梳理、提炼和概括，没有完全建立中国特色的理论体系和实践体系。他建议未来要致力于构建中国特色的外语教育实践体系，关注中小学外语教育教学的理论和实践研究，希望英语基地在中小学外语教育领域的研究能够作出更大的贡献。

　　上海外国语大学教授、教育部高中和义务教育英语课标修订组组长梅德明教授在发言中指出，英语基地在教材编写过程中关注课标，注重听取国内外专家团队意见，表明束定芳教授是一个拥有整体观、系统观、生态观的基础教育教材主编，也是一位有国际视野、打通国际教材研究、教学理论研究与教材编写实践的学者。根据国家的战略需求，未来的教育要在义务教育阶段和高中阶段为大学和社会输送有创新精神和创新能力的人才。

　　东北师范大学原副校长张绍杰教授在发言中强调，束定芳教授是扎根于基础外语教育实践、构建中国外语教育特色理论的倡导者和引导者。张绍杰教授指出，21世纪初，中国的师范教育发生了一个重大战略转变，即从师范教育转向教师教育，打破了原来由师范院校独立承担师资培养的局面，高水平大学也参与到了教师教育和师资培训。张绍杰教授呼吁师范大学承担起国家赋予的历史责任和使命，进一步做好基础外语教育研究。

　　湖南大学外语学院院长刘正光教授在发言中表示，束定芳教授对外语基础教育初心不改，一往情深。40年始终不改，是坚守的40年，奉献的

40 年,春华秋实的 40 年,成功的 40 年。他认为束教授始终是对基础外语教育各阶段开展外语教育改革的践行者。无论是担任上外附中校长追求卓越,还是推动英语基地建设面向未来,束定芳教授在外语教育领域的探索和实践均体现了一个外语人的情怀与担当。

上海市第三女子中学原校长、上海市特级教师何亚男老师回忆了束定芳教授担任上外附中校长期间推动课程改革和教师发展所做的工作。她指出,束教授打开了上外附中的校门,使其他学校的教师有机会走进上外附中,也使得附中的教师有机会参与上海市的教研活动。何老师认为束定芳教授作为一名学者,他的教材观、教师观使得他在基地工作以及教材编写过程中,吸收了众多一线优秀教师参与教材编写实践,提升了一线教师的理论和实践水平。

上海市教育委员会教学研究室高中英语教研员、特级教师汤青在发言中谈到,近年来,她作为一名教研员在与束教授等高校学者的对话和交流中收获良多。特别是在高中英语新教材的编写、审核和试用过程中,束教授和一线教师之间的平等沟通和交流有力促进了教师的专业发展,提升了教材的质量和接受度。

北京师范大学程晓堂教授在发言中提出,束定芳教授在国内外外语教育界的学者中与众不同,因为他既研究语言学,也研究外语教学;既研究高校外语教学的问题,也研究中小学外语教学的问题;既研究理论,也研究实践;同时,他在外语教学领域,既有批判精神,又有创新精神。

华中科技大学徐锦芬教授在发言中指出,束定芳教授在外语教学、学术研究和刊物编辑等方面所作出的贡献彰显了一名优秀学者的严谨治学和责任担当。束教授也是基础外语教育领域求真务实的践行者。首先,他扎根中国基础外语教学实践,广泛调研,大胆探索。例如束教授带领课题组于 2001 年调研了上海市 20 多所小学,内容覆盖大纲和课程标准、教材使用、课程设置、资质情况、课堂教学、学生学习动机与兴趣、学习方法与效果等外语教育研究的重要方面。其次,他引领英语教育教学研究基地积极为基础外语教育和一线老师服务,在教材编写、课标研究和教师教育三项重点工作上,都取得了丰硕的成果,产生了非常积极的影响力。

五、论坛总结

最后,上海外国语大学党委副书记钱玲作论坛总结发言。钱玲书记指出,改进和提高我国外语教育教学对于个人、家庭和社会,特别是对于整个国家战略发展以及当代人才培养具有非常重要的意义。钱玲书记认为,束定芳教授多年来身体力行,将理论与实践结合、理想与现实结合,在外语教学研究和实践中大胆创新,提出了非常有价值的外语教育教学观点和建议,取得了丰硕的成果。例如束定芳教授在担任上外附中校长的三年间,付出了非常多的心血和努力,在学校的管理、教育教学,特别是教师发展和学生成长等方面做了大量的工作,为学校搭建和开拓了很多的平台,取得了非常丰硕的成果。

钱玲书记认为,上海市"双名工程"高峰计划不仅仅满足于促进一所学校、一个个体的成长,更是希望通过这一计划形成中国特色、上海水平的成果。她衷心地希望,束教授在外语教育教学方面的思想、理论和实践,能够进一步得到传播、落地、开花、结果,让更多人得到启发,从而改进自己的教育教学和社会实践。

此次论坛围绕束定芳教授的"构建基础外语教育新生态"的教育理念展开,对凝练束定芳教授的外语教学思想、探索其成长规律具有积极意义,对推动我国外语教育理论和实践发展将产生十分积极的影响。

数字化环境下英语教学方式与学习方式变革研究

（第四期"上海市普教系统名校长名师培养工程"中期研究报告）

摘要： 本课题旨在对现代化信息技术条件下基础阶段外语教学课程理念、课程体系、课程内容和授课方式与学生外语能力评价手段等进行研究和实践探索。课题分调研、实施和辐射几个阶段。目前已完成了调研阶段，进入初步实施阶段。通过对上海市 9341 名英语教师的大规模问卷调查，课题组调研了上海市中小学英语课程是否适应信息化时代的发展。调研显示上海市信息化英语课程已具备一定的条件，但是存在设施不均衡，教师使用比例不高的问题；英语教师对于信息化英语课程的认同感高，具备一定的信息素养，但是缺乏理论和方法指导，实践水平不高。实施信息化英语课程面临技术支持缺位，优秀案例及资源稀缺等困难。

在课题的初步实施阶段，课题组首先对上外附中的课程体系进行了梳理和重新设计，目前已初步开发了"中国文化"慕课系列和"经典阅读"课程，"中国与世界"课程也已进入实质性的启动阶段。

关键词： 数字化；中学英语；课程；变革

一、研究针对的问题、目标与内容

本课题旨在对现代化信息技术条件下基础阶段外语教学课程理念、课程体系、课程内容和授课方式与学生外语能力评价手段等进行研究和实践探索。主要研究目标：（1）了解上海市中学师生对信息通讯技术（ICT）运用于英语教学的信念的态度，形成研究报告；（2）结合上外附中和相关联系学校的实际情况，探索开发智慧英语课程实施方案。具体研究问题包括：如何构建与课程目标对应的课程体系？如何实施课堂教学的线上线下融合？如何利用数字化手段和资源实施课堂教学模式创新？

如何通过数字化手段实行外语教学和学生外语学习情况的在线评价？
(3)数字化环境下英语教学范式与学习范式探索。如何配合高中新教材
的使用，做好配套电子资源的使用？如何结合教育部有关线上线下课程
融合的要求，探索高中英语教学的课内外学习的融合？

二、国内外研究综述

大数据、人工智能等新兴技术快速融入人类社会的各个领域（何克
抗，2019：5—12），当信息技术深度融入教育教学将形成一种高度智能的
信息化学习生态环境（杨宗凯等，2014：88—95）。学习者信息化的课外学
习已较为普遍（Conole，2008：124—140；Steel & Levy，2013：306—320；
Lai *et al*.，2018：114—143），而外语课堂教学却与信息技术的发展、与学
生课外学习方式的变革明显脱节（Van Praag & Sanchez，2015：288—
303；Kessler，2018：205—218）。因此，外语教学的传统范式必须得到改
造和重新构建（陈坚林、马牧青，2019：12—17）。教育部《关于实施全国中
小学教师信息技术应用能力提升工程 2.0 的意见》提出信息技术应用能
力是新时代高素质教师的核心素养，但目前"仍然存在着信息化教学创新
能力不足"、"支持服务体系不够健全等问题"（教育部，2019）。在此背景
下，提升信息技术应用能力的第一步应当是开展需求分析，基于一线教师
调研信息技术与外语教学融合的现状。

信息技术的发展，便捷的移动设备、高速网络覆盖、五花八门的外语
学习软件、丰富的视听资源、在线课程、网络游戏及社交媒体等为外语学
习提供了新的可能性。融入技术的外语教学有助于创设真实丰富的语境
（Kim & Rissel，2008：61—80），促进语言教学的互动活动（Golonka
et al.，2014：70—105），提升学习者语言技能（Zou，2013：83—99；Romeo
et al.，2017：681—696）和学习者自主（Luke，2006：71—86），增强学习动
机和跨文化意识（Wang & Coleman，2009：113—129），训练学生问题解决
以及高阶思维等（Tsai，2013：111—127）。信息技术对于外语学习的给养
（affordances）需要教师将其深度融合到课程中，因此相关教师信息技术
应用标准或行动计划相继出台。如欧盟 2018 年发布的《数字教育行动计
划》（Digital Education Action Plan），提出欧洲教育工作者数字能力框架
（European Digital Competence Framework for Educators），指出教育工
作者必备的五项数字能力：信息和数据素养、沟通和协作、数字内容创作、

安全健康和解决问题(European Commission,2018)。美国国际教育技术协会(International Society for Technology in Education,简称 ISTE)提出的教师标准第一条即教师作为学习者,通过不断学习,利用技术促进学生的学习(ISTE,2019)。TESOL 在 K12 教师职前准备标准中也指出教师教学要选用合适的数字资源(TESOL,2019)。我国《教育信息化2.0 行动计划》提出大力提升教师信息素养,推动教师主动适应信息化、人工智能等新技术变革,积极有效地开展教育教学(教育部,2018)。

尽管如此,语言教师的技术融合却并不理想(Grosse,1993:302—312;Li & Walsh,2011:99—125;Liu et al.,2017:1—21;Yang & Huang,2008:1085—1103;Kessler,2018:205—218),存在动机不足、信息化教学培训缺位等问题(Borthwick & Gallagher,2014:163—183)。技术接受模型(Technology Acceptance Model,TAM)认为个体使用技术的行为意向决定其实际技术使用,而行为意向又受个体对技术使用态度的影响(Davis et al.,1989:982—1003)。感知有用性和感知易用性是决定技术使用态度的最重要的因素。感知有用性是最常见的预测信息技术使用的自变量(Jeyaraj et al.,2006:1—23),但是对于语言教师信息技术感知有用性与使用意向的研究相对较少(Liu et al.,2018:396—414)。感知易用性也是最常见的预测技术使用意向的因素之一(e. g.,Davis et al.,1989;Teo,2010:227—239),且常被等同于计算机能力,如 Li(2014:105—119)发现虽然教师们具有一定的技术使用知识,但是对教学实践并不自信,这可能是语言教师较少使用技术的一个关键原因。在此理论框架下,教师对技术使用的态度是决定其接受并在教学实践中使用技术的关键因素(Liu et al.,2017;Regan et al.,2019:1—19),因此研究教师对技术使用的态度,可以预测其实际的技术使用。

近年来信息化外语教学是国际研究热点(陆成定、陈美华,2019:58—64),已有研究表明我国英语教师对于信息化意识较强,态度积极(He et al.,2015:189—201;Liu et al.,2017:1—21),但信息化设施与资源多用于备课、授课环节(方秀才、陈坚林,2018:57—62),信息化评价、指导学生利用信息技术开展自主学习等实践较少(王宾香,2018:101—104 + 128;张松松等,2016:70—74)。Li & Walsh(2011)对北京地区 400 名中学教师的调查发现,英语教师已具有一定的信息素养,学校具备计算机技术的条件,然而计算机使用仅限于 PPT 展示图片、语法点和句子结构等,Li(2014)的跟踪研究显示现状并未改观。国内的研究大多集中在高等教育领域,鲜有文献报告基础教育阶段英语课程信息技术的融合情况。《教育信息化十年发展规划(2011—2020 年)》(以下简称《规划》)提出缩小基础教育数字鸿沟,推进教育技术与教学深度融合的设想(教育部,2012)。根据《规划》,目前我国基础教育已进入信息技术与教育教学深度融合的发展阶段。信息化外语课程承载着信息技术与外语教学的深度融合,体现"技术与课程无缝对接、隐性渗透、融为一体"的过程(胡加圣、靳琰,2015:115)。教师则是深度融合的实践者。那么外语课程信息化建设的实际情况如何? 外语教师的信息素养如何? 信息化是否贯彻到整个英语课程,实现深度融合? 中国学生发展核心素养以培养"全面发展的人"为核心,在英语学科课程建设中,如何借助现代信息技术促进全人教育? 这些都是非常值得研究的课题。学界迫切需要开展全面、深入的调查了解中国基础教育阶段信息化英语课程实施现状。

三、研究过程与方法

1. 基础教育阶段信息化英语课程实施现状调研

本研究沿用 Liu *et al.*(2018)的做法,在 TAM 和 UTAUT 模型的基础上,研究信息化教学实践的情况,而非仅仅考虑教师信息技术使用的意向。其次,考虑到社会文化因素对中国外语教师技术使用具有显著的影响(Li,2014),本研究将普通高中英语课程标准(2017 版)(以下简称新课标)中有关信息化的叙述设计为课标信念问卷,即教师如何看待新课标中对于信息化外语教学的观点,研究社会影响因素(Venkatesh *et al.*,2003)。再次,本研究还考察了性别、年龄、教龄、学段、学历、辖区等因素对信息技术与英语课程的融合的影响。

本次调研主要回答以下几个研究问题:

(1)上海市中小学信息化英语课程设施与资源建设现状如何?

(2)上海市中小学英语教师对信息化英语课程的看法如何?

(3)上海市中小学英语教师信息素养与信息化教学实践情况如何?

(4)上海市中小学信息化英语课程在实施过程中面临哪些困难与挑战?

调研发现,外语教学信息化融合的困难包括应试导向、教师权威、教材中心的传统课堂结构(王娜、张敬源,2018:3—7;Son,2018:15)。本调研中半数教师认为实施信息化课程的困难在于"缺少合适教学内容或素材"及"应试压力",这与传统的课堂教学方法关系密切(He *et al*.,2015),缺少服务于现行课堂教学方法的合适资源,以及以考试为驱动的语境阻碍了信息化与英语课程的深度融合。如一位来自崇明区的教师谈到"信息化的最大障碍就是应试教育,只要不再以考试成绩论英雄,教师的手脚就不会受到束缚,才能还原学习外语的初衷"。

在我国语境下,政策引领尤为重要,而我国教师信息素养标准迄今为止共出台过两项,2004 年《中小学教师教育技术能力标准(试行)》与 2014 年《中小学教师信息技术应用能力标准(试行)》,间隔长达 10 年,这显然与信息技术迅猛发展的态势及其融入教育的速度是不同步的(马欣研、朱益明,2019:51—59)。国家相继出台的教育信息化文件,中小学一线教师的知悉度并不高,那么政策制定者是否应该考虑信息化文件的落地方式?这样才能真正发挥政策的引领作用。教师理念上重视现代信息技术应用,才有可能去提升信息素养,开展信息化教学活动。

本次调研的主要启示是:首先,应用驱动,深度融合。健全信息化课程的服务体系,完善设施,持续提供信息技术服务;探索适合学校实际情况的信息化与英语课程相融合的路径,特别是对现有资源的整合,提高使用率,以用促学。其次,范例辐射,联动共享。基础教育信息化的任务之一就是缩小数字鸿沟,具备信息化发展条件的学校和地区需要开展理论和实践探索,提供实践的样板,并积极辐射,带动区域或更大范围内实践水平的提高。再次,重塑角色,提升素养。面向未来的教育,教师不再是知识的传授者,而是要帮助学生基于发展核心素养,重新构建英语学习路径;提升教师的数字素养,在态度、知识、技能等几个维度提升教师信息化教学实践水平;有效的信息技术融合外语课程的培训应当通过实训活动、长期持续的学习、自我反思、同伴互助等方式开展(Desantis,2012:51—54)。开展职前与职中的信息化教学分层培训,考虑不同群体教师的特点与需求。

2. 校本特色课程的开发

根据《普通高中英语课程标准(2017 版)》要求,课题组结合上海外国语大学附属外国语学校英语课程改革方案,学校培养目标等对新时期外语课程进行了设计,形成了以下课程板块(见下页图1):

在此基础上,课题组决定以微课和慕课为载体,将上外附中的优质英语课程打造成可以在线共享的课程体系。同时,建设"中国与世界"英语综合课程,以培养具有国际视野、家国情怀的国际化预备人才为目标,突

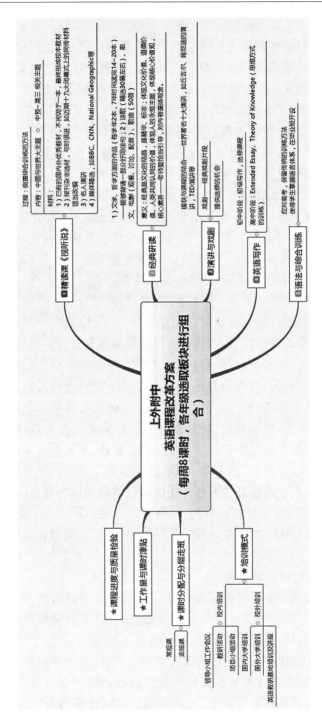

图 1　上海外国语大学附属中学英语课程改革方案

破不同学科知识和内容的界限,以现实问题和主题知识为线索,培养学生的多语言理解与表达能力;建设以"模联"为载体的"语言实践＋知识探究＋跨文化交流"的跨学科课程体系,引领学生学会学习,运用综合知识分析并解决问题,切实帮助学生全面提高英语学科核心素养。

具体的计划是:在初一至高一阶段,开设"英语演讲与戏剧"课程;在初三、高一、高二阶段,根据学生的实际情况,开设"英语写作";同时,针对初三、高三学生参加升学考试的实际需求,开设"英语语法与综合训练"课程;并推动"模联""课堂演说""名著整本阅读"等活动课内课外的互动与融合。

3. 数字化课程的开发

课题组根据课程计划,开发了"上外附中初高中英语精读阅读书目"。该项目的实施遵循了以下几条重要原则:(1)反映世界文化;(2)古代现代兼顾;(3)题材、体裁大致平衡;(4)7年要有个梯度,至少初中高中难度、篇幅比较明显;(5)符合立德树人、核心素养的要求;(6)符合上外附中办学目标和英语特色。目前,该书目已经编辑成稿,并配以录音,在学校早读课试用。在此基础上,项目组将探索如何利用现有的信息手段和网络资源,将学校的其他优质教学资源,以及国内外优秀教材的内容,通过移动网络手段定点定时推送给不同年级有不同需要的学生,同时,利用大数据分析的手段,了解学生的学习情况,改进推送与评价的方式,促进学生和老师的双向互动。

4. 项目与课程研讨

2019年12月25日,上海市英语教育教学研究基地、上海外国语大学附属外国语学校主办的"教育部义务教育英语学科课程标准修订组部分专家考察指导活动"在上海外国语大学附属外国语学校举行。本次活动邀请到了教育部课标组专家上海外国语大学梅德明教授、南京大学王守仁教授、北京师范大学程晓堂教授、上海市教委教研室高中英语教研员汤青老师、上海市教委教研室小学英语教研员祁承辉老师、上海市英语特级教师何亚男老师、吴小英老师、余正老师、陆跃勤老师、朱萍老师,以及上海市各区英语教研员前来考察指导。此外,上海市英语教育教学研究基地研究人员、上海市英语教育教学研究基地合作校代表、虹口区教师专业人才梯队高中外语束定芳研修团队、上海外国语大学附属外国语学校(下称"上外附中")部分教师也出席观摩了此次活动。

本次模联展示活动的主题为"东非铁路的建设"。本次参会的代表站在三个不同的立场,因此也形成了三大阵营,一方是中国政府和企业的七位代表,他们是这项工程的承办方;另一方是非洲国家代表,他们是接受援助方;而还有一部分代表则由"一带一路"部分沿线国家代表组成。在代表们就部分问题达成相对一致意见后,主席宣布召开一次记者招待会。各个媒体依次对代表进行提问。其中西方国家媒体对于中国政府与非洲国家的一系列发言将提出质疑,每家媒体的提问对象都由各自的国际立场与代表在场上的发言内容决定。最后,媒体团根据问答的内容,撰写有关此次会议的纪实性报道,概括所达成的共识。在模联社团带来的精彩展示后,谢悦聪同学作为学生代表发言,讲述了他的模联参会心得。

　　上外附中学生发展中心副主任陈烨君老师和英语组汪雪莲老师分享了上外附中模联活动的开展情况。上外附中模联社团以"跨语种交流,多平台展示;跨文化融合,多渠道合作;跨学科竞争,多领域学习"为发展理念,学生参与度高,凸显了学生自主学习的理念,很多学生通过线上各类专业网站和相关国家、机构网站的访问和资料收集和学习,获得了丰富的学科知识和有关非洲与国际关系方面的知识,同时,通过线上线下与同学和老师交流,形成自己的观点,并学习如何用外语更好地表达自己的思想。这样的学习方式与新课标所提倡的"项目式""探索式"学习理念高度吻合。谢悦聪同学在发表的学习体会中说:"在当今英语的学术竞赛中,学术准备、演讲、辩论、写作等词似乎成为联系紧密的关键项。而一场完整的模拟联合国会议则是对于这些上述内容的综合运用和体现。在今天的'一带一路'会议开始前,我们代表团提前一个月就开始进行学术资料的准备。联合国对于事件的官方定义,国家政府的立场论述,媒体以及学者的第三方评论,这些内容在完善我们所讨论议题的理解的同时,也在锻炼我们对于资料的阅读和剖析能力。在会场上时,有组织核心磋商的讨论给予了我们结合各类知识进行即兴演讲的机会,而工作文件的 Q & A 以及对于其他代表不同意见的修正与吸收又是在辩论中常用到的技巧。除此之外,书写立场文件,工作文件以及决议草案的经验也让我们学会了怎样运用精准的措辞以及缜密的逻辑去思考处理问题。对于英语能力的综合运用在当今世界的沟通中已是十分重要,而模联正是提供给这种综合能力锻炼的最好平台。"

　　梅德明教授高度赞扬了上外附中学生们的模联展示活动。他认为模联不在于"模",而在于"联",模联活动是把学科知识和全球化思维联系起来,体现了学科核心素养的有效融合,体现了外语学习课内外融合的理念。王守仁教授认为上外附中的模联展示充分体现了"英语学习活动观",学生通过交流、交锋、交融,沟通合作、达成共识、求同存异。程晓堂教授从话语分析的角度提出了"提高说话逻辑和质量"的期待。何亚男老师高度肯定了上外附中对外开放其英语教学活动的意义,并以"感动"为关键词,谈了自己的观摩感想。吴小英老师、余正老师、汤青老师、祁承辉老师和陆跃勤老师,在肯定学生表现的同时,也对课程实施、语言表达等方面提出了更高的要求。来自世界外国语中学的朱萍老师在惊叹于上外附中学生表现的同时,也表达了搭建起两校交流的桥梁的愿望。

在下午的活动中,上外附中英语教研组组长周琳燕老师首先向各位嘉宾介绍了上外附中的英语课程体系和英语教学改革的举措与初步成果。在教研组的严冬老师进行公开课展示前,中预年级备课组长朱橙老师就本次公开课的教学设计作了详细说明。本次公开课的主题为"Pangu Separates the Sky and the Earth",公开课主题紧贴上外附中2019年国际文化月的主题。在展示课中,执教老师以中国神话里的生命起源为出发点,通过环环相扣的活动设计有效激活学生思维,赋予学生充分的课堂自主权,引导学生共同探索不同文化中的同类型故事,培养学生持续学习的习惯和探究能力。在点评环节,专家们高度评价了本堂课的设计与师生的表现。大家一致认为这是一节以学生为中心,有思有学,充分体现了英语学科核心素养的课;同时,专家们也从语篇解读、目标定位、教师评价等角度提出了宝贵的建议,供老师们研讨借鉴。在课程建设方面,专家们希望研究人员和一线教师能从实证研究出发,提炼总结现有的经验成果,提供更多优质的课程资源在全国范围共享,让上外附中成功的外语教学模式走进更多的学校。

四、阶段研究成果

1. 基础教育阶段信息化英语课程实施现状研究报告

调研显示,上海市基础教育阶段信息化英语课程已具备一定的条件,但是存在信息化设施不均衡,教师使用比例不高的问题;教师对信息化课程的认同感高,具有一定的信息素养,教学实践中有所尝试,不同学段、年龄、教龄、辖区、学历的教师存在显著的组间差异;教师对信息化英语课程的看法与其信息素养、教学实践显著正相关;从教师的视角来说,中小学信息化英语课程实施面临教师内在因素与外在因素两个方面的困难。

2."中国文化"慕课

2019年上外附中英语组结合课程改革中"中国与世界"板块的探索经验,尝试信息技术与教育深度融合,推出了《中国文化》英语慕课,已于2019年10月在上海市高中名校慕课平台上线。

3. 选编英语"经典阅读"书目

课题组选编了上外附中"经典阅读"初中和高中篇,配以录音,在学校各年级晨读课试用。

五、阶段反思与后续展望

上海市基础教育阶段信息化英语课程调研的主要启示是:

首先,应用驱动,深度融合。健全信息化课程的服务体系,完善设施,持续提供信息技术服务;探索适合学校实际情况的信息化与英语课程相融合的路径,特别是对现有资源的整合,提高使用率,以用促学。

其次,范例辐射,联动共享。基础教育信息化的任务之一就是缩小数字鸿沟,具备信息化发展条件的学校和地区需要开展理论和实践探索,提供实践的样板,并积极辐射,带动区域或更大范围内实践水平的提高。

再次,重塑角色,提升素养。面向未来的教育,教师不再是知识的传授者,而是要帮助学生基于发展核心素养,重新构建英语学习路径。提升教师的数字素养,在态度、知识、技能等几个维度提升教师信息化教学实践水平。有效的信息技术融合外语课程的培训应当通过实训活动、长期持续的学习、自我反思、同伴互助等方式开展(Desantis,2012:51—54)。开展职前与职中的信息化教学分层培训,考虑不同群体教师的特点与需求。最后,引用一位教龄10年以上教师的原话"不能流于形式,为了信息化而信息化",将信息技术融入外语教学并不代表好的教学必须用到技术(Golonka *et al.*,2014;Chun *et al.*,2016:64—80),技术归根结底只是一种手段,是一种为教学主体服务的辅助性工具,而并非教学主体本身,亦非教育的宗旨与目标(束定芳,2019:16—23)。

本课题也存在一些不足:首先,本研究信息化教学实践的数据来源于教师的自我报告,可能不一定反映其课堂信息技术使用的全景,因此未来研究需要加入课堂观察,以更准确地呈现教师教学中的技术使用的全貌。

其次，本研究聚焦于上海市的中小学信息化英语课程，要体现我国基础教育阶段信息化英语课程全貌还需要更大范围省市自治区的大规模调研。

本课题下一阶段的工作初步安排：

（1）调研线上教学现状

（2）开发并优化校本课程，包括慕课或微课等

（3）构建数字化背景下的外语课堂教学方式

（4）探索数字化环境下英语教师角色转换

（5）建设高中英语学习资源与能力测试平台

（6）新教材网络资源建设

本课题的最终预期成果如下：

（1）系列论文

（2）网络课程，包括慕课和微课等

（3）高中英语学习资源及能力测试网上系统

（4）公开展示、学术研讨会等。

努力构建外语学习和教学的新生态

—— 在"构建基础外语教育新生态——束定芳外语
'高峰计划'项目论坛"上的发言

上海外国语大学　束定芳

各位老师：

大家好！

很高兴今天有机会与大家一起分享近年来我对中国外语教育教学，特别是基础外语教育教学的一些观察、思考和感悟。这几年，我越来越感觉到外语教育教学是个生态系统。很多机构和人员在这个系统中发挥着重要的作用。只有这些相关机构和人员准确定位，各司其职，并互相协调，良性互动，有一个共同的目标，这个生态环境才是健康的、有效的。这个生态系统的质量极大地影响外语教育的成效，学生外语学习的结果。今天我想讲两点，一是说明一下外语教育教学生态系统由哪些层面、哪些因素构成，二是通过三个具体的案例说明这个生态系统是如何运作的，其中的各个因素是如何互相影响的。

首先，我想说的是，外语教育教学涉及很多不同的层面，包括政府层面，如各级教育管理部门，政府制定的语言政策、教育政策、考试政策，以及资源分配等，还有相关的机构和人员，比如教研机构、考试机构等。第二个层面是社会层面，包括社会对外语或外语人才的需求，社会对外语学习的认识，各类相关的社会机构，包括出版机构、培训机构、学术机构等。第三个层面是学校，包括学校领导，特别是校长，他的办学理念和管理水平，对外语教学的认识，资源的配置等都决定了这个学校的外语教学水平，当然起决定性作用的还有这个学校的外语学科带头人，骨干教师的水平和敬业精神；第四个层面是家庭，家长的受教育程度，对外语学习重要性的认识，对孩子的要求和监控，与学校的对接和互动等，对学生的外语学习产生决定性的作用；最重要的是学习者层面，即学生的学习目标、学习动机、学习资源和学习方法等对他们最终的学习成效起到了决定性的作用。前面各层面的因素会在很大程度上影响他的学习动力,而学习动力和目标能影响他的学习投入和学习方法。

下面我就用三个具体的案例来说明这个生态系统中各方因素是如何互相作用的。

第一个案例是 10 年前我和我的几位博士生在江苏某普通初中进行了一个为期 3 年的"集中训练,自主学习"的教学实验。实验的内容很多,我们专门有本书报告了这一实验,我这里不做详细介绍。我们当时的一个做法是:每周一安排两节英语课连上,主要是让学生来展示上一周,特别是周末他们自主学习英语的成果。学生们的展示,可以是小组表演,可以是个人演讲,也可以是语言知识的呈现,形式和内容多样,与教材主题和课堂教学有一定的关联。经过一段时间的摸索、优化和适应,这样一种做法受到了学生的热烈欢迎,学生们摩拳擦掌,精心准备,都想在展示课上大显身手。有一位初二的学生甚至把刚刚当选美国总统的奥巴马的就职演说全文背诵了下来,声情并茂地展示给同学看。学生们强烈要求老师增加展示课课时,让更多的同学有展示的机会。很多家长也被带动起来,为学生的课外学习和课堂展示提供支持。后来,有一位初二的女同学在参加江苏省的一次全省英语演讲比赛时获得了特等奖。她后来介绍她的学习经验,特别指出学校的英语展示课培养了她演讲的能力,帮助她大幅提升了英语水平。据该校校领导反映,这批参加实验的学生后来升入高中和大学后,英语水平和学习能力均在所在班级出类拔萃。

这个实验证明了有关外语学习的几个重要原理:

(1) 学生的学习动机极为重要,成就感是不断促进和提升学习动机的一个重要因素。

(2) 在老师的引导下,初中生也能发展出较高的自主学习能力。

(3) 英语课堂教学的活动可以灵活多样。外语课堂不应该只是老师的讲堂。学生的展示,对其他同学来说也是语言输入,是模仿和学习的对象;同学的优异表现,是学生们"见贤思齐"的强大动力;老师和同学的评价,是互动和交流,体现了语言学习的真实性。

(4) 在应试教学大行其道的中小学,外语教学要改革,尤其是涉及理念和做法重大改变的改革,没有校长、教育管理部门、家长和学生的理解和支持是根本不可能的。

第二个案例是上海市曹杨二中的德语教学。曹杨二中是一所上海市重点高中。该校高中招生每年招收 400 人左右,其中 100 人左右入学后除了正常的英语学习外,每周还要学习德语,每周 10 节课。每天其他学生放学后,德语班的学生继续学习德语两节课。两年半后,这些学生参加德国的语言水平考试(DSD,Deutsches Sprach-Diplom),绝大部分学生达到 B1 水平。这些学生与其他同学一样参加高考,英语成绩平均也在 120分左右。也就是说,这些同学高中毕业时,两门外语都达到了较高的水平,是成功的外语学习者。

通过调研,我们了解到了以下情况:(1)该项目是上海市教委 2009年在全市的 22 个国际课程试点学校之一;(2)曹杨二中所在的普陀区政府、教育局在政策、经费上全力支持学校的国际课程试点;(3)学校领导高度重视外语课程设计和师资培养,目前该校有 18 名德语教师,德语组长已在职完成攻读博士学位;(4)曹杨二中德语教学教研得到了上海市教研室、曹杨区英语教研员和本校英语教研组的大力支持,德语教师经常观摩英语教师课堂,与校内外英语名师互动、交流、切磋;(5)学生家长完全理解、高度支持学校的双外语课程安排,对学校和教师高度信任,对学生寄予厚望和全方位的支持;(6)学生喜欢英语和德语,虽然每天增加了两节课,课业负担超过其他同学,他们依然信心满满、越学越有劲,越学越有成就感。

这个案例给我们很多启发,也从多方面证明了基础教育阶段成功外语教育的必备要素:(1)学生强烈的学习动机。因为目标明确,学习两门外语不断给同学们带来荣誉感和成就感,加上两门外语在学习内容和学习方法上的互相影响,事半功倍;(2)家校配合。家长理解学校的要求和学生的需求,予以积极配合和支持;学校领导重视,保障有力,学科带头人和全体学科教师团结一致;家校、社会形成合力;(3)政府和社会的支持。这个案例充分说明,在特定的外语学习环境中,缩短周期、集中教学、强化训练,完全符合外语教学的规律。20 世纪改革开放初期许多出国人员培训的外语学习经历、许多外语专业学生的成功案例、宁波诺丁汉大学的英语强化项目等,还有很多国外相关的教学实验充分证明了这一点:这样的经验和实践完全可以复制、可以推广。

第三个案例是我们英语基地所承担的高中英语教材编写的工作。2018 年 6 月,上海市教委启动了上海市高中新教材的编写工作。这个工作,对刚成立的、研究人员多为兼职的英语基地来说是个挑战。在市教委和教研室的支持下,我们首先组建了教材编写核心团队,其中包括一直与我一起研究基础外语教学,有大学和中学教材编写经验的核心人员,还有具有丰富教学经验的上海市外语教学一线的教研员和特级教师,还有国内外外语教学研究领域的知名专家、学者。之后的两年多时间里,教材编写团队成员按照市教委的相关要求,在教育部和上海市教研室邀请的各类专家的指导下,在上外校领导和众多编写人员所在单位领导的支持下,大家团结协作、不辞辛劳、互相学习、精益求精,终于在今年暑假完成了这一光荣而艰巨的任务。编写团队,特别是核心编写人员两年多日日夜夜的付出我就不在此多说。我只想说这样一个浩大的工程,如果没有各方面的全力支持和相互支撑,也就是说,没有一个合理的生态体系的支撑,这是一个无法完成的使命。

首先,政府的作用。上海市从教委决定编写上海市自己的高中教材的决策、与上级有关部门的有力协调、周密的计划和程序保障(包括评审专家的物色和邀请)、充足的经费投入、多次的集中研讨和学科间交流,到教材通过教材评审决定启用新教材、组织新教材教师培训等等,所有这些政策的支持,重大环节的设计与协调,没有政府这只有形和有力的大手,这么短的时间内完成这么复杂的工作是难以想象的。

第二,教研室的作用。我一直说,中国基础教育体制中,学科教研员制度是中国特色,也是制胜法宝之一。一个区域的教研员的站位、眼界、胸怀和协调能力对这个区域内学科教学水平的提升和特色的提炼发挥着极其重要的作用。我们这次高中英语教材编写过程充分说明了这一点。从推荐优秀一线教师参加教材编写、帮助编写组深入了解上海市高中英语教学实际、对教材编写方案和教材初稿提出反馈、组织各区各学校试教试用,到新教材使用培训,新教材每月一研活动等等,上海市的市级和区级英语教研员们给了我们极大的支持,保证了我们的新教材能够符合上海市高中英语教学的实际,符合政府和社会对教材编写组的期待。我在这儿要对上海市教研室和上海市各区的各位英语教研员们表示诚挚的谢意。

第三,学校和教师的作用。首先,相关学校积极支持他们的英语骨干教师参与我们的教材编写,有的甚至是全脱产;其次,对教材试教试用的支持,虽然对正常的教学产生一定的影响,但他们毫无怨言,密切配合;第三,对新教材的接纳,对新教改的包容和支持;第四,与家长和学生的沟通和互动。

第四,出版机构的作用。对于我们本次的教材编写,上海外语教育出版社投入了大量的人力、时间、精力和物力。尤其是在人手紧张、相关技术和经验保障没有完全到位的情况下，外教社的相关领导，特别是责任编辑们表现出了出色的专业精神和水平。他们在教材编写的后期工作中与编写组一起，积极努力，保证了教材的高质量按时出版。

第五，专家的力量。本次教材编写过程中，我们得到了海内外外语教育领域许多名家、大家的倾力支持。从 2018 年的国际教材开发研讨会，到两年多编写过程中各方专家对编写组的具体指导和鼓励，再到教育部和上海市教研室组织的教材专家的多次评审反馈，都促使教材编写组时时刻刻以最高的标准，最大的努力，保证新教材的国际水平和上海特色。

我在多个场合说过，此次教材编写是外语教育命运共同体团结协作的经典案例，是教师发展的成功案例之一，也是上海市构建健康的外语教学生态体系的一个重要和成功的尝试。结出的果实不仅仅是一套全新的、受到广大师生欢迎和专家认可的新教材，更重要的是培养和造就了一批人，特别是一批忠诚于祖国外语教育事业的优秀一线教师、教研员、年轻的外语教材和教学研究者。我为他们的成长和发展感到由衷的高兴和自豪。

目前，我们正努力联合全国其他省市的从事基础外语教育研究的学校和专家们，特别是各师范大学外语学院的有关专家和老师，一起研究中国的基础外语教育，一起去努力构建整个中国的基础外语教育生态体系。作为英语基地的负责人，我们希望能够做到"顶天立地"，把国家的需求、政府的政策、外语教学理论的最新成果与基础外语教学的实际情况结合起来，与一线教师和学生的需求结合起来。通过理论培训和新教材指导实践，提升实践的水平，同时又帮助老师及时总结优秀案例和经验，提炼成理论成果，指导更大范围内的外语教育教学实践。

谢谢各位！

附录 1：束定芳教授学术成果
一览表（1988—2020）

序号	著 作 名 称	类别	学术期刊/出版单位	发表/出版时间	第一作者
1	语言·文化·外语教学	论文	《山东外语教学》	1988	束定芳
2	委婉语新探	论文	《外国语》	1989	束定芳
3	言语行为理论述评	论文	《外语教学》	1989	束定芳
4	关于预设理论的几个问题	论文	《外语研究》	1989	束定芳
5	论语言系统发展的自组性	论文	《外国语》	1990	束定芳
6	试论 Geoffrey Leech 的语言观和人际交际修辞理论	论文	《外语研究》	1990	束定芳
7	论外贸专业学生外语能力的培养与外语基础课程的设置	论文	《审计与经济研究》	1992	束定芳
8	《语言与社会心理学》评介——兼论社会心理语言学的研究对象、目标及方法	论文	《外国语》	1992	束定芳
9	语言学研究的新天地——也谈社会心理语言学	论文	《外语研究》	1992	束定芳
10	言语交际中的扬升抑降与礼貌原则	论文	《外国语》	1993	束定芳
11	论外语交际能力及其培养	论文	《外语学刊》	1993	束定芳
12	外语阅读教学中的几个理论问题	论文	《外语研究》	1993	束定芳
13	当前 SLA 研究和外语教学中的若干问题——英国著名外语教学专家 Rod Ellis 和 Henry Widdowson 谈 SLA 研究和外语教学	论文	《国外外语教学》	1994	束定芳

序号	著　作　名　称	类别	学术期刊/ 出版单位	发表/ 出版时间	第一 作者
14	试论影响外语习得的若干重要因素——外语教学理论系列文章之一	论文	《外国语》	1994	束定芳
15	对比分析、错误分析和中介语研究中的若干问题——外语教学理论研究之二	论文	《外国语》	1994	束定芳
16	外语交际中的交际策略研究及其理论意义——外语教学理论研究之三	论文	《外国语》	1994	束定芳
17	言语平等关系与心理平衡结构——兼论社会权势关系中的礼貌扬升抑降现象与平等关系	论文	《外国语》	1994	束定芳
18	外语、第二语言、母语及其它	论文	《外语教学》	1994	束定芳
19	人脑科学的最新发现及其对语言学和外语教学研究的启发	论文	《外语界》	1994	束定芳
20	论外语教学与相关学科的关系	论文	《外语学刊》	1994	束定芳
21	外语学习者策略研究与外语教学	论文	《现代外语》	1994	束定芳
22	其言灼灼,其理凿凿——重读《外语教育往事谈》有感	论文	《外语界》	1994	束定芳
23	《儿童与成人言语处理过程导论》内容简介	论文	《国外外语教学》	1995	束定芳
24	当代外语教学理论研究中的几个重要趋势	论文	《解放军外语学院学报》	1995	束定芳
25	委婉语研究:回顾与前瞻	论文	《外国语》	1995	束定芳
26	外语学习主体研究漫谈	论文	《外语教学》	1995	束定芳
27	略论外语词汇教学的基本特点与基本原则	论文	《外语研究》	1995	束定芳

序号	著　作　名　称	类别	学术期刊/ 出版单位	发表/ 出版时间	第一 作者
28	试论现代隐喻学的研究目标、方法和任务	论文	《外国语》	1996	束定芳
29	语言与文化关系以及外语基础阶段教学中的文化导入问题	论文	《外语界》	1996	束定芳
30	隐喻的语用学研究	论文	《外语学刊》	1996	束定芳
31	亚里斯多德与隐喻研究	论文	《外语研究》	1996	束定芳
32	90年代以来我国外语界语言学研究热点与走向	论文	《外国语》	1997	束定芳
33	理查兹的隐喻理论	论文	《外语研究》	1997	束定芳
34	论隐喻的本质及语义特征	论文	《外国语》	1998	束定芳
35	我国的语义学研究与教学	论文	《外语研究》	1998	束定芳
36	论隐喻的诗歌功能	论文	《解放军外国语学院学报》	2000	束定芳
37	论隐喻的语言修辞和社会修辞功能	论文	《山东师范大学外国语学院学报》	2000	束定芳
38	论隐喻的基本类型及句法和语义特征	论文	《外国语》	2000	束定芳
39	论隐喻的理解过程及其特点	论文	《外语教学与研究》	2000	束定芳
40	论隐喻产生的认知、心理和语言原因	论文	《外语学刊》	2000	束定芳
41	现代语义学的特点与发展趋势	论文	《外语与外语教学》	2000	束定芳
42	我看外语教学改革	论文	《国外外语教学》	2001	束定芳
43	论隐喻的认知功能	论文	《外语研究》	2001	束定芳

序号	著 作 名 称	类别	学术期刊/出版单位	发表/出版时间	第一作者
44	《语言能力的结构》述评	论文	《当代语言学》	2002	束定芳
45	外语教师与科研	论文	《国外外语教学》	2002	束定芳
46	论隐喻的运作机制	论文	《外语教学与研究》	2002	束定芳
47	隐喻研究中的若干问题与研究课题	论文	《外语研究》	2002	束定芳
48	语言的认知研究	论文	《外国语言研究》	2003	束定芳
49	论隐喻与明喻的结构及认知特点	论文	《外语教学与研究》	2003	束定芳
50	上海市小学英语教学情况的调查与思考	论文	《外语界》	2003	束定芳
51	隐喻和换喻的差别与联系	论文	《外国语》	2004	束定芳
52	一次中学英语课堂教学改革的实验	论文	《外语教学与研究》	2004	束定芳
53	从一项调查看教材在外语教学过程中的地位与作用	论文	《外语界》	2004	束定芳
54	外语课堂教学功能的重新思考与定位	论文	《外语与外语教学》	2004	束定芳
55	认知语义学的基本原理、研究目标与方法	论文	《山东外语教学》	2005	束定芳
56	呼唤具有中国特色的外语教学理论	论文	《外语界》	2005	束定芳
57	外语课堂教学新模式刍议	论文	《外语界》	2006	束定芳
58	Jackendoff 的《语言基础》评述	论文	《外语教学》	2007	束定芳
59	中国外语教学理论研究的宝贵财富——《外语教育往事谈（第二辑）》编后	论文	《外语界》	2007	束定芳
60	认知语言学的新动向——第二届英国认知语言学大会侧记	论文	《外语研究》	2007	束定芳

序号	著　作　名　称	类别	学术期刊/出版单位	发表/出版时间	第一作者
61	汉语反义复合词构词理据和语义变化的认知分析	论文	《外语教学与研究》	2008	束定芳
62	引进与借鉴：我国国外语言学研究 60 年	论文	《外语教学与研究》	2009	束定芳
63	绰号的认知语言学分析——以《水浒传》108 将绰号为例	论文	《外语学刊》	2009	束定芳
64	语言学史的第三种写法——以《英国语言学：个人说史》为例	论文	《当代语言学》	2009	束定芳
65	中国认知语言学 20 年：回顾与反思	论文	《现代外语》	2009	束定芳
66	宁波诺丁汉大学英语教学的成功经验及其对中国大学英语教学的启发	论文	《外语界》	2009	束定芳
67	Cognitive approaches to lexical semantics	论文	*Language and Linguistics Compass*	2009	束定芳
68	中国外语教学理论研究 60 年：回顾与展望	论文	《外语教学》	2009	束定芳
69	德国的外语教学及其对中国外语教学的启发	论文	《中国外语》	2011	束定芳
70	高等教育国际化以及大学英语教学定位	论文	《外语教学与研究》	2011	束定芳
71	外语课堂教学的功能与评估	论文	《外语与外语教学》	2011	束定芳
72	认知语言学发展趋势研究	论文	《国外哲学社会科学前沿》	2011	束定芳
73	中国语言学国际化的坚实一步	论文	《外语教学》	2012	束定芳

序号	著　作　名　称	类别	学术期刊/出版单位	发表/出版时间	第一作者
74	大学英语教学改革目标与方向	论文	《东北师大学报》（哲学社会科学版）	2012	束定芳
75	大学英语教学大赛与教师发展	论文	《外语界》	2012	束定芳
76	从隐喻研究看认知语言学、修辞学、语用学的关系及启发	论文	《福建师范大学学报》	2013	束定芳
77	对接国家发展战略，为高等教育国际化服务	论文	《外语学刊》	2013	束定芳
78	外语界的语言学研究	论文	《中国外语》	2013	束定芳
79	英语专业综合课目标与教师素质	论文	《外语界》	2013	束定芳
80	中国外语教育布局的现实与长远思考	论文	《外语教学与研究》	2013	束定芳
81	国外以学术英语为导向的教材分析	论文	《外语教学理论与实践》	2014	束定芳
82	课堂教学目标设定与教学活动设计	论文	《外语界》	2014	束定芳
83	外语课堂教学存在问题与研究课题	论文	《外语教学与研究》	2014	束定芳
84	外语学术研究应关注应用	论文	《外语教学理论与实践》	2015	束定芳
85	Chinese *xiehouyu* and the interpretation of metaphor and metonymy	论文	*Journal of Pragmatics*	2015	束定芳
86	重读许国璋先生所撰"编者的话"	论文	《外语教学与研究》	2015	束定芳
87	英语专业复兴之三大路径	论文	《中国外语》	2015	束定芳

序号	著 作 名 称	类别	学术期刊/出版单位	发表/出版时间	第一作者
88	对接新目标,创建新体系,适应新需求	论文	《外语界》	2016	束定芳
89	中国外语教学改革与发展：顶层设计与无形之手	论文	《山东外语教学》	2016	束定芳
90	英语专业改革与发展的再思考	论文	《东北师大学报》(哲学社会科学版)	2016	束定芳
91	"境界"与"概念化"——王国维的诗歌理论与认知语言学中的"概念化"理论	论文	《外语教学》	2016	束定芳
92	以教师发展为抓手推动中小学英语教学改革	论文	《现代教学》	2016	束定芳
93	社会需求与外语学科建设	论文	《中国外语》	2017	束定芳
94	中国特色外语教学理论的深厚实践基础——陆谷孙先生的外语教学理念与主张	论文	《外语界》	2017	束定芳
95	外语课堂有效教学的着力点与评估标准——第七届"外教社杯"高等学校英语教学比赛综合组赛况评点	论文	《外语教学理论与实践》	2017	束定芳
96	歇后语的结构与功能再探	论文	《当代修辞学》	2017	束定芳
97	关于英语学科核心素养的几点思考	论文	《山东外语教学》	2017	束定芳
98	语篇隐喻的结构特点与认知功能——以《百喻经》和《庄子》为例	论文	《外语教学与研究》	2017	束定芳
99	隐喻研究的若干新进展	论文	《英语研究》	2017	束定芳
100	外语学习中的使用与记忆——桂诗春先生关于外语学习的再思考	论文	《现代外语》	2017	束定芳

序号	著　作　名　称	类别	学术期刊/出版单位	发表/出版时间	第一作者
101	我国理论语言学研究与海外论文发表	论文	《外语与外语教学》	2018	束定芳
102	认知语言学在中国：引进与发展	论文	《外语教学与研究》	2018	束定芳
103	"有＋零度（中性）名词"结构的认知和语用阐释	论文	《当代修辞学》	2018	束定芳
104	中国改革开放 40 年与我的外语教学和研究之路	论文	《外语教学》	2019	束定芳
105	外语教学应在传统教学法与交际教学法之间寻求融合——李观仪先生的外语教学观及外语教学实践主张	论文	《外语界》	2019	束定芳
106	大学英语教学与国际化人才培养	论文	《外国语》	2020	束定芳
107	现代外语教学：理论、实践与方法	专著	上海外语教育出版社	1996/2008	束定芳
108	现代语义学	专著	上海外语教育出版社	2000	束定芳
109	隐喻学研究	专著	上海外语教育出版社	2000	束定芳
110	外语教学改革：问题与对策	专著	上海外语教育出版社	2004	束定芳
111	认知语义学	专著	上海外语教育出版社	2008	束定芳
112	大学英语教学成功之路：宁波诺丁汉大学英语教学调查研究	专著	上海外语教育出版社	2009	束定芳
113	中国外语教学理论研究（1949—2009）	专著	上海外语教育出版社	2009	束定芳
114	中国国外语言学研究（1949—2009）	专著	上海外语教育出版社	2009	束定芳

序号	著　作　名　称	类别	学术期刊/ 出版单位	发表/ 出版时间	第一 作者
115	Contrasting　Meaning　in Languages of the East and West（Contemporary Studies in Descriptive Linguistics）	专著	International Academic Publishers	2010	束定芳
116	中国特色外语教学改革特色	专著	上海外语教育出版社	2012	束定芳
117	中国外语战略研究	专著	上海外语教育出版社	2012	束定芳
118	认知语言学研究方法	专著	上海外语教育出版社	2013	束定芳
119	外语学术普及系列：什么是语义学	专著	上海外语教育出版社	2014	束定芳
120	高校英语教学现状与改革方向：华东六省一市高校英语教学情况调研报告	专著	上海外语教育出版社	2016	束定芳
121	基础教育阶段英语课程标准国别研究报告	专著	上海外语教育出版社	2018	束定芳
122	基础英语教学：现状、目标与途径——上海英语特级教师访谈录	专著	上海外语教育出版社	2018	束定芳
123	栉风沐雨，春华秋实：上海市英语特级教师风采录	专著	上海外语教育出版社	2018	束定芳
124	Cognitive Linguistics and the Study of Chinese	专著	John Benjamins Publishing Company	2019	束定芳
125	外国语言文学知名学者讲座系列·语言学十讲：语义学十讲	专著	上海外语教育出版社	2020	束定芳
126	语言学国际学术期刊论文选：隐喻研究	专著	上海外语教育出版社	2020	束定芳

序号	著　作　名　称	类别	学术期刊/ 出版单位	发表/ 出版时间	第一 作者
127	《普通高中英语课程标准(2017年版)》解读：理论与实践	专著	上海外语教育出版社	2020	束定芳
128	新世纪大学英语快速阅读1	教材	上海外语教育出版社	2012	束定芳
129	新世纪大学英语快速阅读2	教材	上海外语教育出版社	2012	束定芳
130	新世纪大学英语快速阅读3	教材	上海外语教育出版社	2012	束定芳
131	新世纪大学英语快速阅读4	教材	上海外语教育出版社	2012	束定芳
132	新世纪大学英语快速阅读5	教材	上海外语教育出版社	2009	束定芳
133	新世纪大学英语快速阅读6	教材	上海外语教育出版社	2011	束定芳
134	新世纪大学英语快速阅读7	教材	上海外语教育出版社	2013	束定芳
135	新世纪大学英语快速阅读8	教材	上海外语教育出版社	2013	束定芳
136	新世纪大学英语长篇阅读1	教材	上海外语教育出版社	2015	束定芳
137	新世纪大学英语长篇阅读2	教材	上海外语教育出版社	2015	束定芳
138	新世纪大学英语长篇阅读3	教材	上海外语教育出版社	2015	束定芳
139	新世纪大学英语长篇阅读4	教材	上海外语教育出版社	2015	束定芳
140	中国文化英语教程(学生用书)	教材	上海外语教育出版社	2016/2019	束定芳

序号	著 作 名 称	类别	学术期刊/ 出版单位	发表/ 出版时间	第一 作者
141	中国文化英语教程(教师用书)	教材	上海外语教育出 版社	2016/2019	束定芳
142	普通高中教科书·英语(必修 第一册)	教材	上海外语教育出 版社	2020	束定芳
143	普通高中教科书·英语(必修 第二册)	教材	上海外语教育出 版社	2020	束定芳
144	普通高中教科书·英语(必修 第三册)	教材	上海外语教育出 版社	2020	束定芳
145	普通高中教科书·英语(选择 性必修 第一册)	教材	上海外语教育出 版社	2020	束定芳
146	普通高中教科书·英语(选择 性必修 第二册)	教材	上海外语教育出 版社	2020	束定芳
147	普通高中教科书·英语(选择 性必修 第三册)	教材	上海外语教育出 版社	2020	束定芳
148	普通高中教科书·英语(选择 性必修 第四册)	教材	上海外语教育出 版社	2020	束定芳

附录 2：束定芳教授在上外附中的部分演讲与发言

上外附中 2017 学年开学典礼校长寄语

（2017 年 9 月 1 日）

束定芳

亲爱的同学们：

今天是开学的第一天。记得当年我还是中学生的时候，平时盼望着放假，放假时间长了又盼望着开学。同学们是不是也是这样的心情啊？

尤其是新同学们一直在盼着开学吧。初中预备班的同学、高一年级的新同学今天应该特别兴奋。我首先要祝贺初中预备班的同学们，你们通过自己的努力，考进了上外附中，取得了人生道路上一个重要的成功！你们一定对新学校充满了期待，对中学生活充满了憧憬。

还要祝贺高中一年级的新同学们，祝贺你们通过了直升考试，进入上外附中高中，迎接中学生涯新的挑战！

对初一、初二、初三、高二、高三年级的同学们，我要说一声："欢迎大家回来"！你们一定度过了一个充满收获的暑假。一个暑假过后，大家一定又长了很多新见识，有了更明确的目标，有了更详细具体的学习规划。特别是初三和高三的同学们，你们将迎来中学生活中最重要的一年，马拉松长跑，最困难的阶段已经过去，今年将迎来冲刺和收获阶段！预祝你们取得好成绩！

新学期开始，大家一定有新的期待，期待在新学校、新年级遇到更多更好的老师，希望学校的课程更吸引人，希望食堂的饭菜更好，希望学校的活动更丰富多彩……

学校和老师一定时刻记住你们的期待，记住我们的使命，帮助你们成就自己！

学校将全力以赴打造国际化的课程体系为同学们走上国际舞台体验

人生、展示中国、服务人类提供机会。

学校将成立学生发展中心，设立职业生涯规划部、升学指导办公室、社团部等等，为同学们实现自己的理想保驾护航。

学校、老师们同样对你们也有期待。期待大家更好地发现自己，规划和设计自己；期待大家快乐学习、有效学习、全面发展。

首先，期待和希望大家有更高的人生目标，更现实、更明确的努力方向。

我这里引用一下美国前总统奥巴马在一次开学演讲中的几句话：你们每人对自己都负有责任。每个人都有自己的特长，你有责任去发现它，教育提供了你这个机会。也许你可能成为一个伟大的作家，也许现在就能写书、在报纸上发表文章，但这可能需要在你完成老师布置的作文作业时才发现这一点；也许你可能成为一个发明家或革新家，也许能发明新一代的手机、开发出新一代的药品，但是你只有在你的科学课里做了项目和实验你才有可能发现这一点；也许你可能成为一位参议员或市长或最高法院的法官，但你如果不参加学生团体或辩论团队你还发现不了这一点。

因此，我希望上外附中的同学们尽快发现自己的兴趣和所长，能够充分利用学校的优势和资源，为实现自己的梦想打好基础。

大家知道，上外附中是一所有着优良传统的培养国际化人才的外国语特色学校，培养了大批优秀的人才。2017 年，我们学校高中毕业生中122 名被保送进了国内一流大学；120 名被录取到海外名校；29 名参加高考的同学，有 4 名被清华大学录取，5 名被复旦大学录取，其他同学也通过自己的努力，考进了自己心仪的学校或专业。

另外，就在今年的暑假，上外附中的同学们也从四面八方为我们传来捷报：

高二年级王润泽和张志成同学作为上海代表队成员参加全国青少年信息学奥林匹克竞赛，分别获得银牌和铜牌；

我校 8825C 高中队、8825A 初中队参加世界机器人比赛中国选拔赛，分别获得高中组冠军和初中组金奖；

高三年级袁玥炜同学获第九届"外教社杯"全国中学生英语能力大赛高中组特等奖，初中袁欣怡同学获初中组特等奖；

高三德语学生王熠琪同学赴德国汉堡参加 G20 峰会"全球课堂"活动获得德方高度评价；

我校模联社团的学生分别参加了复旦大学国际中学生模拟联合国大

会、北外交、深外模拟联合国大会和全球青年联合国大会,取得了骄人的成绩;

……

我们祝贺这些同学! 祝贺并感谢他们的指导老师!

在新的学年,学校将与时俱进、不忘初心,对学校的定位和发展重新思考。上外附中是教育部直属的外国语学校,我们将以多语种、国际化作为学校的办学特色,开源增流,全面推进教师和学生的共同发展。多语种,有两层意思,一是在原来 6 门外语的基础上,再增加数门关键外语语种,例如阿拉伯语、印地语、波斯语、希伯来语等;二是让更多的同学有选修两门或以上外语的机会,懂两种以上外语成为上外附中学生的标志性特色。国际化办学意味着我们将引进或招聘更多一流的外籍教师,开设更多的国际化的或具有国际领先水准的课程。今年下半年,国际文化周、高端讲座、社团活动等将全新呈现。希望同学们积极参与,超常发挥!

第二,学校期望同学们德才兼备。国家提出了“立德树人”的办学要求。即将颁布的新课标提出了学校教育的核心素养目标:文化基础、自主发展、社会参与。这三大核心素养综合表现为人文底蕴、科学精神、学会学习、健康生活、责任担当、实践创新六大素养。

最近,美国哥伦比亚大学的王晓东教授在采访了数十位美国大学教授对学生综合能力的要求后总结到,好学生应该具备:(1)良好的写作能力;(2)提出问题并批判性思考问题的能力;(3)良好的表达和沟通能力,特别是跟老师和同学。

我们期待我们的课程、我们的老师和家长一起帮助同学们获得这些核心素养和综合能力。国家期待上外附中能培养和输送更多的如杨洁篪、崔天凯和王光亚这样的外交家。国家需要更多国际化的人才,需要能在国际舞台上为国家利益、人类利益奋斗的外交家、活动家。所以,亲爱的同学们,无论你们选择国内知名高校还是海外名校深造,学校都会毫无保留地全力支持你们,帮助你们实现自己的理想。

我在这里要特别强调的是,上外附中的学生不仅要以学习能力强为外界称道,还要以高尚品质、国际视野、优雅气质为社会认可。同学们要以诚信为本,希望弄虚作假、考试作弊等行为在上外附中不再发生。

第三,我们期待附中的同学们快乐学习、有效学习。主动学习是快乐学习的一个重要前提。同学们要和家长和老师一起制定好学习计划,发现自己的长处,主动学习,拓展学习;课堂只是我们学习生活的一部分,同学们要积极参与学校班级的集体活动,包括社团活动,学会与同学们合作,创造学习机会,向身边同学学习;随着同学们年龄的增长,年级的提升,学习能力更要不断提升,特别是自主学习能力。希望同学们课外学习,主要是课外阅读和社会实践活动。

　　除了读书,同学们还要关注社会,了解社会,参与社会实践。除了读书,还要行万里路。我分享一下我自己的体会。去年春节,我到印度旅行。印度之行不但改变了我对印度的印象,还在某种程度上改变了我的人生观和价值观。今年夏天,我到波罗的海三国旅行。我不仅从地理上了解了这三个国家与周边国家的关系,更重要的是通过查阅和阅读相关资料了解了历史上这三个国家与相关国家的渊源。没有这次旅行,我也许永远不会去做相关的了解。这次旅行增长了我的知识,拓展了我的视野。大多数同学的父母现在都愿意并有能力支持大家出国旅行,希望同学们把旅行作为学习各类知识、接触社会的好机会,与大家的兴趣和爱好结合起来。

　　最后,我用几个"改变"来与大家共勉:同学们,你们的父母、学校、社会都期待你们今后能成为改变社会、改变世界的人物,让我们首先来改变自己,使自己成为更自信、更自律、更自觉、更独立的学生。大家也可以期待,老师、学校也将为你们作出积极、重大的改变,为同学们提供更好的改变自己的机会和条件!

　　谢谢大家!

上外附中校友会成立大会校长致辞

（2017 年 12 月 28 日）

束定芳

尊敬的各位领导、各位来宾、校友们：

大家上午好！

今天，我们相聚在上外附中，隆重举行上外附中新一届校友会成立大会。在此，我谨代表上外附中 2 000 多名师生员工，向百忙中从世界各地赶来参加活动的各位校友，表示最热烈的欢迎和最诚挚的感谢！

同时，也请允许我借此机会，代表上外附中全体师生员工，向 50 多年来为上外附中的建设和发展作出贡献的各位前辈、领导、老师和校友表示衷心的感谢！向在世界各地，为祖国发展与世界和平默默奉献、以各种方式关注和支持母校发展的各位校友，包括今天不能到场的校友，致以崇高的敬意和衷心的感谢！

校友会是校友与母校之间的桥梁，是母校、校友和社会合作发展的平台。上外附中新一届校友会的成立是我们"不忘初心、牢记使命、重铸上外附中辉煌"的一个新起点，是我们重温和弘扬上外附中优良传统、共同实现"服务祖国发展，服务人类进步"办学宗旨的一个加油站。

下面，我向各位校友简要汇报一下附中的一些基本情况以及学校近阶段在改革与发展方面所做的一些工作。最后对校友会工作和校友们提几点期盼。

一、学校概况

附中目前共有 1 600 多名在校学生。2017 年，我校 260 多名高三毕业生中有 112 位提前录取到了清华大学、北京大学、复旦大学、上海外国语大学等国内高校。120 多名学生录取到了 University of Chicago、Columbia University、Duke University 等国外知名学府。29 名学生参加高考，大部分同学考取了复旦大学、上海交通大学等国内名校。

到目前为止，上外附中已初步完成 2018 年优秀高三学生保送推荐工作，共有 105 名同学获得保送资格；已有 10 多位同学陆续收到了世界名校的预录取通知书。

2017 年，我校学生在各类国际国内学科竞赛中屡创佳绩：

高三年级袁玥炜同学获第九届"外教社杯"全国中学生英语能力大赛

高中组特等奖，袁欣怡同学获初中组特等奖。袁玥炜同学又在第八届全国高中生日语演讲大赛中荣获一等奖；

赛智是一个具有全球影响力的高中生创业项目，我校学生在 6 月的赛智中国赛上获得商业组冠军、公益组冠军和亚军；

6 月，我校高二王润泽和张志成同学作为上海代表队成员，在全国青少年信息学奥林匹克联赛中获得一银一铜的佳绩；

7 月，我校学生参加世界机器人比赛中国选拔赛，分别获得高中组冠军和初中组金奖；

11 月，我校高三学生唐泽宸在第 31 届中国化学奥林匹克（决赛）中获得银牌；

12 月，我校学生在大同杯数学竞赛中荣获一等奖 1 名，二等奖 1 名，三等奖 2 名，并在全国高中数学联赛中荣获一等奖 3 名，二等奖 11 名，三等奖 16 名。

以上这些奖项说明上外附中的学生不仅具备外语优势，同时在综合素养和理科课程方面也非常具有竞争力。

二、2017 年学校的改革与发展

今年以来，我们主要做了以下几项工作：

（一）对上外附中的办学目标进行了新的定位。

上外附中是教育部直属学校，是国家队，是培养未来外交家和国际化高端人才的摇篮。为此，学校提出了"立德树人""多语种""国际化""一体两翼"的办学方针。立德树人是核心，是体；"多语种"和"国际化"是两翼，是上外附中的办学特色。"多语种"有两个含义：一是在原来的英语、法语、德语、西班牙语、日语和俄语六门外语的基础上，再陆续开出阿拉伯语、希伯来语、波斯语、印地语、葡萄牙语等语种。"多语种"的第二个含义是每位学生都学习或掌握两门以上外语。

关于"国际化"，我们将在原来"国际交流"的基础上，与海外大学和知名中学合作，开设"国际化课程"，特别是 STEAM 课程等，同时，利用本校国际部的国际课程资源，为本部学生提供相关的 IB 和 AP 课程。

（二）对学校原有的机构和人员进行了调整。

为了更好地服务教学，服务学校的教学改革与发展，学校在原教务处和科研办的基础上进行功能整合，成立了课程发展中心、教师发展中心、考试与评价中心等。同时对校办、后勤部门等进行了功能和人员调整。

（三）提出了"开源增流"的改革发展思路。

上外附中是教育部直属学校，由于体制和机制的原因，学校办学经费紧张，资源不足。在上海外国语大学领导的指导和支持下，我们积极争取教育部、上海市政府、市教委和虹口区政府的支持，为学校发展积聚各方资源。"增流"，就是加大在课程开发、教师发展和学生活动等方面的投入。"开源增流"目前已初见成效。在这里我报告大家一个好消息：教育部对上外附中的 2018 年财政拨款有了较大幅度的增长。另外，在上海市教委的大力支持下，在上海外国语大学党委书记姜锋的协调下，上外附中有望纳入教育部和上海市政府共建规划。

（四）提出了"教师发展带动学生发展"的发展战略。

一个好学校离不开好教师。教师的质量直接影响学校办学的水平与层次。上外附中有一流的学生，"120"已经成为上海市基础教育界一个知名的品牌。一流的学生呼唤一流的课程，一流的课程需要一流的师资。

今年，在上海市教委和上外党委的指导和支持下，我们对长期影响上外附中教师发展和教学科研的教师职称评审机制进行了改革。按照民主程序，经过全体教师投票，学校通过了职称系列转换方案，从体制和机制上打破了原来上外附中教师与上海基础教育界联系和交流的瓶颈，为教师的专业和职业发展打开了广阔的空间。

（五）以学生为本，把"一切为了学生全面发展"作为课程改革的指导原则。

学生是学校一切工作的出发点和落脚点。上外附中的学生有多元化的需求，为学生提供适合他们未来选择的课程是学校的重要工作。

为此，我们坚持"以学生为本"的指导思想，本着让每一位学生都"学有所教""学有所得"的原则对全校的课程体系进行改革。首先，在充分调研的基础上，我们根据高中学生升学选择和生涯规划，通过分班和分层教学的方式，提供符合学生实际需要的多元化、国际化课程。其次，我们将对现有的课程进行全新的改革，构建具有鲜明国际化特色的课程体系，全面打造旨在培养学生创新能力和国际交流能力的特色课程。最近，我们启动了上外附中的英语课程改革。根据新方案，我们将把传统的精读课程更名为"中国与世界"课程，通过报刊选读等方式，采用与时俱进的多媒体、多模态素材，培养学生的英语综合运用能力；同时，我们将开设"经典选读""语法与综合训练""演讲与戏剧"以及"英语写作"等课程，建设上外附中英语教学资源库和校本教材，打磨上外附中英语教学品牌特色。

今年上半年，学校组织的"以核心素养为导向的外国语学校国际化特色课程"课题，申报了上海市教委课程建设项目，获资助经费 104 万元。这是我校首次申请并成功获得上海市教委课程重点资助项目。

今年的国际文化节期间，我们邀请了法国作家、2008 年诺贝尔文学奖得主勒克莱齐奥先生来到上外附中与学生进行了一次别开生面的对话。学生出色的外语水平、对文学的深度理解赢得了勒克莱奇奥先生的高度评价。

今年 11 月，我们还邀请了知名数学家、中科院院士、复旦大学李大潜教授来我校为学生开设讲座，指导学生如何学习中学数学，受到了学生和家长的热烈欢迎。

三、对校友们的期盼

各位校友，五十多年来，母校桃李满天下，先后培育了近万名优秀毕业生，遍布海内外各行各业。校友们为社会作出了巨大的贡献，为母校赢得了良好的声誉。你们已成为母校的骄傲，学弟学妹们的楷模，更是母校建设与发展的重要力量。

希望你们常回母校看看，为母校的发展出谋划策，为母校争取更多的国内外各类办学资源。我们将成立上外附中教育发展基金会，助推学校的改革与发展。希望校友们能充分利用你们的人脉资源、专业知识和管理经验优势帮助学校做好这一重要工作。

希望你们常回母校看看，为学弟学妹们的生涯规划提供帮助。今年，我们在刚刚成立的学生发展中心设立了"学生生涯规划部"，为学生的学习、社会实践和升学提供建议和指导。这是一项新的、特别有价值的工作。我们需要大量的校友成为我们的志愿者：你们的经验、经历和感悟，将成为学弟学妹们人生道路上最关键的时刻中最重要的财富和资源。

希望你们常回母校看看，带来国际国内各领域的最新发展动向，帮助学弟学妹们拓展国际视野，获得参与社会实践的机会。学校现有 42 个学生社团，同学们特别需要校友们前来参与和指导。明年开始，我们将定期举办"外交官系列讲座"，请从事外交外事工作的校友为学弟学妹们开设相关讲座或课程；我们将定期举办"杰出校友讲座系列"，请校友们回来与学弟学妹们分享你们在专业领域的建树和成功的经验；我们还希望开设更多的与时俱进的国际化、创新型课程，如 STEAM 课程，与人工智能有关的课程等等，希望校友们能利用你们的人脉和资源，捐赠或帮助学校开设这样的课程。

学校的信息化工作更需要校友们的支持与帮助,包括课程的信息化和学校管理的智能化、信息化。

另外,上外附中每年还举行两次大型校园文化活动,上半年是"中国文化节",下半年是"国际文化节",欢迎校友们参与这两个大型活动的策划和组织工作,贡献你们的智慧、才华和经验。

亲爱的校友们,母校是你们永远的家园。校友与母校同进退,共荣辱,让我们携起手来,共商母校发展大计,共谱母校未来华章!

最后,预祝今天的活动圆满成功! 祝各位校友身体健康、事业顺利!

谢谢大家!

上外附中 2018 届高中毕业典礼校长讲话

（2018 年 5 月 27 日）

束定芳

亲爱的同学们、老师们：

一个月前，也就是 4 月 21 日，我们学校迎来了 30 多位特殊的客人。他们是 40 多年前从上外附中毕业的校友。他们当中有副部长级干部，有大学校长，有将军，有企业家，有学者和专家。但那一天，他们都作为普通的学生回到了母校，请来了当年给他们上过课的十几位老师，向老师和母校表达了深深的怀念和感激之情。他们当中有的还珍藏着上外附中的入学通知书，有的还保存着当年与同学和老师的合影；他们用了一个词来形容当年同学之间、师生之间的情谊：纯净。是的，纯净，一个非常令人赏心悦目的词。纯净的、冰清玉洁的同学之情，纯净的、历久弥新的师生情谊。

今年是我第二次参加我们上外附中高三年级的毕业典礼。去年这个时候，我作为校长致辞时，我对当时高三毕业的同学还不熟悉。面对今年的高三同学，我已经能叫出不少同学的名字了。例如，黄沁沁、朱奕帆、唐泽宸、刘畅、袁玥炜等等。不仅是他们，你们在座所有的上外附中的高三同学都是同龄人当中的佼佼者，你们是上外附中和老师们的骄傲，是你们父母和亲友们引以为豪的天之骄子。

今年，我参与了高三同学的保送推荐工作，参与了部分同学海外学校申请的推荐工作，还推动了我校高三年级的课程改革。我看到了同学们的优秀和努力，感受到了同学们对学校的期待和要求。因此，学校提出了一个口号：学校的一切工作，都是为了学生的健康成长和全面发展。为了使参加高考的同学能有一个更好的课堂环境，为了已经被国内外大学录取的同学所学课程内容更切合同学们的实际需求，学校对高三原有的班级和课程进行了调整。为此，高三的很多老师付出了双倍的时间备课和进行班级管理。为了你们，老师们无怨无悔。在此，我代表学校向这些老师们表示诚挚的谢意！同时，我们在此也向再过 12 天就要参加高考的同学表达我们最美好的祝愿：预祝你们在高考中超常发挥，考出好成绩，就读你们心仪的大学或专业！

我知道，每个同学都经历了不平凡，才走到今天这一步。所谓"神仙"，只是外界不了解同学们真正的付出，对大家获得各种机会时的一种主观臆测。没有哪一个人能够轻轻松松取得成功的。荣耀的背后是汗水，甚至是泪水。不仅仅是同学们的付出，更有你们父母十几年如一日的付出。7年，你们的父母经历了也许你们并不知道的焦虑、辛劳，甚至痛苦。而今，他们的付出有了回报。我们也在此祝贺、感谢他们！

高中毕业，只是人生道路上的一个中转站，一个新的起点。同学们将换乘另外一种更高速的交通工具，奔向人生新的远方。

几天前，知名语言学家、北大教授陆俭明先生应邀来我校与老师和同学们谈中学语文学习和教学。黄沁沁同学问了一个很有意思的问题：我即将出国留学，您建议我带一本什么样的书到美国去，以便经常翻阅，不忘祖国文化？陆俭明先生建议：四大名著、《古文观止》、《唐诗三百首》等等。

我觉得，黄沁沁的问题问得非常好：即将到美国名校读书了，不忘时时重温祖国文化经典，不忘经常提醒自己我从哪里来，这正是她家国情怀的体现。我想，她自己也许已经想好了带哪些书出国，问这个问题可能是想确认自己的选择是否对，也可能是代表其他出国的同学问这个问题。

陆先生的建议我也非常赞同。他提到的那些书都是中国文化传统中的巅峰之作，都是值得带的、值得一辈子去研读的。不过，如果要选择只带一本，我的建议是《古文观止》。我曾经多次在海外研修，每次我都带上《古文观止》。只要有空，我就会重温里面的辉煌篇章，不仅是体验里面锦绣文章给我带来的美的享受，更是在感悟、学习那些作者修身、齐家、治国、平天下的人生追求和高风亮节。

很多同学将选择在国内高校读书，对你们，我也有一个阅读建议：除了中国文化典籍外，去读苏格拉底、柏拉图、亚里士多德；去读荷马、维吉尔；去读莎士比亚、狄更斯；去读康德、海德格尔等等。何以解忧？何以解惑？唯读经典。

同学们，你们很快就要离开母校，踏上人生新的旅途了。

记住今天：同学们今日的分别，是为了今后更美好的相聚！今后的奋斗和拼搏，将成就你们辉煌的人生。你们强，则母校强，中国强，世界更美好！

记住自己的使命：天生我材必有用。天下兴亡、匹夫有责！天将降大任于斯人也……

记住人生中最宝贵的是什么：亲情，友情，爱情，事业，还有真善美！

记住母校：记住母校老师们对你们的期待，对你们的祝福。不管以后是什么样的经历，不管以后是什么样的身份，你们都是母校的学子，母校欢迎你们常回来看看！

　　上外附中永远是同学们的另一个家，是同学们扬帆启航的起点，也是你们远航途中躲避风雨、分享收获的港湾！

　　谢谢大家！

上外附中 2018 学年开学典礼校长寄语

（2018 年 9 月 4 日）

束定芳

亲爱的同学们、老师们：

今天是新学期第一天。首先，让我们热烈欢迎新同学！欢迎中预年级的新生们，你们用出色的表现，进入了一所将为你们今后人生道路带来无限可能的学校！上外附中将成为你们度过人生中最重要的七年学习时光的地方。"天高任鸟飞，海阔凭鱼跃"。我们和你们的家长一样，将满怀期待地陪伴和帮助你们健康成长！欢迎新高一年级的同学们，你们通过拼搏，进入了上外附中高中阶段的学习。今后的三年，将是见证你们通过自己的努力，走进你们梦想中的高等学府的时光。我们将和你们的家长一起，帮助你们做好选择，并成为你们实现理想的铺路石、助跑器、云梯或运载火箭！

对中预同学来说，七年；对高一年级新生来说，三年；对其他年级的同学来说，一年或者六年不等。在上外附中这个地方，一切都有可能。一切取决于同学们的奋斗和努力。引用一位美国科学家的话："Nothing is impossible, for the dream of yesterday is the hope of today and reality of tomorrow."。

首先，要有梦想，也就是奋斗的目标和努力的方向。上外附中是外交官的摇篮，是培养国际型预备英才的地方。未来的国际化人才一定是具有国际视野、具备跨文化交际能力、具有家国情怀、学有所长、具备精深的专业知识和广博的世界知识的专业人士。学校希望同学们有远大的志向和理想。上外附中的办学宗旨是：服务祖国发展，服务人类进步。上外附中学生未来的舞台是世界，无论是在海外，还是在国内不同的领域，你们的使命是引领和创造世界的未来！

其次，要有实现目标的具体方案，并落实在每天的行动中。"千里之行，始于足下。""Well begun is half done.""No pain, no gain."。上外附中的同学都是具备了良好的学习潜能、善于学习和探索的少年和青年。我们希望同学们与家长和老师一起先做好人生的 7 年、3 年，以及每一年的规划，然后落实在每月、每周、每天的行动中。精神饱满、全神贯注地去上好每一节课，参加每一次活动，完成每一次任务。

第三，希望同学们努力成为品学兼优、身体健康的学生。上外附中希望同学们不仅仅会学习，还要学会谦虚谨慎、学会交流、学会尊重他人、学会尊重规则、学会付出。希望同学们积极参加体育锻炼，每天都安排一定的体育活动。身心健康、志向远大、才华横溢、品行高尚、言行一致，才是上外附中心目中真正的、理想的好学生！

同学们，学校制定的新的办学方针是"一体两翼"："一体"是立德树人，"两翼"是多语种、国际化。去年，上外附中获得了两项上海市基础教育教学成果奖：一是双外语教育，二是学生社团活动。这两项正是上外附中多年来培育和打造起来的教育教学方面最重要的两个特色。也是希望我们每个同学能够从中获得终身受益的素养和能力的重要平台和资源。

上外附中为同学们创造了学习多种外语和多元文化的条件和环境。众所周知，古今中外有大学问、大成就的人大多通过多门外语获得了广博的知识、兼容并蓄的气度和创新开拓的本领。欧美的学者以及许多国家的外交家，掌握两三种、四五种外语的人比比皆是。欧盟要求成员国的公民除母语外至少掌握另外两门语言。未来全球化语境中的生存与发展，语言能力、国际交往能力首当其冲！欧洲有个谚语：As many languages you know, as many times you are a human being.（你懂多少种语言，就相当于是多少个人。）这是因为，多掌握一门外语就意味着多了一双看世界的眼睛，多了一双听世界的耳朵，多了一个与世界交流的工具！我们的校友中，已有了许许多多成功的例子。在英语的基础上再学一门外语，英语的知识和技能，英语学习的经历和经验将使得学习第二或者第三外语更容易，可以说是事半功倍。同时，再学一门外语，不但不会影响第一外语也就是英语的学习，实际上学习另外一门外语可以促进英语的学习，甚至提升其他学科学习的能力和效率！首先，学习外语可以使我们更好地了解我们的母语。歌德说过："Those who know nothing of foreign languages know nothing of their own."。其次，外语知识和能力可以使我们更有效地学习世界历史、地理、文学和艺术。例如，一个学了英语后又学德语的同学一定会对德国的历史和文化有更多更深入的了解。另外，语言能力反映了一个人的综合能力和思维能力，语言能力，特别是多语能力的提高能促进一个人思维品质和综合素养的提升。

今年，我们在原来 6 门外语的基础上，又推出了阿拉伯语、希伯来语等语种的选修课程。学习这些语言，就是去接触、认知和研究相应的文化。我们将继续依托上海外国语大学，为同学们提供学习更多外语语种的机会,争取在两三年内达到 20 种左右的小语种课程,届时上外附中能够成为上海市,乃至全国外语语种选择最多的中学! 我们希望每一个上外附中的学生高中毕业时都能基本掌握两种以上的外语,这将是你们今后最重要的财富和竞争优势之一!

上外附中有 40 多个学生社团。社团活动为同学们创造了多种探究性学习、自主学习、合作学习的机会。大家知道,每年都有上外附中的学生在全国和国际各类中学生比赛中取得骄人的成绩。同学们通过参与各类活动拓展了视野,锻炼了能力,收获了友谊,更增加了同学们不断超越自我的信心! 在这一方面,我们对同学们和老师们有很大的期待!

此外,学校还与中国科学院上海生命科学院、中国科学院上海技术物理研究所建立了合作关系,开设了相关的科学探究性课程,接触和了解甚至参与相关科学领域最前沿的研究课题和研究项目。同学们还将有机会与这些权威研究机构的顶级科学家们包括院士们直接交流和学习。学校还将继续推出"外交家进校园""院士走进附中""名家讲座系列"等高层次学术讲座,开拓同学们的学术视野。学校还将努力去为同学们、老师们争取更多、更好的学习和提升的资源、平台和机会,特别是在学科教学信息化、国际化方面,我们将在上级领导部门和校友们的大力支持下,尽快获得突破!

同学们,上外附中各学科都有一批有追求、术业有专攻、教学教育经验丰富、工作认真负责的老师,希望同学们在老师们的帮助下打好各门学科的基础,尤其是中预年级的同学,一定要努力保持各学科成绩的平衡。同时,能慢慢发现自己喜欢的学科和方向,形成自己的特长和优势。

同学们,现在是秋天。对农民们来说,这是收获的季节。但是对老师和学生来说,这却是播种的季节,我们今天播种希望,播种理想,播种信念。接下来就是我们辛勤耕耘和挥洒汗水的时光。我们的收获就在不远的将来!

谢谢大家!

帮助学生长出外语的翅膀

——在上外附中首届全国基础教育阶段多语种 教育教学研讨会上的发言

（2018 年 12 月 21 日）

束定芳

各位领导、各位专家、各位老师：

首先，我代表上外附中和上海市英语教育教学研究基地，对各位莅临本次"全国首届基础教育阶段多语种教育教学研讨会"表示热烈的欢迎和衷心的感谢！

上外附中自 2007 年起，率先启动中学生同时学习两门外语的实验，取得了显著的成效：目前双外语班的学生已有 4 届毕业生，90% 以上的学生两门外语都达到了相当高的水平，英语托福考试接近满分，第二外语为德语的同学几乎 100% 达到 C1 的水平，学习日语的学生 90% 以上可以达到 1 级的水平，学习其他语种的同学绝大多数也接近欧框 B2 和 C1 的水平。在过去的几年中，双语班的学生获得的全国性和国际大赛的奖项超过了 60 多项。学生的优异表现令老师们和家长们惊叹不已。其他班级学习双外语的同学也获得了不同程度的成功。

我们这次邀请各位关心和研究中国语言和语言教育政策、外语课程建设、国际化人才培养的专家、学者和领导前来观摩、指导，期待通过这次活动，引起大家、并通过大家，引起社会和教育管理部门对多语种人才培养的关注和深入研讨，提炼经验，构建理论，在更高的层面上、更广的范围内推动基础教育阶段双外语教学的探索和实践，作为深入贯彻实施全国教育大会精神的具体行动之一。

我把我们上外附中双外语的教学项目定位为"帮助学生长出外语的翅膀"。语言不仅是交际的工具，还是文化的载体，高级思维的工具。语言能力是一个人综合素质的体现。语言又是获得新知识、促进深度思维、提升思维品质的重要工具。最新的二语习得研究表明，学习外语使人变得更聪明，因为一个人在已经掌握母语的情况下学习另外一种语言，他会自觉或不自觉地与母语进行对比；而在使用某一门语言时，他需要全力抑制其他的语言体系或成分的干扰，而这种经常的刺激和抑制是对大脑的一种锻炼。

　　掌握一门外语不仅使得我们能与更多的人交流,还给了我们另外一双看世界的眼睛,另外一种思维的方式,在更高的层面上提升了我们的思维品质,丰富了我们的人生体验,对人生和社会有更深刻的理解,对他人有更多的理解和包容。外语毫无疑问能帮助学生飞得更高更远,不仅是为他们自己的专业学习和职业生涯,也是作为世界和平的使者,或者说和平的"天使"。我这里特别用了"长出"外语的翅膀,而不是"给予学生一双外语的翅膀"。这是因为,外语能力不是外界赋予一个人的,它是一个人精神世界成长的一个过程,它是需要学习者去用心感悟、用已有知识去学习吸收新知识、新技能、新思维的一个过程,一个生命去理解另外一群生命的文化积累和社会生活的文化体验过程,它是一个触发大脑中已有知识结构和思维模式重组的一个的过程。掌握一门外语意味着长出一双翅膀,学习和掌握两门外语,将使得这双翅膀更硬,翼展更宽广,更有力!

　　有关心理学和语言学研究成果表明,儿童的语言能力与父母的受教育程度正相关。外语学习相关研究成果表明,学习者的外语水平与家庭经济情况正相关。其实,这一切都证明,语言能力体现了综合能力和思维能力。父母、同伴或周围人语言输入的质和量,决定了儿童的语言能力和思维能力。皮亚杰提出的"the more knowledgeable other",维果斯基的"同伴影响"理论都说明儿童成长过程中语言输入的重要性。前不久我们邀请了著名作家毕飞宇和著名翻译家许钧先生来上外附中与中学生就阅读与成长进行对话。许钧教授谈到,他的儿童时代遇上了极度的物质和精神贫困年代,他渴望知识而不得,每天站到村口去听广播喇叭中的广播节目去获得生命提升的动力和资源;毕飞宇说他从小劳作在田野,向大自然学到了他无法从课本中获得的生命的养料。我最近研究海伦·凯勒独特的语言学习过程,感悟更多:她19个月失明失聪,7岁前她在智力和精神生活方面就是一个简单的动物。7岁开始,她的老师Ann Sullivan教她语言,通过在手心写字的方式,学习语言词汇与外部世界的关系,学习语言词汇与抽象概念的关系,然后,她在老师的帮助下,通过刚刚获得的有限的语言能力,进一步去了解自然,学习不同学科的知识。短短三年左右的时间,她的知识和思维水平已经超过了正常的同龄孩子。没有语言,她甚至不能成为一个正常的人,有了语言,她如饥似渴地用它去获得大自然的知识,去获得人类文明史上积累的各种知识,她站到了前人和他人的肩膀上,看到了更远。她后来还学了四五门外语,真正做到了"如虎添翼",创造了人类生命发展史上的一个奇迹,谱写了人类智慧发展的一曲壮丽的凯歌。

上外附中的学生，因为其出众的语言能力，包括外语能力，进了上外附中。语言能力帮助他们迈出了人生发展的关键一步。上外附中富有特色的外语课程和他们自己的努力，使得他们的外语能力很快达到了能用来获取新的知识、打通学科边界、提升思维品质的程度。第一门外语学习的方法和经验使得他们学习另外一门外语变得更加轻松、有效。第二外语的学习不但强化了他们的英语能力，还扩大了知识面，获得了更多的世界历史、地理、政治、艺术方面的知识，两门外语学习的成功，增强了他们的成就感和自信心，提升了其他学科学习的动力和能力。如此良性循环，双语班的学生表现更加出色。据此，我得出了两个公式：

第一个公式：1＋1＜1.5

学习两门外语，第二门外语的学习时间只要学习第一门外语的一半，事半功倍。学习更多的外语可以以此类推。

英语：

- 小学 5（课时）×36（周）×5（年）＝900
- 中学 5（课时）× 36（周）×7（年）＝1 260
- 课外：3（课时）× 54（周）× 12（年）＝ 1 944

总时数 = 4 104

第二外语：

- 中学 8（课时）× 36（周）× 6（年）＝ 1 728
- 课外：2（课时）× 36（周）× 7（年）＝504

总课时数 = 2 232

第二个公式：1＋1＋1＞3

在母语和一门外语的基础上，学生掌握了第二门外语，其收益不仅仅是三门语言，他的概念世界和精神体验比其他同学更加丰富，通俗地说，已经发生了化学反应，他的人生因此而不同。

我们有充分的数据、众多的案例来支持这样的结论。我们做了一个调研。在校生有239人参加，毕业生有43人参加，我们同时还调研了担任双语班教学的英语教师、其他外语教师和其他学科教师。大家可以看到我们会议材料中提供的具体调研结果及分析。我这里提及几点：

- 喜欢所学的第二门外语：90%以上；
- 对英语学习的促进：70%以上；
- 对其他学科的促进：70%以上认为对历史、地理和政治学科的学习有促进作用；

　　● 英语学习方法对第二外语学习的作用：80%以上的同学认为英语学习的方法对他们学习第二外语有益；

　　● 今后选择外语之外的职业：80%左右。

　　下面我们再来看几位优秀的双外语学习者的体会和感悟：

张萧（英语＋日语，高二学生，英语、日语全国演讲冠军）

　　虽然很多人说人工智能将在这个方面取代人类，但其实当你学会了一门小语种后，你就可以打开这个世界的另一面，与更多世界各地的人交流，结交朋友。直接的口头交流与翻译工具的交流的感觉是完全两样的。其次学习一门小语种能够多为你打开一扇事业大门：你比别人多了一只眼睛去看世界，多了看世界的角度。如果你掌握一门语言，你还可以阅读当地原版书籍，真正体验当地文化，"原汁原味"地解读它。

袁玥炜（英语＋日语，宾夕法尼亚大学学生，英语、日语全国演讲冠军）

　　有时，倒是得益于日语和英语间的种种反差，我才能够更明确地感知两者各自的特点，甚至重新认识我的母语中文——尤其是在翻译的过程中，假设我们试图用3种语言表达同一种意思，尽全力翻译后仔细一品却依旧感觉到彼此间微妙的差异，或是发现有些意思好像根本无法精准地翻译。愈是在这种时候，此前一直被视作理所当然的，某一种语言特有的魅力愈是得以迸发。

　　久而久之，它带给我的是更广阔的视野，和更多的思考、挑战和收获：我学会了接纳不同，不仅仅是浮于表面功夫的"包容"，而是将自己置身于某种背景在某种情境下去真正地理解"为何不同"而"这不同又为何合理"。

　　即使面对和我所处所思全然不同的人们，我也希望能用好外语，自信地讲出我的想法、介绍我所处的文化背景和我们的中国故事，尽所能去消除误会并赢得尊重与理解。这也让我结识了来自世界各地的友人，我们彼此都很不一样，但我们真诚交流互相珍重，从此结下可贵的友谊。

胡贝丽（英语＋俄语，美国哈维穆德学院学生）

　　大二时选修的一门俄语文学课给了我一部分答案。依靠着在附中七年打下的基础，我重新开始研读文学选段。虽然我当时已有一年多没接触俄语，生疏到需要时常查字典和翻看译文，但是从繁复的数学和物理公式中抽身，来到小说中的另一个世界，将原文和不同版本的译文细细比对、品味，我从文字中获得了极其奢侈的享受和满足。或许我的专业学习永远不会和俄语产生交集，但是俄语和俄语文学的存在让我对这个世界的美有了更深刻的欣赏，我也希望自己能更进一步挖掘俄语文学的宝藏，成为一个更丰满的人。

胡诗成（英语＋西班牙语，高二学生，全国化学竞赛一等奖获得者）
"我是来自上海外国语大学附属外国语学校的竞赛生。"
"Wow……外国语学校……你学小语种么？"
"学习西班牙语五年了。"

在准备化学竞赛和生物竞赛的过程中，我经常有与国内外其他高中学生的交流机会。一般来说，他们都不会有在学校深入学习两门外语的机会，因此都认为我能流利地说两门外语是一件很 cool 的事情。这种时候，我总会为我的母校感到十分自豪。

不过，双语学习带来的好处远远不只是对母校感到自豪、身份认同这么一点。英语好，自然对西班牙语学习有帮助，学了西班牙语，也能更促进英语的学习。英语基础好，看起化学、生物方面的原版书也顺利多了，但西语的学习让我更轻松地看某些英文原版教材确实是没有想到的。比起掺杂了较多日耳曼语系的英语，西班牙语与拉丁语更为相像，许多西班牙语词汇一眼就可以看出是从拉丁语词汇通过一定的规律变化得来的。很多英语生化方面的专业词汇，都是从拉丁语来的，如果单纯只学过英语，那么记起来是十分痛苦的。

最关键的是，双语学习让我开阔了眼界，让我形成了严谨的思维，拥有了很好的收集信息、总结信息、掌握规律的能力。

当然，上外附中双外语教学模式的成功，还有一个不应忽视的重要因素：七年一贯制。正因为不需要参加中考，学生、家长和学校能够从容地安排多门外语的学习。这一模式基本符合周恩来总理当年对外国语学校人才培养的九字方针：多语种、一条龙、高质量。

下面我来试图回答一个问题：我们为什么需要多语种的人才？

第一，懂几种外语是欧美职业外交家的基本能力，而中国走向世界需要更多的职业外交家；第二，中国参与全球治理需要懂多种语言的政治家;第三,中国的对外交往需要具有多语种转换能力的高级翻译或工作人员;第四,中国的国际问题研究需要多语种为基础的高级研究人员;第五,世界和中国的文化阐释和传承需要大师,大师需要开阔的视野,掌握多门外语是必要条件之一。

作为中国国际化程度最高、国际文化交流最频繁的国际大都市,上海更需要掌握多门外语的国际化人才,甚至是普通市民。这是因为:上海是中国的文化中心之一;上海是外语教育水平和市民外语总体素质最高的地区之一;上海是对外交往(民间外交)最活跃的地区之一;上海是中国的经济、金融、航运、科创中心之一。上海是中国基础教育最发达的地区之一,上海来探索基础阶段多语种人才培养的模式和实践责无旁贷。上外附中作为上海市外语人才培养特色学校,教育部最先成立的外国语学校之一,承担这一任务更是我们的使命所在。

我们的计划是,今后的三到五年内,我们将依托上海外国语大学,开出 20 种左右的外语语种课程;我们将打造一支更优秀的师资队伍,增加双语教师的比例,加强不同语种、不同学科教师之间的交流与协作,同时提升教师的研究能力和创新意识;我们将努力建设更好的多语种教学资源,建立一个多语种博览与学习中心;我们将努力提供更好的课程模式:基于主题的教学、基于线上线下、游学交流的学习方式等等;我们还要探索更早的起点多语教学:尝试从小学开始的实验;我们将搭建更好的交流平台,让我们的老师和课程开发者与国内外同行、高校理论研究者切磋、交流,共同发展。

各位领导,各位专家,各位老师,上外附中在基础教育阶段多语种教育教学方面作了一些探索,取得了一些阶段性成果。它能取得成功,凝聚了多方面的心血、智慧和付出。我们对此心怀感激。我们将继续探索。这是一项利国利民、有利于学校特色发展和教师发展、有利于学生全面和终身发展的教育模式。期待更多的教育学、语言学、外语教学、政治学等学科的专家学者的深入挖掘、充分讨论、高度提炼和宣传推广。

谢谢大家!

不忘初心，继往开来

——在上外附中 55 周年校庆暨第 32 届国际
文化节闭幕式上的讲话

（2018 年 12 月 28 日）

束定芳

尊敬的各位校友、各位老师、各位同学、各位领导、各位来宾：

在上海外国语大学附属外国语学校建校 55 周年之际，请允许我代表学校全体教职员工对各位莅临"上外附中 55 周年校庆暨第 32 届国际文化节闭幕式"表示热烈的欢迎和衷心的感谢！

上外附中建校 55 年来学校所走过的每一步，所取得的每一点进步，都离不开上级部门的正确领导、学校历届领导和老师们的努力奋斗、广大校友和社会各界的强有力的支持。在此，我谨代表上外附中全体师生员工向多年来为上外附中的发展作出过贡献的所有领导、老师、校友、学生和家长表示由衷的感谢、诚挚的问候和衷心的祝福！

专程来参加今天活动的有 150 多位附中校友代表。你们的杰出和优秀造就了母校的辉煌！山不在高，有仙则名。仙人就是我们杰出的校友和学生。上外附中 33 亩地的校园，55 年来孕育出了众多共和国的栋梁：你们当中，有的成了党和国家领导人，有的成了部长、大使、将军、大学校长、知名专家学者或企业家，有的成了不同行业的翘楚和杰出人士。你们的出类拔萃不断激励着母校的老师和同学！母校感谢你们！感谢你们对母校老师的深情厚谊，感谢你们始终关心、支持母校的发展！

近年来，面对新时期来自各方面的挑战，我们全校师生在上海外国语大学党委领导下，重新定位再出发：确立了"不忘初心、继往开来"的办学指导思想，确定了"多语种、国际化"为办学特色，以培养"服务国家发展、服务人类进步"国际化英才为目标的办学方针。近两年来，我们在课程改革、教师发展和办学资源拓展上取得了初步的成绩。

就在上周五，即 12 月 21 日，我们成功举办了"首届全国基础教育阶段多语种教育教学研讨会"。全国语言教育领域的众多权威专家、学者，外国语学校的领导和老师齐聚上外附中，共谋多语种教育教学的发展。上外附中双外语教学模式所取得的阶段性成果在会上进行了展示，引起了社会的高度关注和肯定，凸显了上外附中在多语种教学方面的引领地位。

在课程改革方面,我们根据上外附中高中学生参加高考、保送和出国深造等多元化的需求,进行了分类分班分层教学试点,推出了符合不同生涯发展方向学生需求的课程;推出了与中科院上海生命科学院和技术物理研究所等重要科研院所合作的研究性课程;推出了阿拉伯语、希伯来语和意大利语等选修课程;2018 年,学校获得了 IB 课程的授权,推出了 AP课程试点。今年,我校还首次获得了上海市基础教育优秀教学成果一等奖和二等奖各一项。

在教师发展方面,我们初步完成了与上海市普教系统教师发展和教研活动的对接,推出了一系列教师发展和教学研究的激励举措。今年,学校组织教师参加了上海市第四期"双名工程"申报工作,1 人入选"高峰计划",14 人入选攻关计划名师后备人选;3 人入选种子计划主持人,16 人入选种子计划学员;我校英语教师杨好的课例参加了教育部"一课一名师""一师一优课"的评选活动,被评为教育部部级初中英语优课;英语教师郑喆获上海市高中英语新课标、新教材教学展示一等奖。

2018 年,我们接受了上海市教委组织的上海市实验性、示范性高中发展性督导。督导专家经过全方位的调研,充分肯定了上外附中的办学成绩和办学特色,同时也指出了学校发展过程中存在的问题,对学校未来的发展提出了积极的建议。学校在学习全国教育大会精神的基础上,结合兄弟学校的办学经验,广开言路,制定了上外附中今后三年的发展规划初步方案,推动学校新一轮发展。

作为教育部直属外国语学校,我们将不忘初心,牢记为国家培养国际化英才的历史使命,坚持多语种、国际化、一条龙、高质量的办学方针,以贯彻实施普通高中新课标为契机,以实施英语学科"高峰计划""扩大优质教育资源项目"等为抓手,推动学校课程改革、教师职业发展和学生全面发展。

在课程改革方面,我们将发挥上外附中七年一贯制的办学优势,推动学分制和课程结构体系改革。在高质量完成国家课程要求的基础上,学校将努力构建与培养一流国际化预备英才目标相符合的国际化课程体系。我们将努力建设智慧校园、智慧课堂。根据附中学生学习能力特别强的特点,探索课堂教学与课外自主学习相结合,线上线下相结合的教学和评价模式。

在教师发展方面,我们将启动教师学历提升计划、职称提升计划、海外培训计划和教学研究计划等,同时,加大引进海内外高层次优秀教师的力度,建设一支与上外附中办学声誉和社会期待相符的高素质的教师队伍。

在学生发展方面,我们将充分发挥学校、家庭和社会力量的优势,特别是上外附中优秀的校友和家长资源,探索全员德育、全员生涯教育、社会综合实践、创新能力培养的新途径、新方法。

我们还将继续加大力度,争取教育部、上海市教委、虹口区和上海外国语大学更多更有力的支持,推动上外附中教学资源建设,特别是创新实验室和后勤保障体系的建设。我们将努力争取成为上海市教委推动和组织的信息化校园建设项目试点学校,在信息化校园建设方面实现弯道超车。

各位校友,各位老师,各位领导,各位同学,上外附中走过了辉煌的 55 年,我们将满怀信心走向未来。上外附中将主动对标国家新时期教育方针,努力成为基础教育教学改革,特别是外语特色学科发展的探索者、领跑者。未来的路很长,未来的路绝对不会平坦,我们需要你们全方位的关注和支持,我们全校师生将不忘初心,继往开来,凝心聚力,攻坚克难,为创造学校更美好的未来,努力奋斗!

谢谢大家!

上外附中 2019 届高中毕业典礼校长讲话

(2019 年 5 月 24 日)

束定芳

亲爱的高三同学们：

今天，你们高中毕业了。不过，高中毕业只是迈向未来人生舞台、漫漫征途中的一个小小的驿站，一个重新出发的起点，一次正式演出前的彩排！你们的人生舞台是世界！你们的重要演出在未来！

上外附中的七年，你们通过自己辛勤的努力和付出，展示了自己的实力和潜力，获得了进入各自心仪的知名高等学府继续深造的机会。我代表学校和老师祝贺你们！还有部分同学两周后参加高考，我们在这里预祝他们取得理想的成绩！

同学们，本届高三是教育部有关高校外语专业保送方式发生较大变化、学校针对高三同学升学需求多元化而采取分流分科分层教学并大幅调整课程内容的一年，高三年级的老师、学校相关部门为课程调整、为同学们的升学选择、材料准备和申请手续付出了大量的心血和努力，有一段时间常常加班加点、废寝忘食，同学们有目共睹。在此，我谨代表学校向全体高三教师表示衷心的感谢！同时，我提议，高三的同学们鼓掌，向全体高三教师、学校相关部门的老师表示真诚的谢意！

同学们，上外附中的七年，希望给你们留下了美好的回忆。希望上外附中的校训"自强、至诚、志远"激励了你们，以后还将继续激励你们！希望过去的七年中，学校的老师、学校的课程、学校的各类丰富多彩的高层次的校园活动和文化，为大家的全面发展和成长提供了源源不断的动力和灵感。七年，你们一定也在某些方面有遗憾，但"月有阴晴圆缺，此事古难全"。

七年中学生涯行将结束之际，同学们还要感恩自己的父母和亲友。正是他们的一路陪伴和倾心付出为你们铺就了一条相较于其他同龄人更为平坦的通往未来的成功之路。你们是幸运的，因为你们的父母、亲友！

上外附中的七年同窗，同学们之间一定结下了深厚的友谊。你们很快会发现，同学情谊是人世间最美好、最纯洁的感情之一。希望你们今后无论身在何方，记住同窗情谊，努力成就彼此。"海内存知己，天涯若比邻""莫愁前路无知己，天下谁人不识君"。

在你们即将离开母校，奔赴世界各地去为更辉煌的前程奋斗、努力之际，我代表母校的老师给同学们以下寄语：

语言能力是思维能力和综合素养的体现。上外附中给你们打下了坚实的外语基础，让你们插上了飞得更高和更远的翅膀。"多语种＋"使你们具备了更大的竞争优势，为你们今后成为"具有国际视野、懂国际规则、能参与国际竞争"的国际化人才奠定了基础。前几天刚刚获得 2019 Intel ISEF 英特尔国际科学与工程大奖赛能源化学组一等奖的胡诗成同学的经历充分说明，她所学习和掌握的两门外语为她最终站到了国际大赛领奖台上奠定了坚实的基础。

50 多年来，上外附中走出了杨洁篪、崔天凯、王光亚等杰出的外交人才，走出了数十位共和国驻外大使，走出了众多的杰出科学家、企业家、学者和各行各业翘楚，我相信，所有在座的高三同学以后一定能不负众望，奋发图强，勇攀高峰，作出让母校、同学和你们父母自豪、让同辈刮目的卓越成就！

中国正前所未有地走向世界舞台中央。世界正处于近百年来从未有过的大变局。中国需要高瞻远瞩、纵横捭阖、能发出中国声音、代表中国利益的高端国际化人才。世界需要改变者、世界需要引领者！上外附中历届高中毕业生以其优秀的综合素质、突出的外语能力，一直以来获得国内外高校和用人单位的高度评价。我相信，未来的你们一定能在世界舞台上为中国为人类命运共同体演出、甚至导演精彩纷呈的划时代的历史话剧！

同学们，你们的舞台在未来，未来属于你们。你们未来的舞台是整个世界！

谢谢大家！

上外附中 2019 学年开学典礼校长寄语

（2019 年 9 月 2 日）

束定芳

亲爱的同学们、老师们：

今天，我们迎来了 2019 学年的新学期，同时也迎来了新中预和新高一的同学们。我首先代表学校和老师热烈欢迎你们！

祝贺中预班的新同学！你们在自己的努力下，在父母、老师的帮助和指导下，进入了一所将为你们未来发展提供无限机会的学校。你们是幸运的。今年，上外附中在原来六门外语的基础上，又开出了阿拉伯语、希伯来语、意大利语和葡萄牙语等四个新语种，成为全国开设外语最多的中学。同学们将感受更浓厚的多元文化氛围，获得更广阔的国际视野和跨文化交流实践的机会。上外附中从去年起，第二外语也成了每个同学的必修课。高中毕业时基本掌握两门外语将成为上外附中学生的一个重要标志和未来竞争的突出优势！

祝贺高一年级新同学：经过四年的拼搏，你们跃上了一个新的台阶！离你们心目中的目标更近了一步！

同学们，上外附中有众多优秀的学生。他们在老师和家长的指导帮助下，抓住各种学习和成长的机遇，并通过自己的努力，取得了许多令人羡慕的成绩，为学校争得了荣誉，为其他同学树立了榜样。

今年上半年，我校高二胡诗成同学获得了 2019 英特尔国际科学与工程大奖赛能源化学一等奖。

6 月，初三汪栎宬同学荣获第 17 届中国日报社"21 世纪杯"中小学生英语演讲比赛初中组冠军；在第 20 届"希望之星"英语风采年度比赛中，我校高二 3 班孙怡琳同学在高中组脱颖而出，获得全国特等奖。

7 月，第 36 届全国青少年信息学奥林匹克竞赛中传来喜讯：我校高二(1)班的王慧同学获得金牌，并获全场最佳女选手称号；高二(2)班的倪文韬同学获得铜牌，并获得上海交通大学计算机系一等降分签约；高一(6)班的姜天乐同学获得铜牌，已通过清华大学冬令营获得计算机系一等降分签约。

8 月 8—12 日，SAGE 全球中学生可持续发展创新大赛在美国加州伯克利大学举行，来自美国、尼日利亚、以色列等 12 个国家冠军参赛队和 7

个国家亚军参赛队参加了此次大赛。我校赛智社团"SBINNER 智能垃圾分类"项目组作为中国站冠军参赛。最终，由戚蕴怡、史楚天、黄芷皙、陈齐佳、范倍铨和吴桐等同学组成的 SBINNER 团队凭借严密的项目逻辑、生动的演讲、广泛的社会影响力获得了世界亚军，同时也荣获了"可持续城市和社区"与"优质教育"两项联合国可持续发展金奖。

在此，我们向这些同学表示热烈的祝贺！向培养、指导他们的老师和家长表示衷心的感谢！

同学们，你们是否认真想过，你们为什么选择上外附中？上外附中能够给你们带来什么？在上外附中，你们应该关注什么？做些什么？

我觉得，汪栎宬同学在他的获奖感言中对他在上外附中四年的学习经验和感悟总结得非常好，我在这里给大家做一下介绍：

汪栎宬同学说："去年 21 世纪高中组的冠军便是附中的学子。这或许也是附中的魅力所在。你总能在这所学校中找到自己的榜样，激励你为自己的目标不懈奋斗。"

同学们，上外附中最大的魅力之一就是有太多的优秀校友为同学们树立了标杆，为大家提供了成功的、可复制的经验。校园里你天天能接触到的很多同学，就是你学习的榜样。因此，我希望同学们能够"见贤思齐"，以杰出校友、优秀学长、身边同学为榜样，以"至诚"而达到"志远""自强"！

汪栎宬同学说："附中给予我大量的机会接触多元文化，走向国际舞台。"

同学们，上外附中与世界上 30 多所学校建立了姐妹学校关系，每年有 400 多人次的师生互访交流；我们双语班的同学高中毕业两门外语同时达到熟练运用的水平，有的同学能够获得两门外语演讲的全国冠军，他们创造了中国中学生外语学习成功的奇迹！学习外语使人更聪明，更善于学习，外语又为同学们学好其他课程、提升自己的综合素质提供了有力的支撑！

汪栎宬同学总结的上外附中给了他的第三大帮助是学校社团活动给同学们创造的实践机会。他是学校戏剧社团的成员之一。他说："我非常庆幸我接受了表演的训练，让我学会如何走进人心；而我更加感谢附中在每一次活动中将舞台交给学生，让我们在这一次次机会中磨练自己。从最初的'背稿子'到如今的随机应变，是附中给予我的一次次主持机会将我的所学变为了现实，圆了我的'舞台梦'。"

　　同学们,上外附中有 40 多个学生社团,社团活动为同学们发现自己、磨练自己、提升自己提供了无限的可能。我们鼓励同学们在父母和老师的指导下,根据自身的特点,选择适合自己的社团或研究小组,寻找自己的闪光点,开发自己的潜能!

　　汪栎宬同学提到,他之所以能获得全国演讲冠军,是因为学校的辩论与模联活动给予了他许多的帮助。它们很好地锻炼了他的语言组织能力与随机应变能力,让他能够在短暂的时间里明确演讲的中心,进而将内容围绕着中心一一展开。

　　汪栎宬同学还提到,附中的老师在完成教学任务之余,还会提供许多额外的补充:如英语原版书籍、新闻节目、经典演讲,还有经典歌曲,等等。课内外的拓展为他英语综合能力的提升打下了坚实的基础。今年开始,学校将推动这一做法制度化,将为每个年级推荐 10—20 篇的英语经典作品,通过拓展研讨、诵读等方式帮助同学们深入理解并熟记,使每位上外附中的同学七年中掌握 100 多篇以上的英语世界文化经典作品。

　　同学们可能都熟悉以下名言:"临渊羡鱼不如退而结网""罗马不是一天建成的""梅花香自苦寒来""台上一分钟,台下十年功""爱拼才会赢"。从来没有轻轻松松、随随便便的成功。投机取巧取得的所谓好成绩只会昙花一现,也得不到别人认可。每一个辉煌的背后,必定是多年的日积月累,需要我们心无旁骛的坚持、脚踏实地的勤学苦练以及目标坚定的自律!

　　当然,与学习和成绩同等重要是同学们的身心健康! 希望同学们积极参加体育锻炼,始终以健康的体魄和愉快的心情来陪伴你们每天的学业。英国知名学者弗朗西斯·培根在他的《论读书》一文中说:"Reading makes a full man, conference a ready man, writing an exact man."。我这里再加上一句:"Sports a happy man"。

　　同学们,有了目标,有了标杆,接下来就是制订计划、付诸实践、埋头苦干。我们期待同学们每天都有进步,期待同学们不断接近自己的目标,走向未来的辉煌!

　　你的每一分努力我们都会看得见,努力请从今天开始!

　　谢谢大家!

上外附中 2020 届高中毕业典礼校长讲话

（2020 年 6 月 12 日）

束定芳

各位同学、各位老师、各位家长：

上午好！

上外附中 2020 届注定要在学校的历史上写下光辉的一页，留下浓墨重彩的记录。同学们的表现和取得的成绩让老师和家长喜出望外，你们创造了上外附中历史上新的辉煌！你们是一个优秀的群体！你们用自己的勤奋和智慧创造了令同龄人羡慕的历史和记录！

你们每人都以不同的方式展示了自己的精彩！你们当中也出现了许许多多的佼佼者：胡诗成同学因获得英特尔国际能源化学学科一等奖受邀参加了 2019 年的诺贝尔颁奖典礼；王慧同学获得第 36 届全国青少年信息学奥林匹克竞赛（NOI2019）金牌，排名女生第一。两位同学双双被麻省理工学院录取，创造了上外附中的历史，也为中国大陆的中学生赢得了荣誉。

还有众多其他的同学为上外附中增添了光辉！今年，有四位获得外语保送资格的同学被北京大学录取。多位同学获得清华、复旦、南大和上外等国内一流大学的保送入学资格。许多出国的同学拿到了牛津、剑桥、斯坦福、耶鲁等名校的录取通知书。原来大家一直说，今天你们以学校为荣，明天学校以你们为荣。其实，你们还在学校的时候已经为上外附中增添了光彩，为学弟、学妹作出了榜样！我要祝贺你们！感谢你们！作为一位大学老师和中学校长，我为遇到你们这样的中学生而感到骄傲和自豪！

同学们，你们在上外附中高中学习的三年，正是学校上下在"不忘初心、牢记使命"的感召下，面对附中同学生涯发展多元化的需求，努力探索满足社会期待和同学们全面发展目标的三年，是全校师生努力提高自身水平、努力提升学校办学层次、办学条件和办学质量的三年。

你们是幸运的。从你们高一开始，学校进行了新的学习成绩等第制度的改革，启动了高中课程分类、分流教学和学生综合素质评价标准的改革。你们是这些重要教学改革举措的直接受益者。

大家应该记得，在过去的三年中，为激励同学们有更高的人生追求目标，拓展同学们的国际视野，提升同学们的学习和创新能力，学校举办了多场次"高大上"的校园学术和文化活动,搭建了多个高层次的学习和交流平台。

2017年10月,你们曾有过一次与诺贝尔文学奖得主亲密接触的机会,你们当中还有同学与他面对面对过话,提过问。三年来,你们见识了至少5位两院院士和其他知名科学家,聆听了他们有关学科前沿和未来世界发展的报告。三年中,你们见到了至少3位共和国驻外大使,而他们都是上外附中的校友!就在去年,你们还有幸见证、甚至参与了2019年11月5日中法两位国家元首夫人访问上外附中的历史性事件!

你们的学校、你们的老师们在过去的三年里也经历了考验和成长。特别是高三年级的老师们。为了适应新的教学要求,很多老师承受了很大的压力,付出了比以往更多的时间和精力。让我们一起感谢高三的老师们!也感谢全校所有的教职员工们!

老师们可以感到欣慰的是,今年,对上外附中来说是个特别的丰收年!随着学校社会影响和办学条件的提升,学校办学理念和举措得到越来越多教职员工、家长的认可和支持,学校为同学们和老师们搭建的各类高层次学习平台和激励措施将发挥更大的助推作用,上外附中的学生和老师将创造更多的奇迹和辉煌!

祝贺获得保送资格并已被国内知名大学录取的同学们!你们的未来充满希望,你们今后可能成为职业外交家,可能成为外语教师,高级翻译,将成为作为"培养外语外交人才的摇篮"的上外附中的新的代表和诠释者!

祝贺已经被海外知名高校录取的未来留学生们!你们本身将成为"中国故事"的一部分激励世界各地的同龄人!无论你们今后在世界哪个国家或地区工作,你们都是附中人,都是中国人,你们将展示中国人的形象,你们将"讲述中国故事"。七年的附中生活,给你们提供了讲好中国故事的底蕴和能力!

祝福即将参加高考的同学们!你们将面临一场重要的人生挑战!但我相信,只要从容应对,你们有能力发挥出自己的优势和潜力,进入你们梦想中的学校和专业!预祝你们成功!

在同学们即将离开母校,踏上人生新阶段的时候,我想给同学们留几句临别赠言。

今年上半年的新冠肺炎疫情,可能是大家有生以来遇到的最难以忘怀的事件。从这次世界性的灾难中,同学们获得了什么感悟呢?让我引用一些大家已经耳熟能详的名人名言与同学们共勉：

"时代的一粒灰，落在个人头上，就是一座山。"法国哲学家帕斯卡尔说过，人是一根会思维的芦苇。生命是脆弱的。同学们，到目前为止，你们经历的是开挂的人生，但也许你们以后会遭遇意外的人生逆境，遭遇命运的不公，遭遇比这次全球疫情更严重的灾难，但是请相信，这不是世界的末日，请珍惜生命、珍惜亲人、珍惜你们已经拥有的一切！

"没有一个人是孤岛，没有一个国家是孤岛"病毒、偏见、无知、仇恨是人类共同的敌人，在这场没有硝烟的战场上，任何自私自利、以邻为壑、幸灾乐祸的言论和行为都是愚蠢的、反人类的，注定要遭到惩罚的。

"山川异域，风月同天。""岂曰无衣，与子同袍。""A friend in need is a friend indeed."人之所以不同于动物就是因为有恻隐之心，有共情，在有人落水挣扎时会伸出救援之手。

"这世界上，哪有岁月静好，只不过是有人在替你负重前行。"你的父母，还有许多其他人，为你的平安、健康和进步而默默奉献。有的同学可能抱怨过学校和家庭环境或条件不够好，抱怨过生活中种种的不顺。这次疫情期间，同学们也许意识到了，这个世界上，有很多同龄人没有我们这么幸运；网课期间，有很多农村的同学，克服城市学生难以想象的困难，到野外，甚至到山顶上借助微弱的无线信号进行网课学习。在这里，我也代表学校，特别感谢我们的家长们。感谢你们多年来对子女无私的付出，感谢你们对孩子在附中七年的日夜陪伴，感谢你们对上外附中的深情厚谊！

"没有一个冬天不可逾越，没有一个春天不会来临。"在最黑暗的时候，我们要知道，光明总会来临。潘多拉魔盒中留下的最后一样东西就是hope（希望）。同学们，在这次抗击新型冠状病毒性肺炎的战役中，上外附中的校友们有非常值得母校和学弟学妹们自豪和学习的表现：他们在疫情暴发初期，武汉和湖北抗疫物资极度匮乏的情况下，第一时间在全球范围内行动了起来。他们不但慷慨解囊，而且在海外快速筹集了国内急需的各类防疫用品，包括医用防护服、口罩、呼吸机等等，他们以杰出的协调力和行动力，在最短的时间内把这些物资运送到了武汉，为医务人员的安全，为帮助他们挽救更多的生命作出了重要的贡献！在这场特殊的战斗中，上外附中校友们再次用行动诠释了高素质、国际化人才的家国情怀和卓越的执行力！

同学们，老师们，去年11月5日，国家主席习近平夫人彭丽媛在上外附中接待法国元首夫人布里吉特女士,高度评价了上外附中在培养高素质的国际化人才中所取得的成就。在活动结束离开上外附中前,彭丽媛女士对陪同参观的上海市副市长陈群、上海外国语大学党委书记姜锋和我叮嘱道,希望上外附中能够为国家培养更多更好的外交人才。

在这里,我引用几句外交部原副部长傅莹女士今年2月在慕尼黑安全会议后所说的一段话:"当世界形势如此快速变化之际,中国的国际角色和地位面临复杂挑战,我们应该有更多重量级的人物出现在慕安会这样的国际论坛上,也应该有更多的中国学者或人大代表、政协委员直接走向国际,参与到外交工作中来,否则很难改变当前的国际舞台,尤其在欧美的主导上,在中国话题上中国声音较弱的状况下。"

就此,我想与大家分享一个想法,在全球化背景下的新时代,"外交"这个概念应该从广义的角度来理解,外交官是外交人才,科学家也是外交人才,政府官员更是外交人才,所有人都可能在某些场合作为国家的代表,成为国家形象和声音的一部分。我们期待,不远的将来,同学们在上外附中打下的基础,能成就你们未来的梦想,希望你们成为具有家国情怀、国际视野、专业知识和国际沟通才能的国际化人才,代表祖国在世界舞台上纵横驰骋,服务国家发展,服务人类进步。

同学们,未来需要你们,世界需要你们! 未来的世界属于你们! 祝大家一路凯歌,一路芬芳! 谢谢大家!

附录3：上海市英语教育教学研究
基地大事记（2016—2020）

日　　期	事　　件
2016 年 7 月 19 日	上海市教育委员会公布第二批上海高校"立德树人"人文社科重点研究基地的通知。上海市英语教育教学研究基地获批成立于上海外国语大学，首席专家为束定芳教授（上海外国语大学），第二主持人是邹为诚教授（华东师范大学）。
2016 年 10 月 26 日	召开上海市特级英语教师和教研员座谈会，启动《上海市英语特级教师风采录》的编撰工作。
2016 年 11 月	完成英语基地组织架构建设，建立咨询委员会、专家委员会、管理委员会，各由 7 人组成，专兼职研究人员 70 多人。
2016 年 11 月	英语基地与海桐小学签订合作协议，基于"驻校协作"机制在该校开展英语课程改革项目，由朱彦博士和虞晴梅老师负责项目实施。
2016 年 11 月	完成英语基地标志设计，其寓意为：1) 学习外语意味着多长一只眼睛，意味着国际视野；2) 表示英语基地将立足上海，放眼世界，以国际化和国际一流成果为参照和目标。英语基地标志由上海外语教育出版社雷宇设计完成。
2016 年 12 月 24 日	上海市高校"立德树人"人文社科重点研究基地——英语教育教学研究基地揭牌仪式暨"中国外语教学改革高层论坛"在上海外国语大学举行。
2017 年 1 月 8 日	英语基地召开国际课标研究与上海市英语课程标准研究研讨会。
2017 年 1 月	启动《上海市英语特级教师访谈录》的编撰工作。
2017 年 1 月	Rod Ellis 教授、Brian Tomlinson 教授签约成为英语基地讲座教授。
2017 年 1 月 17 日	英语基地研究员王蓓蕾应邀至卢湾区第一中心小学参加上海市教委教研室总结大会，了解上海市基础教育阶段英语教学教改情况。

日　　期	事　　件
2017 年 2 月 12 日	英语基地召开新世纪高中英语教材修订首次研讨会,与会人员讨论教材修订初步方案。
2017 年 2 月	启动与上海市虹口区复兴高级中学之间的深度合作,英语基地高中组负责人王蓓蕾副教授带领小组成员对该校进行初次走访,并开启每两周一次的教研交流活动。
2017 年 2 月	启动与上海市虹口区北郊学校之间的深度合作,英语基地初中组负责人安琳博士带领小组成员对该校进行初次走访,并开启定期教研交流活动。
2017 年 3 月	英语基地官方网站(http://screle.shisu.edu.cn)试运营。
2017 年 3 月 15 日	英语基地研究员王蓓蕾、朱彦、钱晶晶和葛现茹应邀到上海市第三女子中学参加上海市高中英语优质课展示交流活动。此次活动主题为"基于单元整体设计的写作教学",展示了上海市名师基地高中英语组的部分成果。
2017 年 4 月 12 日	英语基地公众号"英语教学研究基地"正式上线。
2017 年 4 月 13 日	虹口区教育局孙磊副局长、虹口区英语学科高地项目组骨干成员、虹口区教师进修学院教师一行访问英语基地,双方就课堂教学研究、教师培训、未来的合作方向等话题进行了深入交流。
2017 年 4 月 24—28 日	英语基地研究人员朱彦博士、钱晶晶博士参与上海市教委教研室组织的长宁区课程与教学调研活动。
2017 年 4 月 27 日—5 月 3 日	国际知名教材专家 Brian Tomlinson 教授在英语基地举行了四场英语教材专题系列讲座。每场讲座均吸引了近 200 名中小学英语教师、教研员和高校师生参加。
2017 年 5 月 9 日	澳大利亚新南威尔士大学副教授、System 期刊共同主编高雪松博士应莅临英语基地开设学术讲座。
2017 年 6 月 5—13 日	国际知名二语习得专家 Rod Ellis 教授在英语基地举行了四场"任务型语言教学法"系列讲座。每场讲座均吸引了近 200 名中小学英语教师、教研员和高校师生参加。
2017 年 6 月 10 日	纽约大学唐力行教授的教师培训专题讲座——"Humanizing Teaching: A Humanistic Approach to Teaching Foreign Languages"在英语基地圆满举办。数十位上海各区县的中小学英语教师、英语教研员和高校教学研究人员参加了本次讲座。

续　表

日　　期	事　　件
2017 年 6 月 13 日	英语基地与虹口区英语学科高地联合举办交流活动，高中组负责人王蓓蕾副教授带领小组成员，与虹口区英语学科高地成员以及纽约大学唐力行教授一同前往复兴中学，与校方洽谈国际交流设想，进行听课评课活动。
2017 年 6 月 17 日	第二届中国基础教育英语教学改革论坛暨上海市英语教育教学研究基地与海桐小学合作英语教改项目汇报交流会在上海市浦东新区海桐小学隆重召开。英语基地全体成员、上海市英语特级教师、部分小学的校长及骨干教师等约 70 人参加了此次论坛。英语基地小学组成员作项目汇报，首席专家束定芳教授作总结发言。
2017 年 6 月 19 日	《英语教育与教学研究》首辑正式向从事基础外语教育研究的专家和广大一线教师约稿。
2017 年 6 月 22 日	虹口区教育局姚继怀老师一行来英语基地洽谈虹口区英语教师培训项目。
2017 年 6 月 26 日	Springer 出版社与英语基地就英文期刊 *Language Teaching for Young Learners* 的出版事宜进行洽谈。
2017 年 6 月 29 日	英语基地小学项目组一行前往观澜小学南校，与金维萍校长和英语学科骨干教师会面洽谈合作事宜。
2017 年 6 月 30 日	英语基地和上海外语教育出版社联合召开《新世纪高中英语教材》修订启动大会。英语基地首席专家束定芳教授、上海外语教育出版社张宏副社长、北京师范大学程晓堂教授，以及教材修订团队成员等 20 余人参加了本次会议。
2017 年 7 月 2—3 日	英语基地参加上海市教育委员会教研室举办的"立德树人"人文社科重点研究基地研讨会。英语基地与会代表就 2016—2017 年英语基地的研究进展和英语基地参与长宁区课程与教学调研结果两方面进行了汇报，并代表第一小组进行总结发言（朱彦、钱晶晶参加）。
2017 年 7 月	完成《国内基础教育英语课程标准历时研究》，共 2 万字，研究对象涵盖 60 部课标。
2017 年 8 月	完成《国际英语课程标准比较研究报告》初稿，共 15 万字，研究对象涵盖 11 个国家和地区共 105 部课程标准及相关文件。

日　　期	事　　件
2017 年 8 月	完成《上海市英语特级教师风采录》初稿，共 14 万字。
2017 年 8 月	完成《上海市英语特级教师访谈录》初稿，近 20 万字。
2017 年 8 月	英语基地推出"国际大师对话上海英语教育系列讲坛"回顾特辑，在线重播 Brian Tomlinson 教授"英语教材教法"和 Rod Ellis 教授的"任务型语言教学法"系列讲座。
2017 年 9 月 15 日	《新世纪高中英语教材》修订组召开教材框架调整和优化会议。
2017 年 9 月 20 日	英语基地启动与上海外国语大学附属外国语学校之间的深度合作，专职研究员安琳博士和钱晶晶博士与该校英语课程负责人交流，并开启校本英语课程改革调研及方案研讨工作。
2017 年 9 月 24 日	新西兰惠灵顿维多利亚大学语言学及应用语言学学院副教授，TESOL、应用语言学及二语教学专业主任 Jonathan Newton 博士在英语基地开展题为"Using a Framework of Learning Opportunities to Plan and Implement Curricular Innovation"的讲座。
2017 年 9 月 26—27 日	英语基地海外专家系列论坛：走进海桐。新西兰惠灵顿维多利亚大学语言学及应用语言学学院副教授 Jonathan Newton 博士在浦东新区海桐小学开展主题为"Rethinking the Role of Practice in TBLT in Primary Classrooms"和"Culture Learning in the Primary School EFL Classrooms and Its Impact on Student Engagement and Learning Motivation"的教师教育活动。
2017 年 9 月 29 日	英语基地和上海外语教育出版社联合召开《新世纪高中英语教材》修订工作阶段工作会议。与会人员就初稿的进展与专家反馈，以及下一阶段的选文情况等方面进行讨论。
2017 年 10 月	英语基地与 John Benjamins 出版社签订出版协议，定于 2019 年起正式出版英文国际期刊 Language Teaching for Young Learners，该期刊面向全球发行，由束定芳教授和 Rod Ellis 教授担任主编，编委成员包括 Yuko Butler、Annamaria Pinter、María del Pilar García Mayo、程晓堂等国内外研究儿童及青少年外语教育的 22 位权威专家。

续　表

日　　期	事　　件
2017 年 10 月 10 日	英语基地海外专家系列论坛：走进复兴。纽约大学唐力行教授一行前往上海市虹口区复兴高级中学参加中国文化英语课程研讨活动，并作题为"Teaching Cultures：Knowledge，Practice and Perspective"的讲座。
2017 年 10 月 11 日	英语基地海外专家系列论坛：走进上外附中。纽约大学TESOL 硕士上海项目共同主任 Robin Harvey 教授在上海外国语大学附属外国语学校开展了题为"Oral Language as a Gateway to Written Language"的教师教育活动。英语基地研究人员、上外附中教师和虹口高地成员等数十人参加。
2017 年 10 月 16—26 日	英语基地特聘教授陈科芳应邀参加上海市教委教研室组织的四年一度的上海市中小学中青年教学评选活动，担任小学英语学科评委。
2017 年 10 月 17—18 日	英语基地活动：走进江苏。应南京市教学研究室邀请，上海市英语教育教学研究基地专家团队的徐继田教授、王蓓蕾副教授、朱彦博士和安琳博士出席了为期两天的南京市高中英语骨干教师课堂观察高端研修班，为南京市近 30 所高中的 60 多位教师提供了四场教师培训讲座。
2017 年 10 月 19 日	浦东新区观澜小学金维萍校长一行来到英语基地，与束定芳教授及英语基地成员共商合作开展教改项目事宜。由陈佳副教授带队与观澜小学开展教改实践探索研究。
2017 年 10 月 21 日	英语基地组织召开上海市小学英语水平考试专家调研会。知名语言测试专家邹申教授、金艳教授，英语特级教师余正老师、顾立宁老师，及上海市教育考试院徐雯老师等专家学者参与研讨。朱彦博士主持了本次会议。
2017 年 10 月 23—24 日	英语基地讲座教授 Rod Ellis 在上海外国语大学开展题为"Creativity in Learner Language and Its Implications for Language Teaching"和"Motivation and L2 Learning"的讲座。每场讲座均吸引了约 200 名来自上海及周边省市中小学的一线英语教师、教研员与高校研究者参加。
2017 年 10 月 25 日	英语基地海外专家系列论坛：走进上外附中。Rod Ellis 教授与上外附中教师进行英语教学研讨交流。

日　　期	事　　件
2017 年 10 月 27 日	英语基地高中英语教材修订组召开专家反馈与研讨会议。国际知名二语习得专家 Rod Ellis 教授对教材修订给出了总体反馈意见,并以第一单元为例,对各个部分给出了具体的指导性意见。
2017 年 11 月 3 日	英语基地与英国文化教育协会(British Council)初步达成合作意向,未来双方将会在国际会议、资源库建设、教师培训、测试开发、校本课程等领域展开合作。
2017 年 11 月 13—17 日	英语基地研究人员参与上海市教委教研室组织的松江区课程与教学调研活动。
2017 年 11 月 23—24 日	应英语基地邀请,香港大学教育学院名誉教授 Stephen Andrews 在上海外国语大学开展了主题为"Teacher Language Awareness and Grammar Pedagogy"和"Developing Teacher Language Awareness"的学术讲座,吸引了众多中小学一线英语教师、教研员与高校研究人员参加。
2017 年 11 月 25 日	发布"国际教材开发研究会议"一号通知,稿件征集工作正式启动。该会议是由国际教材开发协会与英语基地共同主办的学术会议,将于 2018 年 6 月 9—10 日在上外举办。
2017 年 11 月 30 日	英语基地研究人员参加上外附中英语课程改革启动会议。
2017 年 12 月 8 日	英语基地研究人员参加上外附中英语课程改革调研计划研讨。
2017 年 12 月 13 日	英语基地研究员王蓓蕾、安琳、钱晶晶应邀至上海市实验中学参加上海市初高中英语联合教研活动。
2017 年 12 月 20 日	应南京市教学研究室邀请,上海市英语教育教学研究基地首席专家束定芳教授领衔的英语基地研究团队(吕晶晶副教授、王蓓蕾副教授、安琳博士、朱彦博士)参加了南京小学英语教学基地"绘本"专题教研暨南京市"十二五"教育规划课题"小学英语'多模态'阅读教学模式及评价体系的研究"的结题活动。

续　表

日　　期	事　　件
2017 年 12 月 24 日	英语基地召开第一次小学英语资源库建设项目会议，首席专家束定芳教授出席会议并致辞。上海市小学英语特级教师余正老师、英语基地成员、上海外语教育出版社基础教育事业部韩天霖主任，以及一些小学的骨干英语教师参加了本次会议。
2017 年 12 月 27 日	英语基地特聘教授陈科芳应邀参加"落实教学基本要求，优化单元整体设计，关注单课有效实施——上海市第八届小学英语优质课观摩与研讨活动"，并作为专家代表作了点评。
2017 年 12 月	英语基地编辑出版的《英语教育与教学研究》论丛第一辑正式发布。
2018 年 1 月 3 日	发布《2018 年国际教材开发研究会议（二号通知）征稿启事》。
2018 年 1 月 3—12 日	英语基地初中组成员前往上海外国语大学附属外国语学校，进行英语课程改革调研。
2018 年 1 月	英语基地出版《基础英语教学：现状、目标与途径——上海英语特级教师访谈录》。
2018 年 1 月	英语基地出版《栉风沐雨，春华秋实：上海市特级教师风采录》。
2018 年 1 月	英语基地出版《基础教育阶段英语课程标准国别研究报告》。
2018 年 1 月	英语基地朱彦博士的专著 Language Curriculum Innovation in a Chinese Secondary School: A Study of Teacher Cognition and Classroom Practices 由 Springer 出版社出版。
2018 年 1 月 20 日	英语基地主办的英文国际期刊 Language Teaching for Young Learners 正式面向全球征稿。
2018 年 1 月 20 日	上海市英语教育教学研究基地成立一周年工作汇报大会在上海外国语大学隆重举行。
2018 年 1—3 月	英语基地高中教材编写组成员共参加市教委教研室教材编制会议 5 次。英语基地高中教材编写组共召开高中教材研讨会议 7 次，包括专家咨询会议、教材试用听课及反馈等。

日　　期	事　　件
2018 年 3 月	由英语基地和海桐小学合作开发的快乐活动日拓展课程"多语看世界"在海桐小学五年级顺利实施。
2018 年 3 月 7 日	英语基地首席专家束定芳教授及其专家团队一行先后走访了联系校观澜小学和合作校海桐小学,召开了工作会议,双方就上阶段工作进行了回顾,并对下阶段工作计划进行了深入探讨。
2018 年 3 月 14 日	英语基地"2017 年版《普通高中英语课程标准》解读"系列讲座正式启动。教育部高中英语课标修订组组长、上海外国语大学梅德明教授带来了主题为"英语学科的育人价值与路径——解读《普通高中英语课程标准》(2017 版)的学科育人理念及课程呈现方式"的首场讲座。200 多名上海市高中英语骨干教师、教研员、英语基地专兼职研究员参加了本场讲座。
2018 年 3 月 15 日	英语基地项目获评 2017 上海市基础教育教学成果二等奖。英语基地合作校上外附中项目和海桐小学项目分别获评上海市基础教育教学成果一等奖。
2018 年 3 月 15 日	应英语基地邀请,同济大学孙琦博士为复兴高中的英语教师们带来了英语戏剧工作坊"戏剧教育和社会情感能力"。
2018 年 3 月 20 日	英语基地初中组成员与上外附中英语教师共同探讨 2018 年春季学期工作计划。
2018 年 3 月 21 日	英语基地首席专家束定芳教授入选第三批国家"万人计划"哲学社会科学领军人才。
2018 年 3 月 21 日	英语基地初中组人员与虹口区北郊学校的英语教师们共同为海外专家走进北郊学校公开课活动做准备,开会研讨教材分析与活动设计。
2018 年 3 月 24 日	美国加州圣地亚哥州立大学学习设计与技术系终身教授、上海外国语大学特聘教授(东方学者)王敏娟博士在浦东新区观澜小学开展了主题为"移动学习与 AR(增强现实)在中小学英语教学中的应用"的教师教育活动。
2018 年 3 月 31 日	召开第二次小学英语资源库建设项目会议。上海市小学英语特级教师余正老师、英语基地成员、上海外语教育出版社编辑老师,以及一些小学的骨干英语教师参加了本次会议。

续　表

日　　期	事　　件
2018 年 4 月 2 日—5 月 24 日	英语基地初中组安琳、钱晶晶老师参加上外附中"校级骨干教师推选"教学展示活动，观摩课堂并担任评委。
2018 年 4 月 2 日	英语基地束定芳教授、王蓓蕾副教授、朱彦博士前往华师大参加市教委第三次教材编制会议。
2018 年 4 月 4 日	基地举办"2017 年版《普通高中英语课程标准》解读"系列讲座之二。教育部高中英语课标修订组组长、北京师范大学王蔷教授带来主题为"高中英语新课程实施的关键要素：分析与解读"的讲座。近 200 名上海市高中英语骨干教师、教研员、英语基地专兼职研究员前来参加。
2018 年 4 月 10 日	英语基地官方微信公众号刊登"2017 年版《普通高中英语课程标准》解读"系列讲座之一的 4 位高中英语教师的优秀作业。
2018 年 4 月 11 日	英语基地王蓓蕾副教授邀请上海纽约大学 TESOL 主任 Kentei Takaya 博士前往复兴高中开展"基于语境的交际型语法教学"工作坊，数十位来自虹口区的骨干教师参加了本次活动。
2018 年 4 月 18 日	英语基地王蓓蕾、安琳、钱晶晶、司露等老师参加在上海市实验学校举办的上海市中小学英语学科联合教研活动"中小学英语写作教学专题论坛"。
2018 年 4 月 21 日	英语基地官方微信公众号刊登"2017 年版《普通高中英语课程标准》解读"系列讲座之二的 4 位高中英语教师的优秀作业。
2018 年 4 月 23 日	英语基地海外专家系列论坛：Rod Ellis 教授讲座之一。国际知名二语习得研究专家、英语基地讲座教授 Rod Ellis 在上海外国语大学虹口校区进行了题为"Teaching as Input and Interaction"的讲座。
2018 年 4 月 24 日	英语基地海外专家系列论坛：Rod Ellis 教授讲座之二。国际知名二语习得研究专家、英语基地讲座教授 Rod Ellis 在上海外国语大学虹口校区进行了题为"Teachers' Questions"的讲座。
2018 年 4 月 25 日	英语基地海外专家系列论坛：Rod Ellis 教授走进上外附中。英语基地与上海外国语大学附属外国语学校在上外附中联合举办主题为"外国语学校英语校本课程'中国与世界'开发探索"的教师教育活动。国际知名二语习得研究专家 Rod Ellis 教授，上海市初中英语特级教师施志红、杨扬应邀出席活动，观摩一节公开课并对公开课做专业点评。

日　　期	事　　件
2018 年 4 月 26 日	英语基地海外专家系列论坛：Rod Ellis 教授讲座之三。国际知名二语习得研究专家、英语基地讲座教授 Rod Ellis 在上海外国语大学虹口校区进行了题为"Use of the L1 in the Classroom"的讲座。
2018 年 4 月 27 日	英语基地海外专家系列论坛：Rod Ellis 教授讲座之四。国际知名二语习得研究专家、英语基地讲座教授 Rod Ellis 在上海外国语大学虹口校区进行了题为"Focusing on Form in Interaction"的讲座。
2018 年 4 月 30 日	英语基地官方微信公众号刊登"2017 年版《普通高中英语课程标准》解读"系列讲座之二的 4 位高中英语教师的优秀作业。
2018 年 5 月 2 日	举办"2017 年版《普通高中英语课程标准》解读"系列讲座之三。教育部高中英语课标修订组核心成员、南京大学人文社科资深教授王守仁教授带来题为"新时代新课标新课堂"的精彩讲座。近 200 名上海市高中英语骨干教师、教研员、基地专兼职研究员以及部分上海周边地区的教师代表前来参加。
2018 年 5 月 9 日	英语基地初中组安琳、钱晶晶老师参加在上外嘉定外国语学校举办的上海市初中英语学科主题教研活动"合理控制教学容量、有效激发学生互动"，观摩公开课并听取报告及专家点评。
2018 年 5 月 10 日	举办"2017 年版《普通高中英语课程标准》解读"系列讲座之四。教育部高中英语课标修订组核心成员、北京师范大学程晓堂教授带来题为"学业质量标准及学业考试"的精彩讲座。近 200 名上海市高中英语骨干教师、教研员、基地专兼职研究员前来参加。
2018 年 5 月 11 日	英语基地专家系列论坛：走进海桐。教育部高中英语课标修订组核心成员、北京师范大学程晓堂教授在浦东新区海桐小学开展了题为"核心素养背景下的英语课堂教学"的教师教育活动。
2018 年 5 月 12 日	英语基地和外教社举办高中英语教材研讨会，邀请了程晓堂等专家提供建议。教材专家、编写组成员、外教社编辑近 40 位老师参加了本次研讨。

日　　期	事　　件
2018 年 5 月 14—18 日	英语基地安琳博士参与上海市教委教研室"徐汇区课程与教学调研"活动。安琳博士跟随调研组共走访 3 所初中,全面深入地了解了徐汇区初中英语学科的一线教学实际,并提交调研报告。
2018 年 5 月 15 日	英语基地王蓓蕾副教授参加复兴高中公开课评比活动,观摩了英语教研组孔庆昊老师的"名词从句"课程和刘静雯老师的"概要写作"课程。
2018 年 5 月 16 日	英语基地官方微信公众号刊登"2017 年版《普通高中英语课程标准》解读"系列讲座之三的 4 位高中英语教师的优秀作业。
2018 年 5 月 21 日	英语基地官方微信公众号刊登"2017 年版《普通高中英语课程标准》解读"系列讲座之三的 4 位高中英语教师的优秀作业。
2018 年 5 月 23 日	举办"2017 年版《普通高中英语课程标准》解读"系列讲座之五。上海市教委教研室英语学科教研员、特级教师汤青老师带来主题为"学科单元教学设计与实施"的课程标准上海实施案例。近 200 名上海市高中英语骨干教师、教研员、基地专兼职研究员前来参加。
2018 年 5 月 26 日	英语基地官方微信公众号刊登"2017 年版《普通高中英语课程标准》解读"系列讲座之四的 4 位高中英语教师的优秀作业。
2018 年 6 月 1 日	英语基地官方微信公众号刊登"2017 年版《普通高中英语课程标准》解读"系列讲座之四的 4 位高中英语教师的优秀作业。
2018 年 6 月 1 日	英语基地王蓓蕾副教授、李阳春等前往复兴高中开展了《中国文化英语课程》研讨,回顾反思了本学期该课程的开展情况。
2018 年 6 月 6 日	英语基地海外专家系列论坛：Brian Tomlinson 教授走进北郊学校。主题为"六年级英语阅读：分析文本,创设活动,激活思维"的教师教育活动在上海市北郊学校举行。英语基地特聘教授、来自英国利物浦大学的国际知名外语教材研究专家 Brian Tomlinson 教授,以及上海市英语特级教师施志红老师、毕红秋老师应邀出席活动,观摩一节公开课并对公开课做专业点评。

日　　期	事　　件
2018 年 6 月 7 日	英语基地海外专家系列论坛：Brian Tomlinson 教授走进上外附中。主题为"指向英语学科核心素养发展的语篇解构与建构"的教师教育活动在上海外国语大学附属外国语学校举办。英语基地特聘教授、来自英国利物浦大学的国际知名外语教材研究专家 Brian Tomlinson 教授，以及上海市高中英语特级教师汤青老师、吴小英老师应邀出席活动并对公开课进行了专业点评。上海各区教研员和骨干教师参加了本次活动。
2018 年 6 月 9—10 日	国际教材开发协会与英语基地于 2018 年 6 月 9—10 日在上海外国语大学联合举办"国际教材开发研究会议"。本次大会的主题为"外语教材开发和教师发展"（L2 Teacher Development Through Materials Development），大会邀请了 Brian Tomlinson、Rod Ellis、Alan Maley、Hitomi Masuhara、文秋芳等国内外知名专家做主旨发言。约 130 多位来自世界各地的学者前来参会，其中近 80 位参会代表以论文宣读和海报展示的形式围绕会议主题分享了研究成果。
2018 年 6 月 13 日	英语基地吕晶晶副编审、王蓓蕾副教授参加市教委教材会议。
2018 年 6 月 14 日	英语基地官方微信公众号刊登"2017 年版《普通高中英语课程标准》解读"系列讲座之五的 5 位高中英语教师的优秀作业。
2018 年 6 月 17 日	英语基地官方微信公众号刊登"2017 年版《普通高中英语课程标准》解读"系列讲座之五的 5 位高中英语教师的优秀作业。
2018 年 6 月 21 日	英语基地王蓓蕾副教授邀请上外跨文化研究中心的沈兴涛博士前往复兴高中就"中国文化英语课程"的完善和优化进行研讨，也为课程团队成员间的合作提供建议。
2018 年 6 月 21 日	英语基地王蓓蕾副教授邀请同济大学英语戏剧专家孙琦副教授和外教 Anna Michaels 前往复兴高中，就英语戏剧课程的开发提供了建设性的建议。
2018 年 6 月 22 日	举办《高中英语》（上外版）教材研讨会。教材编写组和外教社基教部编辑共 20 余人参加了本次研讨。

日　　期	事　　件
2018 年 6 月 24 日	英语基地小学组召开小学英语资源库建设第三次研讨会。会议由朱彦主持,上海市小学英语特级教师余正,上海市小学英语教研员陆静娴、陈李明、吴成芳出席会议,项目组成员、外教社编辑等共 17 人参加了本次会议。会议审议通过英语基地资源库核心 4A 级别的基本结构和内容。
2018 年 6 月 26 日	英语基地上外编写组(束定芳、吕晶晶、王蓓蕾等老师)和华师大编写组(邹为诚等老师)参加了上海市基础教育课程改革领导小组会议暨高中教材编制工作推进会。会上,副市长翁铁慧为各学科教材主编颁发了聘书。下午市教委和课改办联合召开了高中教材编写组专题会议,就高中教材编写计划等和各学科主编进行了交流。
2018 年 6 月 26 日	英语基地观澜线上课程项目组邀请张文正老师在上外虹口校区开展 e-learning 课程软件与技术工作坊活动,分享线上课程微课制作软件、团队成员讨论基础外语教育和技术结合的新思路,自主研发线上课程的新视角。
2018 年 7 月 1—4 日	应新西兰奥克兰霍布森维尔公立小学的邀请,海桐小学袁若稼校长、外事办虞晴梅老师、英语组沈秀娟老师赴该校访问交流,双方签署教育合作备忘录。
2018 年 7 月 11 日	英语基地首席专家束定芳教授与 Springer 出版社签署合作协议,主编《亚洲外语课程改革与实施》系列丛书。
2018 年 7 月 11—13 日	参加市教委在崇明举办的上海高中非统编教材编制封闭研讨会议。
2018 年 7 月 17 日	英语基地和外教社联合举办《高中英语》(上外版)教材编写研讨会。
2018 年 7 月 24 日	英语基地和外教社举办高中英语教材研讨会,教材专家、编写组成员、外教社编辑近 40 位老师参加了本次研讨。
2018 年 7 月 30 日—8 月 3 日	举办《高中英语》(上外版)教材第一次封闭编写研讨会。
2018 年 8 月 4 日	参加市教委在市教委教研室举办高中教材研讨会。
2018 年 8 月 11 日	参加市教委在华东师大举办的高中教材编制工作推进会。

日　期	事　件
2018 年 8 月 15 日	英语基地朱彦应邀为澳大利亚科廷大学教育学院师生开设学术讲座"海桐项目：设计、实施和评价英语课堂教学任务的合作探索"。
2018 年 8 月 15 日	观澜小学代表姚燕老师和英语基地陈佳老师在上外虹口校区基地会议室商议确定 2018 年秋季学期工作重点，包括成立戏剧校本课程开发项目小组，以基地提供的 *Fairy Tales Reader's Theatre* 和 *Telling Tales in English* 为蓝本，进行校本戏剧的教材编写，并拟在观澜小学南校四五年级中招募学生，组建英语戏剧社，并拟在整个四五年级开设朗读剧场晨读训练活动，利用早读时间进行朗读剧场的语音模仿训练。
2018 年 8 月 20—24 日	举办《高中英语》（上外版）教材第二次封闭编写研讨会。
2018 年 8 月 25—26 日	参加市教委在奉贤组织的上海高中非统编教材编制第二次封闭研讨。英语基地束定芳教授、王蓓蕾副教授和外教社张宏副社长、陆轶晖老师参加会议。束定芳教授作为主编代表在会议上介绍编写经验。
2018 年 8 月 28 日	应宝山区教研员陆静娴老师邀请，英语基地朱彦博士为宝山区小学英语教师进行暑期培训，讲授"海桐小学的英语自主拓展阅读课程探索"。
2018 年 8 月 31 日	英语基地朱彦博士和海桐小学虞晴梅、钱惠娟老师讨论确定海桐小学新学期教改项目实施方案。
2018 年 9 月 1 日	在英语基地的指导和复旦外文学院多语种中心的合作支持下，海桐小学面向四、五年级学生开设西班牙语和希伯来语选修课程，由目标语母语外籍教师授课，授课语言为英语＋目标语。
2018 年 9 月 11 日	应宝山区教研员陆静娴老师邀请，英语基地朱彦博士应邀赴宝山区长江路小学观摩课并参与宝山区中心组教师教研活动，主题为"小学英语阅读课堂中的任务设计和实施"。
2018 年 9 月 17 日	观澜小学英语戏剧社成立，观澜小学"英语课外自主阅读"项目正式启动。

续　表

日　　期	事　　件
2018 年 9 月 20 日	基地合作校海桐小学虞晴梅、钱惠娟、徐璟华三位老师赴宝山区长江路小学听评课并组织教研活动，主题为"小学英语阅读课堂中的任务设计和实施"。
2018 年 9 月 21 日	Rod Ellis 教授在上外虹口校区进行了题为"Focusing on Form"的教师教育讲座，吸引了来自上海各区的近百名中小学教师、教研员及高校教师参与。
2018 年 9 月 21 日	英语基地陈佳和郝景洁两位老师为上海外国语大学嘉定外国语学校设计组织教师英语听力与阅读能力测试，并于一周内提供了完整听力与阅读能力测试评估报告，嘉定外国语学校共 15 位教师参与能力测试。
2018 年 9 月 25 日	应英语基地邀请，国际知名二语习得研究专家 Rod Ellis 教授在上海市宝山区长江路小学参加主题为"阅读教学中的任务设计与实施"的教师教育活动。
2018 年 9 月 25 日	英语基地 2019 年国际青少年语言教育大会组委会召开第二次筹备会议。
2018 年 9 月 26 日	英语基地朱彦、陈佳、陈西和观澜小学姚燕、张春佳老师在基地会议室开碰头会确定线上教师英语听说能力训练课程工作继续开展，并确定本学期线上课程主题；观澜确定课外拓展阅读课程筹备；讨论朗读剧场与英语戏剧社活动实施困难和解决方案；并商议陈西在观澜开展在线评估实践研究的计划。
2018 年 9 月 27 日	英语基地与上海外国语大学附属外国语学校在上外附中联合举办主题为"外国语学校英语校本课程'中国与世界'开发探索(Ⅱ)"的教师教育活动。国际知名二语习得研究专家 Rod Ellis 教授应邀出席了此次活动。
2018 年 9 月 27 日	市教委基础教育处研制《上海市高中学校建设标准》，英语基地王蓓蕾担任学科培训专家，简要介绍新教材特点，教材信息化发展趋势以及教材对教育装备的要求。
2018 年 9 月 29 日	参加市教委在华东师大举办的高中教材编制工作推进会。
2018 年 10 月 2—6 日	举办《高中英语》(上外版)教材第三次封闭编写研讨会。

续　表

日　　期	事　　件
2018 年 10 月 8 日	英语基地与美国宾夕法尼亚大学教育学院 Yuko Goto Butler 教授建立长期合作关系。
2018 年 10 月 15 日	英语基地年度项目"小学英语在线评价创新"在观澜小学和浦外外国语小学同时启动。
2018 年 10 月 17 日	在英语基地朱彦博士和科廷大学教育学院院长 Rhonda Oliver 教授的积极联络下,海桐小学与澳大利亚珀斯市 Oberthur Primary School 建立友好合作关系。
2018 年 10 月 18 日	英语基地安徽蚌埠区项目组在蚌埠市第二实验学校教育集团蓝天校区参与开展了蚌埠市小学英语课堂教学观摩活动,来自蚌埠市、区、县的 200 多名小学英语教师参加了此次活动。
2018 年 10 月 18 日	英语基地委托项目"基于'实用教育'思想,运用小学英语教学资源库资源,优化英语学习方式的实践研究"在观澜小学启动。
2018 年 10 月 19 日	英语基地首席专家束定芳教授入选第四期"上海市普教系统名校长名师培养工程"高峰计划。
2018 年 10 月 23 日	英语基地安琳博士参加由上海市教委教研室主办、闵行区实验小学承办的"上海课改 30 年小学英语学科优化单元整体设计的研究与实践"主题教研活动。
2018 年 10 月 26 日	英语基地陈西在浦东新区观澜小学开展了"小学英语在线评价创新"项目的教师培训。观澜小学 10 位教师参与培训。
2018 年 10 月 27 日	英语基地陈西在浦东新区上外附属浦东外国语小学开展了"小学英语在线评价创新"项目的教师培训。浦外 6 位教师参与培训。
2018 年 10 月 29 日	来自英国华威大学的应用语言学专家 Keith Richards 教授应英语基地邀请在上海外国语大学虹口校区做了主题为"质性研究方法:机遇与挑战"的学术讲座。
2018 年 10 月 30 日	英语基地陈佳老师与美国加州圣地亚哥州立大学终身教授王敏娟教授在上外松江校区 4 教楼会议室开碰头会,确定于 2018 年 12 月 10—15 日前后或者 2019 年 3 月 20 日前后邀请王敏娟教授继续海外专家讲座系列:基础教育与移动学习。

续　表

日　　期	事　　件
2018 年 10 月 31 日	英语基地与上海市复兴高级中学联合举办主题为"高中英语课程设计与教师专业发展"的教师教育活动。华威大学应用语言学教授、国际外语教学专家 Keith Richards 教授应邀出席了此次活动。
2018 年 11 月 1 日	英语基地首席专家束定芳教授入选 2018—2022 年教育部大学外语教学指导委员会副主任委员。
2018 年 11 月 12—16 日	英语基地王蓓蕾副教授参加上海市教委教研室"闵行区课程与教学调研"活动。
2018 年 11 月 18 日	英语基地主办英文国际学术期刊 Language Teaching for Young Learners 第一卷第一期定稿。
2018 年 11 月 28 日	来自哈佛大学的 Paola Uccelli 教授应英语基地邀请在上海外国语大学虹口校区做主题为"Learning the Language for School Literacy: Research Insights and a Vision for a Cross-linguistic Research Program"的讲座。
2018 年 11 月 30 日	来自奥克兰大学的张军教授应英语基地邀请在上海外国语大学虹口校区做主题为"Promoting Metacognitively-strong Foreign Language Learners in the Classroom: The Role of Teacher Scaffolding"的讲座。
2018 年 12 月 4—5 日	英语基地和上海市教委教研室联合举办全市高中英语教学展示活动。束定芳教授和邹为诚教授应邀担任活动评委。
2018 年 12 月 12 日	英语基地安琳、钱晶晶老师应邀参加由上海市教委教研室主办、南洋模范初级中学承办的初中英语教研活动。
2018 年 12 月 21 日	英语基地、上海外国语大学附属外国语学校在上外附中联合举办首届全国基础教育阶段多语种教育教学研讨会。
2018 年 12 月	英语基地辑刊《英语教育与教学研究》第二辑出版。
2019 年 1 月 4 日	召开《高中英语》(上外版)教材核心编写组成员会议。
2019 年 1 月 8 日	举办"芝士网阅读活动设计"活动。
2019 年 1 月 10—11 日	举办《高中英语》(上外版)教材第四次封闭编写研讨会。
2019 年 1 月 12 日	英语基地小学项目组受韩国清州国立教育大学邀请,在韩国小学英语教育协会年会上作特邀发言。

日　　期	事　　件
2019 年 1 月 18 日	举办《高中英语》(上外版)教材编写第十三次研讨会。
2019 年 1 月 19—22 日	举办《高中英语》(上外版)教材第五次封闭编写研讨会。
2019 年 1 月 16 日	应英语基地的邀请,上海戏剧学院的 Tanice 为复兴高中英语组教师开展了题为"Approaching Drama"的选修课程工作坊。
2019 年 1 月 20 日	召开《高中英语》(上外版)教材编修座谈会议。
2019 年 1 月 20 日	参与课改办专题会议。
2019 年 2 月 1 日	发布"青少年外语教育国际研讨会暨英语基地首届国际双年会一号通知"。
2019 年 3 月 1 日	英语基地主办的英文学术期刊 *Language Teaching for Young Learners* 第 1 卷第 1 期出版。
2019 年 3 月 1 日	举办《高中英语》(上外版)教师用书第四次编写研讨会。
2019 年 3 月 5 日	举办全市《高中英语》(上外版)教材调研会议(第一次会议)。
2019 年 3 月—6 月	《高中英语》(上外版)教材编写组在上海市 15 个区、28 所学校开展调研,各区教研员全程参与调研活动,通过问卷、访谈、课堂观察等形式深入学校,深入课堂了解师生对教学材料的反馈。
2019 年 3 月 6 日	举办《高中英语》(上外版)教材送审出版工作会议。
2019 年 3 月 11 日	参与市教委《高中英语》(上外版)教材会议。
2019 年 3 月 13 日	举办"英语基地海外专家系列论坛:Rod Ellis 教授讲座之一"。应英语基地的邀请,国际知名二语习得研究专家、上海外国语大学讲座教授 Rod Ellis 在上海外国语大学进行了题为"Correcting Errors in L2 Writing"的讲座。
2019 年 3 月 13 日	举办《高中英语》(上外版)教材调研情况讨论(第二次会议)。
2019 年 3 月 14 日	应英语基地的邀请,国际知名二语习得研究专家 Rod Ellis 教授走进浦东进才中学东校,为浦东初中英语工作坊学员和祝桥学区英语教师作了题为"Choosing Tasks"的专题讲座。

续　表

日　　期	事　　件
2019 年 3 月 15 日	举办"英语基地海外专家系列论坛：Rod Ellis 教授讲座之二"。应英语基地的邀请，国际知名二语习得研究专家、上海外国语大学讲座教授 Rod Ellis 在上海外国语大学进行了题为"Correcting Errors in L2 Speaking"的讲座。
2019 年 3 月 15 日	召开《高中英语》(上外版)教材研讨(1A/2B 语法)，邀请 Rod Ellis 教授反馈审读意见。
2019 年 3 月 18 日	举办"英语基地海外专家系列论坛：Rod Ellis 教授讲座之三"。应英语基地的邀请，国际知名二语习得研究专家、上海外国语大学讲座教授 Rod Ellis 在上海外国语大学进行了题为"Consciousness-raising Tasks for Grammar Teaching"的讲座。
2019 年 3 月 20 日	英语基地、世界外国语中学、上海市徐汇区初中英语名师工作室联合举办"英语基地海外专家系列论坛暨上海市'双名工程'高峰计划攻关计划：Rod Ellis 教授走进世外中学"的教师教育活动，主题为"初中英语读写整合教学研究"。
2019 年 3 月 21 日	应英语基地的邀请，国际知名二语习得研究专家 Rod Ellis 教授走进海桐小学，开展了题为"Tasks Versus Traditional Activities in Language Classroom"的教师教育活动。
2019 年 3 月 29 日	举办《高中英语》(上外版)教材研讨，邀请纽约大学唐力行教授反馈教材审读意见。
2019 年 3 月 30 日	发布"青少年外语教育国际研讨会暨英语基地首届国际双年会二号通知"。
2019 年 3 月	英语基地潘鸣威教授参加英国文化教育协会主办的测评学术会议并宣读论文。
2019 年 4 月 8—12 日	举办"英语基地海外专家系列论坛：Catherine Watts 博士系列讲座"。应英语基地的邀请，英国高等教育学院高级研究员，布莱顿大学副教授 Catherine Watts 博士在上海外国语大学开展了题为"Creating Textbooks"的系列讲座。
2019 年 4 月 9—10 日	上海市教委教研室、英语基地和上海市教育学会英语教学专业委员会主办，上海市虹口区教育学院和复兴高级中学承办了题为"建设教师理解的课——中学英语单元教学设计与实施"的高中英语(上外版)教材试教调研课例研讨活动。

续　表

日　　期	事　　件
2019 年 4 月 15 日	举办《高中英语》(上外版)教材研讨,邀请 Catherine Watts 博士反馈审读意见。
2019 年 4 月 17 日	英语基地和宝山区教育学院在宝山区第二中心小学联合举办了主题为"融入'任务'的英语课堂教学"的教研展示活动。
2019 年 4 月 18 日	参与市教委联络员工作会议。
2019 年 4 月 22—26 日	上海市教育委员会基础教育处与教学研究室组织了为期一周的黄浦区课程与教学调研活动,英语基地田臻教授全程参与了此次调研并提交了调研报告。
2019 年 4 月 23 日	发布"青少年外语教育国际研讨会暨英语基地首届国际双年会三号通知"。
2019 年 4 月 25 日	参与市教委举办的《高中英语》(上外版)教材反馈会议。
2019 年 4 月 29 日	应英语基地的邀请,新西兰理工学院 Hayo Reinders 教授走进北郊学校,开展了题为"初中低年级英语听说教学研究"的教师教育活动。
2019 年 4 月 30 日	应英语基地的邀请,新西兰理工学院 Hayo Reinders 教授走进复兴高级中学,开展了题为"高中英语课程设计与教师发展"教师教育活动。
2019 年 4 月	英语基地潘鸣威教授在重庆市教委开设测评素养专题讲座。结合上海市中小学英语教师的现状,英语基地测试工作组编写了《英语测评素养提升指南》一书,并在全年度的部分工作坊中试用。
2019 年 5 月 5 日	发布"青少年外语教育国际研讨会暨英语基地首届国际双年会四号通知"。
2019 年 5 月 6 日	英语基地潘鸣威教授为上海市"双名基地"吴文涛英语攻关基地学员开设测评相关讲座。
2019 年 5 月 13 日	召开《高中英语》(上外版)调研反馈会议。
2019 年 5 月 17 日	英语基地在安徽省蚌埠市第二实验学校教育集团蓝天路小学举行蚌埠项目启动仪式。
2019 年 5 月 20 日	应英语基地的邀请,韩国小学英语教育协会代表团走进真如文英中心小学和曹阳实验小学,举办了题为"人工智能技术在小学英语课堂教学中的应用"的小学英语公开教研活动。

续　表

日　　期	事　　件
2019 年 5 月 20 日	韩国小学英语教育协会代表团尹泽南副教授在上海外国语大学作题为"通过数字教材和 AI 设备在语言学习中融入交际能力培养"的讲座。
2019 年 5 月 29 日	应英语基地的邀请,美国加州圣地亚哥州立大学学习设计与技术系终身教授王敏娟博士走进观澜小学,开展了题为"设计思维在外语教学中的应用"的讲座。
2019 年 5 月 30 日	举办"英语基地海外专家系列论坛:王敏娟博士讲座"。应英语基地的邀请,美国加州圣地亚哥州立大学学习设计与技术系终身教授王敏娟博士在上海外国语大学开展了题为"MALL (Mobile Assisted Language Learning) and Augmented Reality for English Teaching"的讲座。
2019 年 5 月—6 月	为深入了解上海市小学、初中、高中各学段的教学和测评现状,英语基地潘鸣威教授、安琳博士等人到海桐小学、观澜小学、上海外国语大学附属闵行外国语学校、川沙中学等学校开展了听课、走访和调研等相关工作。
2019 年 6 月 4 日	发布"青少年外语教育国际研讨会暨英语基地首届国际双年会五号通知"。
2019 年 6 月 10 日	参与市教委《高中英语》(上外版)教材工作会议。
2019 年 6 月 14 日	召开《高中英语》(上外版)教材研讨会议。
2019 年 6 月 19 日	举办《高中英语》(上外版)调研座谈。
2019 年 6 月 25 日	举办"英语基地海外专家系列论坛:Hayo Reinders 教授讲座"。应英语基地的邀请,新西兰理工学院 Hayo Reinders 教授在上海外国语大学做了题为"Developing Learner Autonomy Through Self-Access: What Every Teacher Should Know"的讲座。
2019 年 6 月 26 日	举办《高中英语》(上外版)教材调研座谈。
2019 年 6 月 27 日	参与上海市普通高中非统编教材编修工作会议。
2019 年 7 月 3 日	举办《高中英语》(上外版)练习册编写会议。
2019 年 7 月 4 日	举办《高中英语》(上外版)教师用书第五次研讨会。
2019 年 7 月 6—9 日	举办《高中英语》(上外版)教材第六次封闭编写研讨会,研讨必修各册学生用书编修事宜。

日　　　期	事　　　件
2019 年 8 月 21 日	举办《高中英语》(上外版)教材第七次封闭编写研讨会,研讨必选第三册学生用书编修事宜。
2019 年 9 月 1 日	举办《高中英语》(上外版)教材第八次封闭编写研讨会,研讨必选第四册学生用书编修事宜。
2019 年 9 月 11 日	举办《高中英语》(上外版)教材第九次封闭编写研讨会,研讨必选第四册学生用书编修事宜。
2019 年 9 月 19 日	举办《高中英语》(上外版)教材第十次封闭编写研讨会,研讨样课修改事宜。
2019 年 8 月 1—4 日	举办《高中英语》(上外版)教材第十一次封闭编写研讨会,研讨各册学生用书编修及编写方案修订事宜。
2019 年 9 月 4 日	举办《高中英语》(上外版)教材教师用书第六次研讨会。
	参与市教委举办的上海市非统编教材编制研讨会议。
2019 年 9 月 20—23 日	举办《高中英语》(上外版)教材第十二次封闭编写研讨会,研讨各册学生用书编修事宜。
2019 年 9 月	英语基地潘鸣威教授在沈阳教育科学院开展主题讲座,讲授测评素养有关知识。
2019 年 10 月 9 日	召开《高中英语》(上外版)教师用书第七次研讨会。
2019 年 10 月 18 日	英语基地潘鸣威教授参加"外教社建社 40 周年系列学术活动"并发表主旨演讲。
2019 年 10 月 24 日	召开《高中英语》(上外版)教材工作推进会。
2019 年 10 月 28 日	英语基地田臻教授参加上海市教委教研室组织的"教研走进新时代——上海教研基地学术沙龙活动"。
2019 年 10 月 28 日	举办"建设教师理解的课程——'基于核心素养的中学英语单元教学设计与实施'研究项目阶段展示"活动。
2019 年 10 月 29 日	英语基地潘鸣威教授参加上海市教委教研室组织的"教研走进新时代——上海教研基地教学展示活动"。
2019 年 10 月	英语基地兼职研究员孔菊芳博士在上海市教育考试院开设命题技术工作坊。

续　表

日　　期	事　　件
2019 年 11 月 1—27 日	受上海市教委委托,英语基地组织专家前往上海市 14 所民办和公办学校审查国际课程境外教材。
2019 年 11 月 1 日	英语基地潘鸣威教授参加"第六届北外国际校长圆桌对话"并发表主旨演讲。
2019 年 11 月 6 日	召开《高中英语》(上外版)教材练习册工作会议。
2019 年 11 月 6—9 日	英语基地潘鸣威教授参加澳门大学主办的语言测试国际会议。
2019 年 11 月 10—11 日	英语基地潘鸣威教授参加上海市教委教研室、上海市高中英语攻关基地主办的"'在实践中感悟在研究中提升'——上海市第四期双名工程高中英语攻关基地联合教研活动",与上海市教研员与一线教师们深入交流。
2019 年 11 月 11 日	举办"英语基地海外专家系列论坛：Rod Ellis 教授讲座之一"。应英语基地的邀请,国际知名二语习得研究专家、上海外国语大学讲座教授 Rod Ellis 在上海外国语大学进行了题为"Assessing Pragmatic Competence"的讲座。
2019 年 11 月 11 日	应英语基地的邀请,国际知名二语习得研究专家 Rod Ellis 走进上海市普陀区金鼎学校,参与英语基地海外专家系列论坛暨英语基地普陀区小学英语公开教研活动暨"关注倾听习惯、落实关键期学科育人"的主题教研活动。
2019 年 11 月 12 日	举办"英语基地海外专家系列论坛：Rod Ellis 教授讲座之二"。应英语基地的邀请,国际知名二语习得研究专家、上海外国语大学讲座教授 Rod Ellis 在上海外国语大学进行了题为"Task-based Language Teaching"的讲座。
2019 年 11 月 13 日	英语基地、上海市徐汇区黄徐娟名师工作室、上海中学联合举办主题为"高中英语概要写作教学"的教学研讨活动。应英语基地的邀请,国际知名二语习得研究专家 Rod Ellis 教授参加了此次活动,对课堂展示作了点评并进行了题为"Summarizing"的讲座。
2019 年 11 月 14 日	举办《高中英语》(上外版)教材初审意见专家解读会议。
2019 年 11 月 15 日	应英语基地的邀请,国际知名二语习得研究专家 Rod Ellis 教授走进北郊学校,参加英语基地与上海市北郊学校联合举办的主题为"体现年级特征的教学"的教师教育活动。

日　　期	事　　件
2019 年 11 月 11—15 日	上海市教育委员会基础教育处与教学研究室组织了为期一周的嘉定区课程与教学调研活动,英语基地司露老师全程参与了此次调研并提交了调研报告。
2019 年 11 月 17 日	参与市教委《高中英语》(上外版)教材会议。
2019 年 11 月 21—24 日	英语基地与浙江师范大学外国语学院、浙江师范大学基础外语教育研究中心联合主办"第三届全国基础教育英语课堂教学改革高端论坛暨'江浙沪京广'名师英语读写整合有效教学观摩研讨活动"。
2019 年 11 月 30 日	召开《高中英语》(上外版)教材审读试教培训会。
2019 年 12 月 1 日	举办《高中英语》(上外版)教材第十三次封闭编写研讨会。
2019 年 12 月 7—16 日	应英语基地的邀请,国际教材编写专家 Stephanie Ashford 博士和 Tom Smith 博士应邀走进北郊学校、复兴高中,参加了主题教研活动;此外,两位专家还为英语基地的专兼职研究人员举办教材编写相关的研讨会及工作坊。
2019 年 12 月 9 日	英语基地司露老师参加上海市教委教研室召开的"人文社科基地基础教育调研情况交流研讨会"并作主题汇报。
2019 年 12 月 11 日	英语基地王蓓蕾副教授应邀参加虹口区教师专业人才梯队高中英语楼蕾学科研修团队活动并点评课堂教学。
2019 年 12 月 12 日	举办《高中英语》(上外版)教材审读试教反馈研讨会。
2019 年 12 月 12 日	召开《高中英语》(上外版)教材骨干教师培训预热会。
2019 年 12 月 21 日	举办《高中英语》(上外版)教材第十四次封闭编写研讨会。
2019 年 12 月 25 日	英语基地与上海外国语大学附属外国语学校、上海市第四期"普教系统双名工程"高峰计划、虹口区教师专业人才梯队高中外语束定芳学科高地研修团队联合举办"教育部义务教育英语学科课程标准修订组部分专家考察指导活动。"
2020 年 1 月 2 日	举办《高中英语》(上外版)教材专家审读反馈研讨会。
2020 年 1 月 8 日	举办《高中英语》(上外版)教材审读试教研讨会。
2020 年 1 月 14 日	举办《高中英语》(上外版)教材编制工作研讨会,邀请市教委专家审核教材修改情况。

续　表

日　　期	事　　件
2020 年 1 月 14 日	英语基地初中工作组召开 2020 年度初中英语教学资源库建设项目申报预备会。
2020 年 1 月 17 日	参加市教委召开的上海高中非统编教材配套资料编制研讨会。
2020 年 1 月 18 日	举办《高中英语》(上外版)教材配套资料研讨会，通报市教委会议精神和最新通知。
2020 年 1 月 18 日	举办《高中英语》(上外版)教材板块负责人研讨会。
2020 年 2—3 月	举办多次《高中英语》(上外版)教材教学参考资料样章、编写方案、单元设计表以及必修 1、2 册修改云研讨。
2020 年 3 月 20 日	英语基地潘鸣威教授应上外附中邀请，在线上作了题为"语言测试与人工智能"的讲座。讲座由上外附中王琳艺老师主持，虹口区初高中骨干教师约 50 人参加。
2020 年 4 月	由英语基地首席专家束定芳教授和上海市教委教研室英语学科教研员、特级教师汤青老师担任主编，同济大学副教授、英语基地兼职研究员王蓓蕾老师担任副主编的《〈普通高中英语课程标准(2017 年版)〉解读：理论与实践》一书出版。
2020 年 4 月 6 日	举办《高中英语》(上外版)教材教学参考资料必修分册云研讨。
2020 年 4 月 9 日	举办《高中英语》(上外版)教材教学参考资料主编云研讨。
2020 年 4 月 15 日	英语基地资源库组启动 2020 年度高中英语配套资源建设项目，与上海市各区教研员老师和名师团队展开深入合作。
2020 年 4 月 19 日	应外语教学与研究出版社邀请，英语基地测试工作组参加了《外语教育测评年度报告》的起草咨询会议。
2020 年 4 月 21 日	举办《高中英语》(上外版)教材教学参考资料市教委反馈修改云研讨。
2020 年 4 月 24 日	举办《高中英语》(上外版)教材及教师培训项目云研讨。
2020 年 4 月 30 日	举办《高中英语》(上外版)教材教学参考资料各册核查云研讨。

日　　期	事　　件
2020 年 5 月 4 日	举办《高中英语》(上外版)教材送复审云研讨。
2020 年 5 月 8 日	举办《高中英语》(上外版)教材教学参考资料排版稿修改云研讨。
2020 年 5 月 9 日	英语基地束定芳教授为上海外国语大学定点帮扶的云南省丽江市的一线教师们带来了题为"外语课堂教学：新目标、新理念、新挑战与新机遇"的讲座,吸引了近千名老师参与。
2020 年 5 月 11 日	举办《高中英语》(上外版)教材修改送复审研讨会,邀请梅德明教授指导。
2020 年 5 月 20 日	参加市教委召开的上海高中非统编教材编制送审工作会议,明确教材送复核要求以及使用、培训建议。
2020 年 5 月 30 日	组织高中英语教材项目暨骨干教师培训研讨会,推进新教材研究,确定新教材培训目标和方案,为新教材的使用和培训做好准备。
2020 年 6 月 20— 21 日	召开《高中英语》(上外版)教材项目暨骨干教师培训研讨会,展示分享新教材研究成果。
2020 年 6 月 23 日	参加市教委组织的上海市普通高中新课程、新教材实施培训课程建设专题会,明确市级培训课程建设思路和要求。
2020 年 7 月	由英语基地首席专家束定芳教授担任主编、上海外语教育出版社出版的《高中英语》(上外版)通过教育部审定并列入国家课程教学用书目录。
2020 年 7 月 4 日	《高中英语》(上外版)教材编写组在外教社召开上海高中非统编教材培训暨研讨会,为市区教研员和部分骨干教师提供《高中英语》(上外版)教材培训。
2020 年 7 月 10 日	市教委组织英语教材专题会议,英语基地两套教材的主编和出版社介绍教材,供各区教育局和教育学院选用。
2020 年 7 月 19— 21 日	英语基地小学组召开小学英语教学资源库建设封闭研讨会。
2020 年 7 月 19— 23 日	举办《高中英语》(上外版)教材第十五次封闭编写研讨会,讨论学生用书、教学参考资料、练习部分编修事宜。

续　表

日　　期	事　　件
2020 年 7 月 20—21 日	英语基地初中工作组启动初中英语教学资源库建设项目。
2020 年 7 月 20 日	英语基地初中组邀请了上海市初中英语特级教师施志红老师作专题讲座。
2020 年 7 月 21 日	应英语基地邀请，上海外国语大学梅德明教授向英语基地专兼职研究人员作了专题讲座。
2020 年 7 月 22 日	英语基地资源库组召开数据平台建设交流会。
2020 年 7 月 26—27 日	《高中英语》(上外版)教材编写组在大境中学举办上海高中非统编教材市级培训。
2020 年 8 月 4—7 日	举办《高中英语》(上外版)教材第十六次封闭编写研讨会，讨论练习部分编修事宜。
2020 年 8 月 15—18 日	举办《高中英语》(上外版)教材第十七次封闭编写研讨会，讨论学生用书、教学参考资料、练习部分编修事宜。
2020 年 8 月 19—21 日	英语基地初中组召开初中英语教学资源库建设会议，与上海市及周边地区一线骨干教师团队开展合作。
2020 年 8 月 19—21 日	英语基地资源库组召开高中英语教材配套阅读第一次研讨会。
2020 年 8 月 22 日	《高中英语》(上外版)主编束定芳教授在宝山区教材培训会上作报告。
2020 年 8 月 25 日	《高中英语》(上外版)分册主编田臻教授在青浦区教材培训会上作报告。
2020 年 8 月 27 日	《高中英语》(上外版)分册主编安琳博士在徐汇区教材培训会上作报告。
2020 年 8 月 27 日	《高中英语》(上外版)副主编王蓓蕾副教授在普陀区教材培训会上作报告。
2020 年 8 月 28 日	《高中英语》(上外版)分册主编朱彦副教授在黄浦区教材培训会上作报告。

日　　期	事　　件
2020 年 9 月 2 日	应青浦区教师进修学院邀请,英语基地潘鸣威教授为青浦区高中全体英语教研组长以及高三备课组长作了题为"高考改革背景下的上海高考英语:探究、挑战与展望"的讲座。
2020 年 9 月 12 日	英语基地资源库组召开高中英语教材配套阅读第二次研讨会。
2020 年 9 月 16 日	应杨浦区教育学院邀请,英语基地潘鸣威教授为杨浦区高中骨干英语教师作题为"概要写作的难点和要点"的讲座。
2020 年 9 月 17—20 日	举办《高中英语》(上外版)教材第十八次封闭编写研讨会,讨论练习部分编修事宜。
2020 年 9 月 18 日	举办《高中英语》(上外版)教材第十九次封闭编写研讨会,讨论教学参考资料编修事宜。
2020 年 9 月 24 日	召开初中英语教学资源库建设会议。上海市教委教研室初中英语教研员、特级教师赵尚华老师参加了会议并作了题为"上海初中英语教研现状暨教材试用情况"的讲座。
2020 年 9—12 月	高中英语编写组成员参加市教委教研室组织的"每月一研"活动
2020 年 10 月 12 日	英语基地首席专家束定芳教授率团队(吕晶晶、安琳、陈恒洁)前往虹口区教育学院附属中学调研,与学校校长、书记座谈,并对部分英语教师和初中生分别做了访谈。
2020 年 10 月 17 日	英语基地资源库组召开高中英语教材配套阅读第三次研讨会。
2020 年 10 月 23 日	英语基地王蓓蕾、安琳等老师赴奉贤区参加上海市教委组织的上海市普通高中国际课程年检培训会,安琳代表英语基地专家组作了题为"2020 年国际课程境外教材自查工作介绍及相关问题汇总"的发言。
2020 年 10 月 27 日	英语基地首席专家束定芳教授率团队前往曹杨二中调研。
2020 年 11 月 5 日	英语基地安琳博士前往虹口区教育学院附属中学,就该校六年级学困生英语学习共进项目与该校教务处负责人及六年级班主任、英语教研组长座谈。

右上：续　表

日　期	事　件
2020 年 11 月 11 日	英语基地测试工作组赴青浦二中,参加青浦"双新"高中英语教材示范课,并参加教学研讨活动。
2020 年 11 月 12—17 日	举办《高中英语》(上外版)教材第二十次封闭编写研讨会,讨论练习部分编修事宜。
2020 年 11 月 13 日	我国著名语言测试专家、上海交通大学杨惠中教授在云端带来了"上海市英语教育教学研究基地名家系列讲坛"的首讲,主题为"我国中小学英语测评的问题与思考",吸引了 4 000 余名来自全国各地的中小学教师、教研员与高校研究者等参与。
2020 年 11 月 16 日	英语基地吕晶晶、田臻、赵美娟、安琳等老师前往上海市教委教研室,作为国际课程境外教材评审专家参加了 2020 年上海市普通高中国际课程试点学校年检校长工作汇报。
2020 年 11 月 20 日	复旦大学社政学院心理学系副主任李晓茹副教授为英语基地初中工作组带来了题为"青少年心理发展特点与规律"的专题讲座。
2020 年 11 月 23 日	英语基地唐树华、安琳等老师作为国际课程境外教材评审专家赴上海枫叶国际学校,参加了 2020 年上海市普通高中国际课程试点学校年检的进校检查,对该校加拿大 BC 课程涉及的境外教材做了检查。
2020 年 11 月 24 日	英语基地吕晶晶、唐树华等老师作为国际课程境外教材评审专家赴上外西外外国语学校,参加了 2020 年上海市普通高中国际课程试点学校年检的进校检查,对该校美国 AP、英国 A-level、IGCSE 课程涉及的境外教材做了检查。
2020 年 11 月 24 日	英语基地王蓓蕾副教授、外教社张宏副社长作为国际课程境外教材评审专家赴上海协和双语高级中学,参加了 2020 年上海市普通高中国际课程试点学校年检的进校检查,对该校美国 AP、IBDP、加拿大 BC 课程涉及的境外教材做了检查。
2020 年 11 月 24 日	英语基地吕晶晶、安琳等老师作为国际课程境外教材评审专家赴上海市(民办)西南位育中学,参加了 2020 年上海市普通高中国际课程试点学校年检的进校检查,对该校美国高中课程、AP 课程涉及的境外教材做了检查。

日　　期	事　　件
2020 年 11 月 25 日	英语基地资源库组线上召开 2020 年高中英语配套资源建设项目结项交流会。
2020 年 11 月 25 日	英语基地和上海市教委教研室在上外附中东校举办了"新课标·新教材·新教法"教学展示及研讨活动。
2020 年 11 月 25 日	英语基地梅德明、安琳等老师作为国际课程境外教材评审专家赴上海市文来中学高中部,参加了 2020 年上海市普通高中国际课程试点学校年检的进校检查,对该校美国高中课程、AP 课程、日本高中课程涉及的境外教材做了检查。
2020 年 11 月 25 日	外教社张宏副社长、英语基地李艳平等老师作为国际课程境外教材评审专家赴上海市市西中学,参加了 2020 年上海市普通高中国际课程试点学校年检的进校检查,对该校 IBDP 课程涉及的境外教材做了检查。
2020 年 11 月 25 日	英语基地赵美娟、王雪梅等老师作为国际课程境外教材评审专家赴上海民办包玉刚实验高中,参加了 2020 年上海市普通高中国际课程试点学校年检的进校检查,对该校 IBDP、IGCSE 课程涉及的境外教材做了检查。
2020 年 12 月 2 日	上海市教委教研室在杨浦高级中学举办了高中英语新教材教学研讨活动(上外版专场)。
2020 年 12 月 4 日	我国知名应用语言学专家、北京外国语大学文秋芳教授在线上带来了"上海市英语教育教学研究基地名家系列讲坛"的第二讲,主题为"'产出导向法'的理论与应用",吸引了 7 600 余名来自全国各地的中小学教师、教研员与高校研究者等参与。
2020 年 12 月 7 日	英语基地田臻、朱玉山等老师作为国际课程境外教材评审专家赴上海民办尚德实验学校,参加了 2020 年上海市普通高中国际课程试点学校年检的进校检查,对该校 IBDP 课程涉及的境外教材做了检查。
2020 年 12 月 9 日	英语基地吕晶晶、杭虹利等老师作为国际课程境外教材评审专家赴华东师范大学第二附属中学,参加了 2020 年上海市普通高中国际课程试点学校年检的进校检查,对该校美国 AP 课程涉及的境外教材做了检查。
2020 年 12 月 10 日	英语基地田臻教授参加上海外国语大学信息化项目研讨会。

续　表

日　　期	事　　件
2020 年 12 月 16 日	由上海市教师专业发展领导小组办公室主办、英语基地承办的第四期"上海市普教系统名校长名师培养工程"高峰论坛："构建外语教育新生态——束定芳外语'高峰计划'团队项目论坛专场研讨会"在上海外国语大学顺利召开。
2020 年 12 月 16 日	应上海市英语教育教学研究基地的邀请，全国 16 所高校外国语学院代表、上海外语教育出版社相关负责人、上海市英语教育教学研究基地专兼职研究人员齐聚一堂，就我国高校开展基础外语教育研究的现状及协作研究方向展开探讨。

附录 4：博士生眼中的导师

王　薇(2005 级)：束老师始终如一地以高标准从事治学和科学研究,致
力于使外语研究为本国语言文化研究的发展服务,为
语言教学服务。他孜孜不倦的探索和奉献为外语学科
的发展作出重要贡献。

朱　茜(2005 级)：由束老师引领的博士之路可谓收获良多,其间耳濡目
染老师高瞻远瞩的学术视野和严谨踏实的治学态度,
于无形中磨砺了我的意志与眼界,离开学校十余年仍
得益匪浅。老师不仅传道授业,更是解惑之人。两次
来美期间都和我全家见面,与老师如沐春风的畅聊,让
我在异国他乡重拾初心,不断前行。

田　臻(2006 级)：束老师以严谨的治学态度、渊博的专业知识、新颖的学
术观点和科学的研究方法为我们营造了良好的学术氛
围,帮助我们在潜移默化中树立较高的学术目标,掌握
科学的思维方式和研究方法。这些都是宝贵的财富,
使我们在学术道路上受益终身。

黄　洁(2006 级)：我的学术起步得益于恩师束老师在博士期间对我的悉
心培养。老师引领我进入认知语言学研究的精彩世
界,他始终走在国际学术前沿,为我们开拓国际化学术
视野,以严谨的治学态度教会我们为学为人。过去现
在和未来,恩师束老师永远指引着我的学术道路,是我
学术人生中永远的导师。

陈　佳(2006 级)：老师经常对我们说:“做科研要耐得住寂寞,板凳要坐
十年冷,功夫要做十年深。要把科研作为生活的一部

分,点滴积累水滴石穿。"我也一直记得他在我感到压力山大的时候对我的温暖鼓励,他说:"困难总是会过去的,再坚持一下不要放弃,向前看向前走,就会达到成功。"我永远感谢感激恩师的教诲,师恩如海,让我受益终身。高山仰止,景行行止。

华维芬(2007级)：2007年,我有幸师从束老师,开启了上外三年的读博生涯。往事历历在目,心中对老师的谆谆教诲充满了感恩。(1)科研的示范者。榜样的力量是无穷的,束老师热爱学术,学富五车,以身作则,为学生认真科研树立了榜样。(2)上学期间,束老师鼓励学生积极参加学术研讨会,聆听国内外学术大师讲座,以开阔眼界,激发科研兴趣,在学术上树立自信心。(3)在"做中学"。束老师鼓励学生理论联系实际,到实践中去发现问题、研究问题和解决问题。衷心感谢恩师在学术上的悉心指导,恩师的国际化视野、学术造诣、严谨的治学风格一直深深地激励着我。

唐树华(2007级)：导师为我们搭建了和世界顶尖学者交流的平台,为我们提供和国内优秀学者面对面学习的机会;导师将我国的语言研究和外语教育放在心中,博学广识,高瞻远瞩,脚踏实地! 作为导师2007级的博士生,我为自己取得的进步自豪,又因努力和天赋不够惭愧;幸运的是,导师作为我们的灯塔,一直在,我们可以追不上,但是不迷路,一直追……

杨唐峰(2008级)：2008年有幸成为老师的博士生,一方面系统性地接受老师的指导,另一方面在日常生活中耳濡目染受到老师治学、为人的熏陶,最为敬佩的老师宽广的学术视野、敏锐的学术触觉,以及踏实严谨的学术作风。指导过程中,总能一针见血地指出问题的所在,又能拨云见日,每每让人抖擞精神继续前进。

王蓓蕾(2009级)：有幸跟着束老师,参与了好几次教改项目,经历了科研路、人生路上的许多第一次。每一次的尝试,都是一次做中学、学中做的体验。束老师常常叮嘱我们要低调做人,高调做事;要不忘初心,勇于开拓;要视野开阔,胸怀宽广……感恩老师的一路指引。

安　琳(2009级)：有幸成为束老师的学生,跟老师学做人、做学问,让我受益终生。导师在外语教育领域的格局和情怀,时刻影响、激励着我,让我从大处着眼、小处着手,牢记使命、不忘初心。他严谨的治学态度和儒雅谦和的处事风范也时刻感染、熏陶着我,让我踏实做事、勤恳为学。导师为我提供了许多宝贵的资源和机会,让我能够与国际顶尖学者对话,入一线课堂互动,与优秀同门比肩,不断挖掘自己的潜能。跟随他的脚步,我收获满满,在历练中成长,无比感恩。

耿　菲(2009级)：2009年,我有幸成为了束老师的博士生。在求学的三年时间里,我从零起步,在学业上得到了束老师无数的督促、指点、引导和鼓励;博士期间,我有幸参与了束老师的研究项目,让我在理论、方法和实践方面都得到了锻炼。与此同时,老师对课题方向的宏观把握,严谨的治学态度,务实的工作作风,不断坚定前行的勇气都深深地影响了我。博士期间的学习不仅让我积累了丰富的专业知识,也是我巨大的人生财富,为我的学术之旅和人生道路奠定了基础。

毛帅梅(2009级)：博士毕业后为学为师的这些年,常常会忆起导师束定芳教授的教导和关怀,感恩老师的谆谆教诲,师恩如山,必将永远铭记在心。

李国宏(2010级)：印象最深的是老师说的,在阅读别人的文章时,要能走进去,也能够跳出来,走进去是读懂对方的研究,而跳出来是要形成批判思维,有自己的新认识。很多人走进去了，但很难跳出来。所有的研究要大处着眼，小处入手，做到深入浅出。

宫同喜（2010 级）：束老师，一位外语教学改革的理想主义者。他似乎被一种强烈的信仰、使命所裹挟，东西奔走，赴宁波，向丹阳，在一线实践中构建理论；上下求索，在四方呼吁中推进改革。在中学这几年，束老师瘦了很多。有一次，我问："这么累，比原来多拿多少钱？"他说："一分钱也没有。"或许，在他眼里，外语教学的最小进步，就是对他最大的奖赏。君子怀志，这种理想主义，我等俗人至今无法完全理解。

袁燕华（2010 级）：博士三年，有幸受到束老师的专业指导，从学术研究的方向、方法到具体学习、研究策略的落地落实，都受益匪浅。老师的指导更多的是授人以渔，而非授人以鱼。老师非常注重同门之间的相互学习、交流、探讨，也总是以具体的教学案例或者项目为抓手和依托，放手让学生去尝试和体会，遇到问题再一起讨论，真正践行了做中学的教育理念与原则。读博三年，印象最深的就是在丹阳的实验，那些不是在丹阳就是在去丹阳的路上的时光，那时候觉得很辛苦，后来想来都是宝贵的学习机会，正是在这个过程中，才学会了如何做研究，如何与他人合作，如何在与教师的交流中了解他们真实的生活和工作状态，也才深刻地体会到了教学研究、教师教育的意义。

朱　彦（2011 级）：束老师不仅注重培养学生潜心问道的学术精神，更注重培养学生的爱国情怀和问题意识，注重通过带领学生深入教学一线，扎实服务社会来增长才干，真正做到把论文写在祖国的大地上。束老师既引导学生立足中国问题开展研究，又鼓励学生走向世界进行交流，把本土研究国际化，把国际研究本土化，培养兼具家国情怀和国际视野的栋梁之才。

蒙诗茜（2011 级）：在博士求学期间，束老师对我影响最大的，就是他宏伟
　　　　　　　　　　的学术理想，严谨的治学态度，和前瞻性的国际视野。
　　　　　　　　　　在他的引领下，我们这些博士生看得远，跑得稳，也飞
　　　　　　　　　　得高。

房　　娜（2012 级）：导师就是我生命中的一盏明灯，为我指引方向。导师
　　　　　　　　　　教导我们做学问如同做人，要踏踏实实，勇于创新。导
　　　　　　　　　　师的言传身教激励我们不断前行。

杨红燕（2013 级）：作为外语教学方向的博士生，感触最深的是老师对中
　　　　　　　　　　国外语教育教学，特别是基础教育阶段外语教学的情
　　　　　　　　　　怀，启发我们从教学实践中的实际问题出发，建立对我
　　　　　　　　　　国外语教学的责任感。

米保富（2013 级）：束老师在博士培养中十分强调理论与实践并重，学与
　　　　　　　　　　用结合。他指导我们参与了一些学校的英语教改，尤
　　　　　　　　　　其是教改过程中的听课、评课、教学研讨、科研指导、教
　　　　　　　　　　材编写等一系列活动使我不但对教学理论有了更深刻
　　　　　　　　　　的理解，而且真正能够将一些理念应用到实践当中。
　　　　　　　　　　束老师看问题总是能发现本质，抓住重点。现在回想
　　　　　　　　　　起来，我在读博之初，对很多问题的看法常肤浅而片
　　　　　　　　　　面，抓不住要害，但每次听了束老师对同一问题的见解
　　　　　　　　　　后方才恍然大悟。久而久之，我不但从束老师的观点
　　　　　　　　　　中获得了一些新理念、新思想，而且逐渐形成了一种思
　　　　　　　　　　考的习惯和思维的方式，这对我来说是一个很重要的
　　　　　　　　　　突破。

方　　英（2014 级）：求学期间，老师注重拓宽我们的理论视野，为我们提供
　　　　　　　　　　了许多向前辈同行学习、交流、探讨的机会，鼓励我们
　　　　　　　　　　沉下心来，从事原创性研究，训练我们独立选题、独立
　　　　　　　　　　探索的研究能力，然而，在我们四处碰壁、毫无进展的
　　　　　　　　　　时候，老师总能给予恰到好处的启发与点拨，博士生涯
　　　　　　　　　　中，老师精深的学养，严谨的治学态度，实事求是的研

究原则对我们影响至深，更重要的是，老师宽厚、温暖、谦和的人格，高远的眼界和博大的胸怀，让我们学会宽容，学会更积极地、更从容地去拥抱这个世界与这个世界的人。

吴晓燕（2015 级）：束老师指导我博士论文期间对我严格要求，即使我当时在国外访学，也经常发邮件检查我的论文进展情况。当我学习态度不认真的时候，老师也会发邮件批评我，让我及时做好学习计划，按照计划进行论文撰写。在撰写论文期间，我怀孕了，作为四十多岁的高龄孕妇，状况不太好，老师又给我很大的关心，帮助我减轻心理上的负担。

柯于国（2015 级）：束老师治学严谨，课堂幽默诙谐。在博士生培养方面对学生要求严格，以较高的标准培养学生，对学生的职业生涯有着清晰的培养计划。印象最深刻的是束老师博学多才，妙语连珠，在他的指导过程中营造出严肃活泼的氛围。

史李梅（2016 级）：读博期间，家里出了些状况，老师知道后，就说了一句："如果经济上困难，就跟我说，没问题。"那一刻，我再也忍不住，哭得一塌糊涂。这就是我们的老师！懂得中年博士生的不易，关注学生论文的同时，帮助排解心理压力和生活困难。

罗瑞丰（2016 级）：束老师对博士培养要求高、审核严，培养出的博士学术造诣高、学术动力足。

陈　西（2017 级）：束老师鼓励学生发展自己的学术兴趣，给予学生在理论层面和实践层面充分的指导和帮助；在学术修养和学术品格上，能够作为学生学习的榜样。

陈恒洁（2018 级）：束老师深厚的知识储备与高尚的精神境界让我每次聆

听完他的教诲后都醍醐灌顶，对脚下在走的路更加坚定。感谢老师让我明白了一位真正的学者应该是怎样的。

杨姗姗（2018 级）：开学伊始，我的导师给我们推荐了近百本必读书目，惭愧的是到现在我还没有读完。导师特别强调的一点是经典文献与前沿研究的结合。这也影响到我确定选题以后的文献阅读，主要是从这两个方向着手。另外导师特别强调"做中学，学中做"。通过参加导师的调研项目，我学会了真正意义上的问卷调查法，从问卷的设计、发放，到分析产出研究报告，整个过程促使着我去读文献，学方法，这比单纯地阅读效果要好得多。

吕辰明（2019 级）：感恩老师的宽容，让我有机会进入上外攻读博士；感谢老师的教诲，让我再次畅游在知识的海洋，得以实现自己的梦想！祝愿老师身体健康，工作顺心，桃李满天下！

武丹丹（2019 级）：对束老师的培养方式体会最深刻的是给学生提供机会参与科研实践，束老师在大方向和细节上予以把关，及时反馈，让学生在探索和反思中学习、进步。

司　露（2020 级）：未入师门前，我有幸跟随着束老师在英语基地工作，他的谦逊随和、严谨务实和家国情怀令我钦佩不已。未曾想过，有朝一日，我竟能拜读于束老师门下。幸蒙恩师不弃、同门相助，我顺利地踏上了求学路。束老师对学生认真负责，他会尽可能地帮助我们走进一线中小学，亲自指导项目实施，提供向国内外专家学习请教的机会，使我们这些新手能在做中学、学中做。束老师会设身处地为学生着想，尤其当我面临在工作和学业中做抉择时，束老师毅然决然地支持我追求自身发展，并想尽办法为我排忧解难。束老师以身作则，言传身教。我不止一次在公开场合听到业界专家赞扬束老师，说他作为一个语言学家却愿意投身基础教育事业，实属不易。在束老师的耳濡目染下，很多在高校工作多年的师兄、师姐也加入到了这个行列，给了我们在读生莫大的鼓舞。

陈颖莹（2020 级）：束老师作为一位专注外语教育的大学教授，对我国基础教育阶段的外语教育教学的关注让我十分敬佩，因为外语教育教学涉及宏观层面的政策规划，也涉及微观层面具体的课程设置和教学方法等。我对束老师常提到的"做中学、学中做"有了更深的认识和理解：不仅外语学习如此，生活中很多事情也是同样的道理。此外，束老师常提到的"中国特色的外语教育教学"也令人深思：在我国如何更好地学习、教授外语。总之，十分幸运能够成为束老师的学生继续学业。

赵佳蕊（2021 级）：束老师对外语教学实际问题的关注和对外语教学前沿的探索，始终深深触动着我。他始终把我国外语教学的发展作为自己的使命，在外语教育尤其是基础教育中，投入了巨大的精力，力图解决教学中的实际问题，为我国外语教学不断寻找新的路径。我在其中感受到了外语教学的变革和发展，也想要像束老师一样为外语教学贡献一份力量。